ANNE DITTMANN

solo, selbst & ständig

solo, selbst & ständig

ANNE DITTMANN

WAS ALLEINERZIEHENDE WIRKLICH BRAUCHEN

Ein Wut- und Mutmachbuch

KÖSEL

Sollte diese Publikation Links auf Webseiten Dritter enthalten, so übernehmen wir für deren Inhalte keine Haftung, da wir uns diese nicht zu eigen machen, sondern lediglich auf deren Stand zum Zeitpunkt der Erstveröffentlichung verweisen.

Zum Schutz der Persönlichkeitsrechte sind die Namen der meisten genannten Personen geändert. Orte, die eine genaue Identifizierung der beschriebenen Personen ermöglicht hätten, werden nicht genannt oder wurden verfremdet. Die Erlebnisberichte schildern die Sicht der Autorin, und diese muss nicht mit der Wahrnehmung anderer beteiligter Personen übereinstimmen. Erzählungen werden so wiedergegeben, wie sie der Autorin berichtet wurden, abgesehen von Änderungen zur Wahrung der Anonymität.

FSC www.fsc.org MIX Papier | Fördert gute Waldnutzung FSC® C083411

Klimaneutral* Druckprodukt ClimatePartner.com/14044-1912-1001

Penguin Random House Verlagsgruppe FSC® N001967

2. Auflage 2023

Redaktion: Dr. Katharina Theml, Büro Z, Wiesbaden
Sensitivity Reading: Jasmin Dickerson
Umschlaggestaltung: FAVORITBUERO, München
Illustrationen Innenteil: Magdalena Fournillier
Satz: Satzwerk Huber, Germering
Druck und Bindung: CPI books GmbH, Leck
Printed in Germany
ISBN 978-3-466-31204-7
www.koesel.de

Für meinen kleinen Lieblingsmenschen.
Und für meine Mutter.

INHALT

TRENNUNGEN

TRENNUNGEN
TRENNUNGEN
TRENNUNGEN

Der 13. August 2016 sollte eigentlich die perfekte Samstagsödnis werden. Ich hatte den Tag mit meinem Kleinkind an einem Berliner See verbracht. Eis essen, Sandburgen bauen, die Füße durchs Wasser ziehen und später Abendbrot zu dritt – mehr sollte nicht passieren. Als mein Kind und ich wieder zu Hause ankamen, hatte die Sonne ihren Zenit längst hinter sich gelassen. Ich rief ein »Hallooo« durch die Wohnung und verschwand mit dem Kleinen direkt im Badezimmer, um die Sandreserven von seinem Körper zu waschen. Ich wunderte mich nicht darüber, dass mein Freund dreimal kurz hintereinander am Bad vorbeiging; hin und her und wieder hin, ehe er schließlich auf uns zukam. Er hockte sich neben mich, seine Augen waren rot unterlaufen. »Was ist denn los?« – »Ich kann das mit uns nicht mehr.« Seine Stimme brach, aber sein Blick war fest. Was auch immer er da gerade tat, es kostete ihn offensichtlich unendlich viel Kraft. Macht er etwa gerade mit mir Schluss? Mir fiel die zerknautschte Badeente meines Kindes aus den Händen. Ihr Hohlkörper zog quietschend Luft ein, dann hörte ich das dumpfe Klatschen kleiner Hände und ein glucksendes »Nommaaal!«. Natürlich, unser Kind saß immer noch in der Badewanne, direkt neben uns. Ich bin einigermaßen multitaskingfähig, aber sich um mein kleines Kind zu kümmern und nebenbei kompetent auf den Trennungswunsch seines Vaters einzugehen, schien mir definitiv unvereinbar.

Ich hatte keine Ahnung, wie ich mich verhalten sollte. Ich hatte mir keinen Plan zurechtgelegt, weil ich nicht einmal geahnt hatte, dass sich diese Situation womöglich anbahnte. Es gab keine sich wiederholenden Diskussionen über Dinge, die uns grundsätzlich aneinander nervten. Wir hatten gerade erst das bekanntermaßen stressige erste Babyjahr überstanden, mit schlaflosen Nächten und strapazierten Nerven und allem, was andere Paare eben auch durchmachten. Und wir machten zuversichtlich Pläne. Wir wollten zwei bis vier Kinder, uns in der Arbeit verwirklichen, heiraten. Wir teilten alles partnerschaftlich 50:50, auch die Elternzeit. Wir waren beide bei alleinerziehenden Müttern aufgewachsen und sehnten uns nach dem Mutter-Vater-Kind-Familienidyll. Wir wollten es besser machen. Wir lasen Elternratgeber, ich mehr als er, und keiner von ihnen hatte mich darauf vorbereitet, dass der Vater meines Kindes irgendwann plötzlich zu mir kommen und unsere Zukunftspläne zu Luftschlössern erklären würde. Nirgends hatte ich gelesen, was dann zu tun ist, wie man reagiert. Und selbst wenn, ich hätte die Seiten im Ratgeber sowieso übersprungen, weil ich sicher war, dass dieser liebe, nette, gute Kerl mich niemals einfach verlassen würde – erst recht nicht, seit wir ein Kind hatten. *Trifft auf uns nicht zu,* hätte ich gedacht und Schultern zuckend umgeblättert.

Was sollten Eltern auf keinen Fall tun, wenn sie sich trennen? *Das Kind zusehen lassen,* dachte ich. Ich zwang meine Mundwinkel nach oben und reichte unserem Kind die Badeente. *Dein Kind versteht die Worte noch nicht, aber es hört, wenn du schreist, und sieht, wenn du weinst,* dachte ich. Auf keinen Fall wollte ich meinem Kind schaden. *Durchatmen, Anne.*

Meine erste Kindheitserinnerung ist der Moment, in dem sich meine Eltern trennen: Ich bin drei Jahre alt, und die Tür zum Wohnzimmer steht einen Spalt weit offen. Von meinem Bett aus kann ich die Stimme meiner Mutter hören. Sie klingt mal empört, mal erschöpft, dann weint sie. Meine Mutter hat zu diesem Zeitpunkt zwei Kinder, meinen fünfjährigen Bruder und mich. Sie arbeitet in Vollzeit bei einer Elektrofirma und gibt wie immer alles. Sogar mit gebrochenem Arm hat sie noch Waschmaschinen in einen Transporter verladen. Sie ist eine kräftige, anpackende Frau. Aber der Tag hat nur 24 Stunden, und unsere Wohnung ist manchmal chaotisch. An diesem Abend streiten meine Eltern eine ganze Weile, weshalb ich denke, dass sie Hilfe brauchen – meine Hilfe. Also steige ich aus meinem Bett und laufe in den Flur, aber vor der Wohnzimmertür bleibe ich stehen. Ich habe keine Ahnung, wie ich ihnen helfen kann; in meiner Vorstellung stürme ich ins Wohnzimmer wie eine Superheldin und rufe »Hört auf zu streiten!«, und dann würden sie es einsehen und sich vertragen. Aber was, wenn nicht? Würden sie sauer auf mich werden? Ich stehe eine Weile vor der Tür und hadere mit mir, ehe ich schließlich mit einem Gefühl der Ohnmacht zurück ins Bett tapse. Ich kann ihnen nicht helfen.

23 Jahre später wünschte ich mir, dass mein Kind diese Ohnmacht nicht fühlen muss. »Können wir darüber später in Ruhe sprechen?« – er schüttelte den Kopf. »Können wir eine Paartherapie machen?« – wieder Kopfschütteln. »Das bringt nichts, Anne.« Ich konnte nichts tun, er hatte ohne mich entschieden. Während ich noch versuchte, meine Gedanken zu sortieren, ging er schon ins Schlafzimmer, packte ein paar Sachen in seinen Rucksack und schloss leise die Wohnungstür hinter sich. Weg war er. Zack – so schnell kann man alleinerziehend werden.

Meine Geschichte ist eine von 2,6 Millionen in Deutschland, so viele Alleinerziehende leben hier. Manche würden sich eher als getrennterziehend bezeichnen, weil sie sich nach der Trennung die Kinderbetreuung mit dem anderen Elternteil teilen. Aber für sie gibt es in

Statistiken meist keine eigene Zuordnung, deshalb werde ich sie nur gesondert benennen, wenn es auf die Unterschiede ankommt, ansonsten nutze ich den Begriff »alleinerziehend«. Und mittlerweile ist es knapp sieben Jahre her, dass ich eine von ihnen wurde. Das größte Problem von Alleinerziehenden und der Grund, warum ich dieses Buch schreibe: Wir sind eine sehr stille Gesellschaftsgruppe, wir haben keine Zeit für regelmäßigen Austausch oder Protest. Alleinerziehende verbringen mehr Zeit auf Arbeit als Mütter in Paarbeziehungen, denn ihre Lebenshaltungskosten müssen sie allein aufbringen. Haushalt und Kinder, Einkäufe, Zahnarzttermine und Elternabende füllen den Rest der Woche, sodass soziale Kontakte nicht selten zu kurz kommen. In meinen ersten Jahren als Alleinerziehende fühlte ich mich oft isoliert und überlastet, sodass ich regelmäßig um zwanzig Uhr mit meinem Kind einschlief. Leben war das nicht. Eher Überleben. »Es tut mir leid, ich schaffe gerade gar nichts, außer überleben«, schreibt auch die Journalistin und Autorin Mareice Kaiser in *Das Unwohlsein der modernen Mutter* als Antwort auf all die beruflichen und sozialen Erwartungen, denen sie nicht gerecht werden kann.[1] Kaiser hatte das Manuskript für ihr Buch zuerst einem Verlag angeboten, der es mit der Begründung ablehnte: »Wir fürchten, dass die Kernzielgruppe […] zu wenig Zeit hat, um zum Buch zu greifen«.[2] Ein Fehler, wie sich bald herausstellte: Kaisers Buch wurde bei einem anderen Verlag zum Bestseller. Offenbar liest die Zielgruppe doch – die Geschichten von anderen getrennten Eltern zu lesen ist für Alleinerziehende eine effiziente Art, sich auszutauschen und zu protestieren. Und es hilft ihnen, sich wohler zu fühlen.

Wenn Alleinerziehende einander Geschichten erzählen, bestätigen sie damit auch ihre Wahrnehmung: Nach meiner Trennung gab es zwei, drei Bücher von anderen getrennten Eltern – bis heute sind nur etwa eine Handvoll dazugekommen. Es erleichterte mich, dass ich mich in diesen Geschichten wiederfinden konnte. Warum das so wichtig ist? Weil Alleinerziehenden ständig mit Vorurteilen und Unverständnis begegnet wird – bei der Wohnungssuche, im Kindergarten, in der Schule, bei der Arbeit. Ich erinnere mich an eine verheiratete Arbeitskollegin, die zu mir sagte, sie habe nicht nur ein Kind, sondern zwei und schaffe es trotzdem, Vollzeit zu arbeiten und Karriere zu machen. Die Übersetzung im Unterton: »Vereinbarkeit ist möglich, aber dafür muss man schon auch was tun. Wenn aus dir nichts wird in dieser Firma, dann nur, weil du dich nicht genug anstrengst.« Dass ihr Mann in Teilzeit arbeitete, blendete sie aus. Was solch ein Umgang mit Alleinerziehenden – auch unbeabsichtigt – macht? Er belegt sie mit einer Reihe negativer Charaktereigenschaften, etwa: unzuverlässig, unflexibel, inkompetent oder faul. Nach dem Motto: Hart arbeiten? Wollen sie nicht wirklich. Dafür in ihrer »selbst gewählten Opferrolle« jammern. Das macht sie zu unattraktiven Angestellten, Kolleg*innen, Freund*innen, und gute Mütter können sie dann wohl auch nicht sein. Kein Wunder, dass Alleinerziehende ein niedrigeres Selbstwertgefühl haben. Und absurd zugleich: Sie wuppen schließlich Sorgearbeit und Haushalt allein und arbeiten mehr als Eltern in Paarbeziehungen.

Was Alleinerziehende in unserer Gesellschaft tagtäglich erleben, würde in einer Beziehung längst als Gaslighting bezeichnet werden, eine Form der psychischen Gewalt: Wer eine andere Person gaslightet, manipuliert sie mit Vorwürfen, verdrehten Tatsachen, Lügen – bis sie das Gefühl hat, dass ihre eigene Wahrnehmung falsch ist, oder sogar denkt, verrückt zu sein. Weil ständig suggeriert wird: Das, was du denkst und tust, ist falsch, und deine Gefühle sind ganz anders, wenn du wirklich ehrlich mit dir wärst. Während also Alleinerziehende spüren, dass sie erschöpft sind, wird ihnen suggeriert, faul zu sein und sich auf Sozialleistungen auszuruhen. Während sich Eltern trennen, womöglich auch, um ihre Kinder zu schützen, wird ihnen unterstellt, egoistisch zu sein und die Bedürfnisse der Kinder zu ignorieren. Das ist Gaslighting auf hohem Niveau. Leisten Alleinerziehende dadurch mehr? Leben andere dadurch besser? Im Gegenteil.

»Ich war dreißig Jahre depressiv. Ich muss damit leben. Und ich habe keinen Bock, das zu verheimlichen«, schreibt der alleinerziehende Vater und Comedian Alexander Bojcan alias Kurt Krömer in seinem Bestseller *Du darfst nicht alles glauben, was du denkst.*[3] Bojcan gewährt tiefe Einblicke in seine – wie er sagt – Mutterschaft und die Auswirkungen von beruflichem und privatem Druck auf sein Leben: Seine Geschichten handeln nicht nur von Depressionen, sondern auch von Impotenz, Alkoholsucht, vom Kümmern und dem Ringen um das eigene Leben – und sie sind deshalb so kraftvoll, weil Bojcan sich authentisch zeigt, sich nackig macht, wie er sagt. Er erzählt die Geschichte eines Alleinerziehenden, aus seiner Perspektive.

ÜBER DIESES BUCH

Kraft entsteht dort, wo Menschen auf die eigene Wahrnehmung vertrauen, wo sie ihre eigene Geschichte mit Würde und Selbstachtung erzählen und leben können – darum soll es auch in diesem Buch gehen. Ich kann das System nicht ändern, ich kann nicht deutschlandweit Firmen umstrukturieren oder Menschen vorschreiben, was sie über Alleinerziehende zu glauben haben. Aber ich kann ehrlich meine Geschichten erzählen: über das Trennen und Kümmern. Über Geld, Arbeit und Gesundheit. Über das Daten und die Liebe. Über das Träumen und Leben als Alleinerziehende. Ich werde meine Perspektive so oft wie möglich durch die Stimmen und Erfahrungen anderer Alleinerziehender bereichern. Denn natürlich sind wir nicht alle gleich; es gibt pflegende Alleinerziehende mit behinderten Kindern oder Alleinerziehende, die selbst eine Behinderung haben. Manche

Alleinerziehende haben auch Rassismus oder häusliche Gewalt überlebt – oder überleben sie noch. Es gibt Alleinerziehende, die gute und schlechte Erfahrungen als Patchworkfamilie gemacht haben. Oder an Familiengerichten. Oder mit Geld. Ich spreche seit sieben Jahren mit anderen getrennten Eltern, vor allem auf Instagram – und sie alle erzählen ihre ganz eigenen Geschichten. Aber auf einer tieferen Ebene lässt sich erkennen, wie sehr diese Geschichten von Gesetzen, sozialen Institutionen und Ideologien beeinflusst sind. Denn immer noch gilt: Das Private ist politisch.

Ich finde, eine moderne Demokratie muss sich auch am Wohlbefinden von Alleinerziehenden messen lassen: Was erleben Eltern, die sich trennen wollen? Können sie es sich leisten, alleinerziehend zu werden? Welche Möglichkeiten haben sie, um den Trennungsfall abzusichern? Wie reagiert ihr Umfeld? Wie sollte es reagieren? Und wie können getrennte Eltern dafür sorgen, dass es ihren Kindern gut geht? Welches Betreuungsmodell ist das beste? Wie einigt man sich miteinander? Welche Rechte haben Eltern und welche ihre Kinder? Und wohin mit all den Gefühlen? Wie hole ich mir Hilfe? Was ist Mental Load? Wie bleibe ich psychisch gesund? Gibt es einen Weg aus der Armut? Kann ich trotzdem Karriere machen? Was, wenn ich mich neu verliebe? Und was, wenn nicht, ich aber trotzdem noch einen Kinderwunsch habe? Kann ich ihn ohne Partner*in verwirklichen? Wie lebt man gut für sich allein? All diese Fragen werden in diesem Buch diskutiert. Weil sie Alleinerziehende unmittelbar betreffen und letztendlich auch zeigen, wie frei Eltern in Paarbeziehungen wirklich sind.

Ich werde zeigen, was Alleinerziehende tun können, um sich selbst zu einem leichteren Leben zu verhelfen. Aber am Ende geht es mir eindeutig um mehr als akute Hilfsmittel: Einelternfamilien würden politisch, rechtlich und finanziell besser dastehen, wenn sie gesellschaftlich mehr Raum einnehmen, sie und ihre Lebensrealitäten stärker teilhaben können. Was brauchen wir, um das zu erreichen? Und wie kann man sich solidarisch zeigen? Um Antworten auf diese Fragen zu liefern, werde ich Vorurteile analysieren und die Ideologien dahinter durchleuchten. Es geht mir auch darum, dass alleinerziehend nicht länger als Scheitern betrachtet wird. Sondern als eine legitime, gute Möglichkeit zu leben. Dieses Buch ist für alle Menschen, die sich mehr Selbstbestimmung wünschen, ganz besonders für die 2,6 Millionen.

ANGST UND KONVENTIONEN ÜBERWINDEN

Nach der Trennung hatte meine Mutter noch knapp 400 Mark in der Tasche. »Ich musste mir schnell neue Arbeit suchen, im Familienunternehmen konnte ich nicht bleiben und ich musste Geld verdienen, um unser Essen und die nächste Miete bezahlen zu können«, erzählt sie mir heute. Ich frage, wie ihre Eltern darauf reagiert haben. »Ich habe ihnen erst mal nichts gesagt.« – »Warum nicht? Sie hätten dir doch geholfen.« – »Weil ich mich schämte.«

Ich weiß genau was sie meint. Als der Vater meines Kindes einen auf »Ich geh mal eben Zigaretten holen« in Light-Version gemacht hatte, kroch auch in mir die Scham hoch. Da saß ich nun auf dem Badezimmerboden und schämte mich vor meinem Kind, vor meiner Familie, meinen Freund*innen, meinen Arbeitskolleg*innen, vor der Welt. *Das hast du ja toll hingekriegt,* dachte ich. *Ein Kind geboren mit einem, der euch beide einfach sitzen lässt, bravo Anne, gute Wahl.* Ich war die Erste in meinem Freund*innenkreis, die eine Familie gründete, und nun auch die erste und einzige getrennte Mutter. Gleichzeitig wusste ich, dass ich nichts hätte anders machen können. Dass ich mein Bestes gegeben hatte und trotzdem an diesem Punkt angekommen war. Ich war wütend darüber, dass er mir nicht die geringste Chance gegeben hatte, unsere Beziehung gemeinsam hinzukriegen, dass er mich offenbar nicht eingeweiht hatte in seine Zweifel. Und ich war verletzt, weil er mir sagte, dass er mit mir nicht leben kann. Ich fühlte mich wie das Opfer, die Täterin und Lachnummer gleichzeitig.

Als Teenager heulte ich nach jeder Trennung ausgiebig in die Arme meiner Mutter und meiner Freund*innen. Sie kamen mit einer Wagenladung Süßigkeiten und waren motiviert, stundenlang meine komplette Beziehungsgeschichte zu analysieren. Am Ende lautete das immer gleiche hochwissenschaftliche Ergebnis: Ich bin liebenswert, also hat der*die Ex es wohl verbockt. Egal, ob ich verlassen wurde oder selbst verlassen hatte. Warum? Weil Freund*innen sich an das Handbuch für frische Singlebabys halten, und Regel Nummer eins lautet: Pampern, bis sie trocken sind. Völlig fehl am Platz sind Sätze wie: »Na ja, dein Konfliktmanagement ist aber auch noch ausbaufähig« – das ist definitiv nicht der Stoff, mit dem man Tränen trocknet. Ebenfalls sollte man »Dein*e Ex konnte es wohl einfach nicht mehr mit dir aushalten, du Workaholic« nur bringen, wenn man frische Luft schnappen will, ohne die Treppe zu nehmen. Zum Glück ist auf die meisten Freund*innen Verlass. Und so vergingen Tage und Wochen, in denen ich gut betreut verschiedene Trennungsphasen durchlief, vom Leugnen über Trauer, Wut bis zur Neuorientierung. Irgendwann war ich auch bereit, mein eigenes Verhalten zu reflektieren, mir zu überlegen, was ich beim nächsten Mal anders machen will. Oma und Opa gaben auch noch ihre Weisheiten ab à la »Andere Mütter haben auch schöne …« und »Die Zeit heilt alle …«. Und tatsächlich war das Leben jedes Mal schnell wieder gut.

Als Mutter war nach der Trennung vom Vater meines Kindes für einen gepflegten Heulkrampf neben der Badezimmertoilette und das ausgiebige Suhlen in Selbstmitleid einfach kein Platz. Einerseits spürte ich die Verantwortung für mein Kind. Und andererseits: Wie soll man trauern, wenn der Einjährige einem aus der Badewanne heraus freudig die Quietscheente an den Kopf wirft? Er hatte keine Ahnung davon, dass sich auch sein Leben ab sofort komplett verändern sollte. Und mit einem Einjährigen kann man auch schlecht darüber sprechen. Also ließ ich mich auf seine Realität ein: Die Abendroutine beginnen – abtrocknen, anziehen, füttern, vorlesen. Alles ganz normal.

Erst als mein Kind schlief, konnte ich in Ruhe darüber nachdenken, was wenige Stunden zuvor passiert war. *Jetzt hast du endlich Zeit für Tränen,* dachte ich. Aber nichts passierte. Wut und Scham steckten in meinem Körper fest und versperrten zunächst allen anderen Gefühlen den Weg. Und obwohl ich die Trennung lieber wie eine Leiche im Keller versteckt hätte, war mir klar, dass ich es früher oder später sowieso erzählen musste. Außerdem konnte ich Beistand gut gebrauchen, also schrieb ich Nachrichten an meine engsten Freundinnen und meine Familie. Aber als mich am nächsten Tag ein Familienmitglied anrief, bekam ich keinen Trost, sondern musste mir folgenden »gut gemeinten« Satz anhören: »Vielleicht hast du ihm nicht genug Sex geboten so als junge Mutter?« Später rief mich ein weiteres Familienmitglied an und sagte: »Ich glaube, ich weiß, was du falsch gemacht haben könntest: Du hast ihm vielleicht nicht genug Freiheiten gegeben.« Sie merkten es nicht, aber für mich fühlten sich diese Sprüche an wie ein Nachtreten, obwohl ich doch schon am Boden lag. Ich wollte nur noch schreien. Aber gleichzeitig brauchte ich jeden einzelnen Menschen, der noch zu mir halten wollte. Also verzweifelte ich still. Noch nie hatte ich mich so missverstanden und einsam gefühlt.

Ich hatte keine Ahnung, wie ich mit meinem Kummer umgehen sollte, und überlegte, wie ich meine Gefühle produktiv und gesellschaftsfähig rauslassen könnte. Also riss ich eine komplette Tapete von der Wohnzimmerwand und renovierte die Wohnung – natürlich nur nachts, wenn mein Kind schlief. Morgens lächelte ich winkend, wenn ich mein Kind bei der Kita abgab, und heulte auf dem Rad, wenn ich zur Arbeit fuhr.

Am Schreibtisch hörte ich Dolly Parton in Dauerschleife: »*Jolene, Jolene, Jolene, Jolene – I'm begging of you please don't take my man – Jolene, Jolene, Jolene, Jolene – Please don't take him just because you can …*«, um mich hin und wieder zum Weinen auf die Toilette zu verkriechen. Es ist ein Klischee, aber auch in meinem Fall gab es eine Jolene. Der Vater meines Kindes hatte sich in sie verliebt und ein halbes Jahr mit sich gerungen, ehe er gegangen ist – ich hatte nichts gewusst, nichts geahnt. Und ich konnte nicht anders, als sie zu kontaktieren und mich mit ihr auf einen Spaziergang am Bahnhof Ostkreuz in Berlin zu treffen. Wir liefen Runden um einen Spielplatz, sie erzählte mir, dass sie das alles nicht gewollt habe, dass er nicht ihre große Liebe sei. Ich bat sie, sich zurückzuziehen, dann gaben wir uns die Hände und gingen unserer Wege. Ich hoffte, dadurch Zeit zu gewinnen; vielleicht würde er sich wieder besinnen und zurückkommen? Jolene hielt ihr Wort, aber er kam nicht zurück. Die Probleme lagen tiefer, wie so oft.

»Am Ende einer Beziehung müssen wir Angst und Konventionen überwinden. Und gleichzeitig Verantwortung übernehmen. Auch für die eigenen Unzulänglichkeiten, denn nur dann kann es wirklich weitergehen und besser werden«, schreiben Heike Blümner und Laura Ewert in *Schluss jetzt! Von der Freiheit sich zu trennen.*[4] Es geht also nicht darum, den*die Schuldigen zu entlarven, dafür sind die meisten Beziehungsdynamiken sowieso zu komplex. Es geht darum, für sich selbst zu reflektieren: Was möchte ich beim nächsten Mal anders machen? Habe ich immer meine Grenzen beachtet und wenn nicht, warum nicht? Wie habe ich kommuniziert? Wo kann ich mir mehr Zeit nehmen? Welche Verhaltensmuster habe ich, und sind alle davon gut für mich? Und natürlich hilft es uns zu lernen, mit unserem eigenen und dem Liebeskummer anderer umzugehen. Dafür habe ich einige Fragen an die Literaturwissenschaftlerin und Journalistin **Michèle Loetzner** gestellt. 2020 erschien ihr Bestseller *Liebeskummer bewältigen in 99 Tagen*, der in verschiedene Sprachen übersetzt wurde. In diesem Buch bietet sie nicht nur Tag für Tag eine Anleitung durch den Liebeskummer, sondern hinterfragt Rollenklischees, Ungleichbehandlung und das Patriarchat.

» EINEN RAUM FÜR DIE TRAUER SCHAFFEN

Wie ordnet die Wissenschaft den Liebeskummer von getrennten Eltern ein? Leiden sie anders als kinderlose Paare?

Liebeskummer wird immer dann besonders anstrengend, wenn man keine Distanz zueinander schaffen kann. Auch wenn man sich als Paar trennt, bleibt man schließlich trotzdem Eltern. Und muss so mit der einen Person, die man aktuell wirklich gar nicht sehen möchte, weiterhin kommunizieren. Die Wissenschaft hat längst bestätigt, dass Liebeskummer in unserem Hirn biochemisch wie harter Drogenentzug wirkt. Das Beste wäre dann ein kalter Entzug. Wenn ich aber in Betreuungsfragen flexibel sein muss, ist das fast nicht möglich. Es gehört viel Stärke dazu, das zu ertragen. Es ist völlig in Ordnung, das richtig gemein zu finden. Das Schlimmste, was wir tun können, ist unseren eigenen oder den Liebeskummer anderer zu bagatellisieren.

Gibt es noch weitere Faktoren, durch die Eltern die Trennung schwerer bewältigen?

Die gibt es: Gesellschaftlich wird immer noch oft von Scheitern gesprochen. Dabei ist hier niemand gescheitert. Es hat einfach nicht mehr gepasst. Was eine viel größere Beachtung finden sollte, sind die finanziellen Konsequenzen, die vor allem Frauen treffen. Viele

Mütter trennen sich nicht von den Vätern ihrer Kinder, weil sie es sich schlichtweg nicht leisten können. Das Problem ist systematisch. Es gehen immer noch hauptsächlich Mütter in Elternzeit, und es sind auch wieder die Mütter, die später in Teilzeit einsteigen, um Care-Arbeit zu übernehmen. Es geht hierbei gar nicht um die Frage, ob man gern bei seinem Kind bleiben möchte, sondern vor allem darum, dass viele Frauen die Augen davor verschließen, was eine Trennung für sie bedeuten würde, nämlich die Senkung des Lebensstandards, Altersarmut wegen fehlender Rente und der abschätzige Blick auf Singlefrauen. Die Lösung kann weder nur in der Politik noch allein im Privaten gefunden werden. Um ein freies Leben zu führen, müsste zum Beispiel vom Staat ein besseres Betreuungssystem geschaffen werden. Und gleichzeitig müssen vor allem Mütter finanziell unabhängig bleiben. Es gibt hier noch keinen zufriedenstellenden Lösungsvorschlag. Wir werden ihn allerdings nur in gesamtgesellschaftlicher Zusammenarbeit finden, nicht im Suchen von Schuldigen.

Ich habe mich lange Zeit gefragt, ob ich gerade Kummer habe, weil ich meinen Ex vermisse, oder ob ich ihn nur zu sehr mit meinem Lebensentwurf verknüpfe und eigentlich diesem Entwurf nachtrauere. Wie kann man unterscheiden?

Jeder Mensch trennt sich in dieser Situation nicht nur von einem anderen Menschen, sondern oft auch von einer Lebensidee. Ganz oft trauern wir dieser noch länger hinterher als der*dem Ex. Es ist die Idee, wie Familie zum Beispiel aussehen soll. Es ist manchmal schwierig, diese verschiedenen Nuancen von Kummer zu unterscheiden. Da helfen zum Beispiel ganz schnöde Listen: Was habe ich verloren? Was wünsche ich mir für die Zukunft? Was möchte ich auf keinen Fall mehr? Je drei Punkte. Die kann man ins Handy notieren und bei Gelegenheit immer mal wieder durchlesen.

Wie sollten Freund*innen und Familie mit trauernden Elternteilen umgehen?

Menschen mit Liebeskummer drehen sich nur um sich selbst. Sie möchten immer nur von ihrem Kummer sprechen. Das hat nichts mit Egoismus oder fehlender Empathie zu tun, es ist ein normaler Verarbeitungsprozess im Gehirn. Es gibt hierfür ein schönes Beispiel: Stellen Sie sich vor, Sie sitzen in einem öffentlichen Verkehrsmittel. Es gibt nur eine andere Person im Abteil, und die telefoniert. Es ist fast unmöglich, sich auf egal was zu konzentrieren, wenn jemand anderes spricht und der Kontext fehlt. Unser Gehirn versucht dann ständig, diese Gesprächslücke, wenn die andere Person am Telefon spricht, zu füllen, um zu verstehen, worum es in diesem Gespräch geht. Genauso ist das mit Liebeskummer: Uns fehlt Information und Kontext, deshalb versucht unser Gehirn in einer Endlosschleife, diese Lücke zu füllen. In der Hoffnung, auf eine Lösung zu stoßen, drehen und wenden wir die vorhandene Information deshalb sprachlich und gedanklich in alle Richtungen. Das ist sehr ermüdend für alle Beteiligten. Was also wirklich hilft als Freund*in: Zuhören. Auch wenn sich das alles ständig wiederholt. Es ist aber auch okay, wenn man irgendwann sagt, dass man nicht mehr kann. Auch für solche Situationen habe ich mein Buch geschrieben. Es stellt neutrale Fragen. Fragen, die Freund*innen oder Familienangehörige sich vielleicht auch gar nicht zu stellen trauen. Und mit jeder kleinen Antwort über sich selbst füllt sich dann die Lücke zum anderen.

Wie können Eltern mit Liebeskummer ihre Gefühle und die Kinderbetreuung unter einen Hut bringen? Wann können sie also wie trauern?

Ich bin selbst keine Therapeutin und darf und will deshalb keinen Rat geben. In meinem Buch habe ich die aktuelle Studienlage zusammengetragen, vermeide aber direktive Hinweise. Das steht mir auch gar nicht zu. Was aber aus wissenschaftlicher Sicht immer wieder auftauchte, war die Bitte, Ex-Partner*innen nicht in Gegenwart des Kindes zu beleidigen, denn das wertet so Teile des Kindes ab. Auch sollte das Kind nicht in Diskussionen über oder mit dem anderen Elternteil hineingezogen werden. Das ist eine Sache zwischen den Eltern. Punkt. Trotzdem ist es völlig in Ordnung, die eigene Gefühlswelt altersgerecht zu äußern. Wenn ich traurig bin, kann ich das sagen. Das geht auch ohne Schuldzuweisungen. Wichtig wäre, sich selbst Raum für die Trauer zu geben. Es ist überhaupt nichts Verwerfliches daran, sich wegen Liebeskummer krankschreiben zu lassen. Krank ist krank, dafür brauchen Arbeitgebende keine Begründung. «

Einmal stolperte ich über eine Statistik, die zeigt, dass sich unverheiratete Paare schneller trennen als verheiratete. »Hätten wir doch geheiratet, dann wäre er nicht so einfach gegangen«, dachte ich. Ja, Trennungen tun weh, höllisch. Der Schmerz ist kaum auszuhalten, und ein Leben ohne die*den Partner*in können viele sich zunächst nicht vorstellen. Das liegt sicherlich auch daran, dass wir selten dabei zusehen können, wie Eltern aus Trennungen wirklich stark hervorgehen – oder wie sie zumindest einige Zeit nach der Trennung ein annehmbares Leben führen. Die Filme, die ich in meiner Jugend gesehen habe, endeten mit einem Kuss oder einer Hochzeit – and they lived happily ever after, so das Versprechen. Wie schafft unsere Generation es, gute Trennungsgeschichten zu schreiben, für uns und unsere Kinder?

Mit Kindern über die Trennung sprechen Eltern sollten ehrlich mit ihren Kindern sein, schreibt der bekannte dänische Familientherapeut Jesper Juul in *Geborgen und stark. Wie Eltern in Trennung Orientierung und Halt geben.*[5] Selbst wenn es darum geht, dass sich ein Elternteil in jemand anderes verliebt hat, denn nichts sei schlimmer für Kinder, als wenn sie später herausfänden, dass ihre Eltern sie angelogen haben.

Vielleicht hast du, wie so viele andere Eltern auch, Angst davor, dass die Trennung deine Kinder beziehungsweise dein Kind traumatisiert – ist das so? Kurz nachdem sich eine Freundin von ihrem Mann getrennt hat, habe ich ihre Kinder getroffen und gefragt, wie es ihnen geht. Sie antworteten einstimmig: »Viel besser.« Ihre Eltern hätten zu Hause nervtötend viel gestritten, und jetzt sei endlich Ruhe. »Viele Kinder erleben die Trennung der Eltern als Auseinanderbrechen der eigenen Welt. Das kann sich bedrohlich anfühlen. Aber traumatisch sind Trennungen für Kinder nicht in jedem Fall«, sagt auch die Kinder- und Jugendpsychotherapeutin und Autorin Hilal Virit, die ich am Telefon befrage. »Wenn Eltern die Bedürfnisse des Kindes massiv vernachlässigen, emotionaler Missbrauch vorliegt, das Kind Gewalt innerhalb der Familie tagtäglich erlebt und beobachtet, kann dies zu erheblichen gesundheitlichen Folgen auf der psychischen wie auch körperlichen Ebene führen. Also nicht die Trennung an sich traumatisiert das Kind, sondern die Gewalt – und die kann in Trennungssituationen zunehmen«, sagt Hilal Virit. Zu den Gewaltformen zählen etwa das Schlagen, Abwerten oder Nichtbeachten. Aber Konflikte können auch konstruktiv ausgelebt werden. Virit: »Eine gelungene Konfliktbewältigung kann sehr förderlich sein. Ich sehe sogar, dass die Trennung als Entwicklungsherausforderung, wenn sie gut begleitet wird, Kinder resilienter, also widerstandsfähiger macht.« Dann genießen viele Kinder sogar die exklusive Zeit mit ihren jeweiligen Elternteilen.

Was braucht es dafür? Zum Beispiel können Eltern ihren Kindern Folgendes sagen: »Uns zu trennen war unsere Entscheidung, aber wir bleiben deine Eltern, und daran wird sich nichts ändern.« Wenn Eltern sich trennen, brauchen Kinder Ehrlichkeit und emotionale Sicherheit. Und wenn ein Elternteil plötzlich abtaucht? »Sag nicht: ›Tja, der Papa/die Mama kommt nicht mehr.‹ Sprich, wenn möglich, wohlwollend über den oder die Ex und die aktuelle Situation.« Wenn ein Kind seinen Vater oder seine Mutter gar nicht kennt und irgendwann fragt: »Wo ist eigentlich …?«, dann heißt das laut Virit nicht immer, dass es den Elternteil vermisst, sondern, dass es mehr über seine Familiensituation und seine Wurzeln erfahren will. »Für die psychische Gesundheit des Kindes ist es wichtig, dass man dann Informationen teilt. Manchmal verhindern Antworten auf die kindlichen Wissensfragen wie ›War meine Mama lustig?› oder ›Wie sah mein Vater aus?‹ Identitätskonflikte.«

Suche nach der Schuld Vielleicht fragst du dich jetzt, wohin mit all den Gefühlen, wenn man im eigenen Umfeld auf Unverständnis trifft und nicht alles an den Kindern auslassen will? Ich teilte meine Erfahrungen und Gefühle bald öffentlich auf Instagram, wo ich Menschen fand, die mich verstanden. Dort merkte ich, dass ich nicht wirklich allein war, sondern dass meine Geschichte nur eine von vielen ist. Mit der Zeit meldeten sich immer mehr Mütter und auch ein paar Väter mit ähnlichen, verletzenden Aussagen, die sie sich kurz nach der Trennung anhören mussten. Darunter solche: »Wie kannst du das eurem Kind antun, Scheidungskinder haben alle einen Schaden« – »Es ist ganz normal, dass es manchmal nicht läuft. Gib euch doch noch eine Chance« – »Man muss auch mal was aushalten können« – »Das war ja absehbar« – »Du hast es dir selbst so ausgesucht, also stell dich jetzt mal nicht so an« – »Mit ’ner Flasche Wein vertragt ihr euch bestimmt schon wieder« – »Du kannst dich jetzt nicht über Gewalt beschweren, immerhin wolltest du ein Kind mit ihm« – »Ich wäre ja richtig traurig, wenn mein Kind nicht bei mir wäre« – »Hättest du nicht länger durchhalten können?« – »Jetzt beginnt der soziale Abstieg« – »Denk doch wenigstens an die Kinder« – »Wenn du vielleicht nur 40 Prozent gearbeitet hättest, dann wärt ihr noch zusammen«. Und dann gibt es noch Sprüche, die vermutlich jede*r schon einmal gehört hat: »Augen auf bei der Partner*innenwahl« oder »Drum prüfe, wer sich ewig bindet«. Paare sollen sich ihr Gegenüber genau anschauen, bevor man zusammen eine Familie gründet. Getrennte Eltern? Haben das offensichtlich nicht geschafft, sonst wären sie noch zusammen. »Der einzig akzeptable Grund dafür, eine alleinerziehende Frau zu sein, ist, durch einen tragischen Schicksalsschlag zur Witwe geworden zu sein«, schreibt die Journalistin Christine Finke schon 2016 in ihrem Buch *Allein, alleiner, alleinerziehend.*[6]

Und es gibt sie ja, die netten, aufbauenden, liebevollen Kommentare. Falls du also selbst mal auf die Trennungsnachrichten anderer Eltern reagieren sollst, kommt hier Inspiration, direkt aus meiner Community. Echte Kommentare, die getrennten Eltern gutgetan haben: »Sag bitte immer Bescheid, wenn wir dir oder euch mit der Kinderbetreuung helfen können« – »Ach, das freut mich!« – »Was brauchst du? Mitgefühl? Glückwünsche? Beides?« – »Du und das Baby, ihr werdet ein Dream-Team!« – »Ich bin immer für dich da« – »Du hast alles richtig gemacht« – »Du strahlst richtig und siehst glücklich aus« – »Du wirkst so schön entspannt« – »Hier ist mein Schlüssel für unser Haus, du bist immer willkommen« – »Ach, getrennt seid ihr? Gratulation, dass ihr so ein tolles Elternteam seid« – »Erzähl, wie machst du das jetzt mit dem Sex?« und mein Lieblingsspruch: »Du bist vielleicht die erste Alleinerziehende in unserer Clique, aber sicher nicht die letzte.«

Ja, aber haben getrennte Eltern nicht faktisch trotzdem Fehler gemacht, die nicht sein sollten?, mag man nun vielleicht fragen. Natürlich, die machen alle Paare in ihren Beziehungen. Dann spricht man drüber und sorgt für Schadensbegrenzung. Manchmal bedeutet es, sich zu trennen, und manchmal nicht. Aber mit der Illusion von Kontrolle über das Paarsein manifestieren wir eine Gesellschaft, in der Eltern zunehmend die Verantwortung für ihr Liebesglück tragen sollen und entsprechend schuld sind, wenn es vorbei ist. Brechen wir also mit Schuld und Scham und räumen die zwei größten Vorurteile über getrennte Eltern aus dem Weg: Alleinerziehende konnten ihre Beziehung nicht aufrechterhalten, weil sie erstens beziehungsunfähig sind und/oder zweitens inkompetent sind.

Trennungen sind nicht pathologisch Mein Ex berichtet mir, dass auch er sich verletzende Sprüche wie diesen anhören musste: »Du hast deine Freundin nur verlassen, weil du selbst ohne intakte Familie groß geworden bist. Das wird sich auf dein Kind übertragen, es wird auch keine stabilen Beziehungen führen können.«

Solche Aussagen können bei Eltern große Ängste schüren, allerdings bleiben sie nicht viel mehr als schwurbelige Küchenpsychologie. Sie spielen auf die Bindungstheorie an, nach der die Bindungserfahrungen der ersten Jahre im Leben eines Menschen beeinflussen, was für eine Art Bindungstyp dieser später sein wird. Die einseitige Unterstellung lautet: Wer sich trennt und nicht auch mal schwierige Phasen durchhalten kann, ist unsicher gebunden und wird niemals stabile Beziehungen führen können. Außerdem würden solche Eltern ihre unsichere Bindung auch an ihre Kinder weitergeben. Ergo: Dass sie psychische Probleme haben und damit auch ihren Kindern schaden, sieht man der Logik nach getrennten Eltern schon an ihrer Familiensituation an. Das ist großer Bullshit, der sich aber hartnäckig hält. Die Journalistin Heike Blümner und die Autorin Laura Ewert räumen in *Schluss jetzt. Von der Freiheit sich zu trennen* mit solchen Fake Facts auf: »Wer bindungssicher ist, hat [...] nicht nur bessere Chancen auf eine stabile Beziehung, er oder sie verabschieden sich auch leichter aus Konstellationen, die nicht guttun. Wer einen unsicheren Bindungsstil pflegt, kämpft demnach länger um die Bindung, auch wenn diese den eigenen Interessen und Bedürfnissen entgegensteht. Und wer eher der vermeidende Typ ist, lässt die*den Partner*in nicht mehr als nötig an sich heran und flieht, wenn es schwierig wird.«[7] Will sagen: Paare aufgrund ihrer Trennung zu pathologisieren ist genauso sinnvoll, wie Paare aufgrund ihrer Silberhochzeit zu pathologisieren.

Welche Auswirkungen solche Vorurteile für meist alleinerziehende Mütter haben, analysierte die Journalistin Edeltraud Rattenhuber 2020 in der *Süddeutschen Zeitung*: Kinder von Alleinerziehenden würden zunehmend wahrscheinlicher vom Jugendamt in Obhut genommen als Kinder, die mit beiden Eltern zusammenlebten.[8] Einen triftigen Grund gebe es dafür nicht, es reiche schon, wenn ein*e bestellte*r Gutachter*in vom Gericht eine »symbiotische« Beziehung der Mutter zu ihrem Kind »diagnostiziert« – und das, obwohl Gutachter*innen nicht die nötige Qualifikation haben, um psychopathologische Diagnosen zu stellen.

Je deutlicher Eltern von der weißen, normschönen und nicht-behinderten cis-hetero Paarbeziehung abweichen, desto mehr Diskriminierungsformen erleben sie. Natürlich muss auch die getrennte Elternschaft intersektional gedacht werden, also in Verschränkung mit Rassismus und/oder Sexismus und/oder Behindertenfeindlichkeit und so weiter: Entsprechend wird uns bewusst, wie prekär die Situation werden kann, wenn alleinerziehende Mütter trans, Schwarz oder behindert sind – oder alles zusammen. Die Journalistinnen Caroline Leibküchler und Antonia Mayer schreiben 2021 über den Fall von Ramona Böhner: Die junge Mutter sitzt im Rollstuhl und beantragt daher 2019 beim Jugendamt eine Assistenz im Alltag. Darauf haben Eltern mit Behinderungen einen Anspruch, um ihre Kinder assistiert baden, wickeln oder füttern zu können. Doch statt Hilfe vom Bezirk Oberbayern zu bekommen, soll Ramona Böhner ihren Neugeborenen zu einer Pflegemutter geben. Der Grund: Man gehe davon aus, dass sie ihr Kind nicht ohne Hilfe zu Hause versorgen kann, und dies wiederum gehe gegen das Kindeswohl. Dabei hatte

Ramona Böhner doch genau deswegen die Assistenz beantragt, damit es ihrem Kind an nichts fehlt. Einen Monat lebt ihr Sohn bei einer Pflegemutter, bis er wieder nach Hause darf, weil das Jugendamt das eigene absurde Vorgehen anerkennt. Am Ende hat sie die Elternassistenz bekommen.[9]

Kinder brauchen Vater und Mutter, heißt es ständig. Wer Regenbogenfamilien nicht ausschließen will, korrigiert die Fassung auf »beide Eltern«. Hauptsache nicht getrennt. Natürlich können sich glückliche Paare ein Leben ohne einander nicht vorstellen und hoffen, ihre Liebe möge halten. **Aber der extreme Fokus auf die Liebe und das ewige Zusammenbleiben macht Trennungen zu einem Tabuthema, das kurz vor dem Tabuthema Tod rangiert. Trotzdem gehört beides zum Leben dazu.** Nur wissen wir ganz sicher, dass es ein Leben nach der Trennung gibt, also warum verdrängen wir das Thema? Vermutlich verkaufen sie sich einfach besser: Ratgeber, die uns verraten, wie wir Eltern »Liebende bleiben« können, wie zum Beispiel ein Titel des bekannten dänischen Familientherapeuten Jesper Juul lautet. Ein anderes Buch: *8 Gespräche, die jedes Paar führen sollte, damit die Liebe lebendig bleibt.* Darin offenbart der Psychologe und Bestsellerautor John Gottman eine Erkenntnis, die er aus jahrzehntelanger Forschungsarbeit zu glücklichen Beziehungen gewonnen hat: »Jeder kann seine Beziehung auf eine glückliche und vertrauensvolle Basis stellen, die sie lebendig hält.«[10] Wenn der Mensch mittlerweile nicht mehr nur Feuer machen, sondern auch die Liebe kontrollieren kann, fragt man sich doch, wie es noch zu getrennten Eltern kommen kann. Die logische und fiese Schlussfolgerung aus solchen heilversprechenden Thesen lautet: Getrennte Eltern und Alleinerziehende haben ihre Beziehung nicht hingekriegt, weil sie inkompetent sind. Übrigens: Genauso funktionieren Verschwörungstheorien. Man stellt vereinfachte Zusammenhänge her, wo eigentlich komplexe und vielschichtige Einflüsse wirken. Das ist entspannter, und man kann sich endlich wieder über jemanden aufregen und jede Verantwortung für das eigene Unglück von sich weisen! Aber im Ernst: Schauen wir uns an, warum getrennte Eltern zum Beispiel als ungebildet abgestempelt werden und ob es nicht auch Eltern gibt, die glauben, dass sie zusammenbleiben müssen, obwohl sie sich lieber trennen würden. Bereit? Dann spucken wir in die Hände und krempeln die Ärmel hoch, jetzt werden Vorurteile abgebaut.

EHE UND GELD

Stimmt, alleinerziehende Mütter haben häufiger einen niedrigen Bildungsstand (23 Prozent) als alleinerziehende Väter (15 Prozent) sowie als Mütter und Väter in Paarbeziehungen (15 und 13 Prozent). Diese Ergebnisse des Mikrozensus stellte das Statistische Bundesamt (Destatis) 2017 in einem Bericht über Alleinerziehende vor.[11] Leider ordnete das Destatis die Ergebnisse nicht ein, sondern untermauerte sie nur mit ähnlichen Berichten: »In Schweden, Belgien und Großbritannien sind die Scheidungsrisiken von Männern und Frauen mit Hochschulabschluss vergleichsweise gering, während Personen mit niedrigem Bildungsniveau einem erhöhten Scheidungsrisiko ausgesetzt sind«, schreibt etwa das Familienministerium 2021 im Neunten Familienbericht »Eltern sein in Deutschland«.[12] Aktuelle Studien zeigen: Erwerbstätigkeit stabilisiert Partner*innenschaften.

Nun könnte man sagen: *Ja, das ergibt Sinn! Ich habe schon öfter gelesen, dass gebildete Paare einfach besser kommunizieren können als ungebildete Paare. Klar, dass weniger schlaue Menschen häufiger alleinerziehend sind.* Aber halt! Wir wollen nicht voreilig urteilen, also prüfen wir die pauschale Aussage mal ganz locker mit einem Gegenbeispiel. Wer die

US-Serie *The Big Bang Theory* nicht gesehen und geliebt hat, weiß zumindest, worum es im Ansatz geht: Hochgebildete Nerds, von denen der Ingenieur Howard Wolowitz als Astronaut ins All fliegt und die Neurobiologin Dr. Amy Farrah Fowler gemeinsam mit dem theoretischen Physiker Sheldon Cooper einen Nobelpreis verliehen bekommen. Aber keine der Figuren hat ein akzeptables Gespür für Beziehungen – bis auf die durchschnittlich intelligente Kellnerin Penny Hofstadter. You get the point: Wer in seinem Fach gebildet ist, versteht noch lange nichts von liebe- oder respektvollen Beziehungen – lernt man ja auch nicht in der Schule. Und wir alle kennen unangenehme Kolleg*innen mit über die Jahre zu klein gewordenem Ring am Finger: die*der cholerische Chef*in, die*der unkollegiale Uni-Professor*in, die*der ungesprächige ITler*in. Kluge Menschen? Bestimmt, ja. Aber Beziehungsexpert*innen? Eher nicht.

Nähern wir uns dem Thema also, indem wir uns mit Bildung und der Ehe einzeln beschäftigen. Fragen wir uns doch mal: Warum haben Alleinerziehende häufiger einen niedrigeren Bildungsstand? Passende Antworten hat das Institut für Demoskopie Allensbach in Deutschland (IfD) 2013 von Alleinerziehenden eingeholt[13]: 42 Prozent gaben an, im Beruf und der Ausbildung zurückstecken zu müssen. Viele von ihnen haben außerdem sehr wenig Geld, kaum Zeit für sich und fühlen sich sehr gestresst. Sandra erzählt mir am Telefon:

> »Der Vater meiner Kinder war schon während unserer Beziehung im öffentlichen Dienst angestellt, ich kümmerte mich um die Kinder und studierte nebenbei auf Lehramt. Als 2008 endlich mein Referendariat starten sollte, kam die Trennung. Da waren die Kinder eins, drei, neun und dreizehn Jahre alt. Das Referendariat in Vollzeit konnte ich so erst mal vergessen, und ›Teilzeit wegen chaotischen Lebensstils‹ gab's damals nicht. Da stand ich nun, ohne Ausbildung. Zumindest bekam ich einen

> Teilzeitjob als Erzieherin. Zwischendurch spielte ich Geige auf der Straße. Das große Aufatmen kam erst Jahre später, als die Kinder älter wurden und ich das Referendariat endlich beenden konnte.«

Übrigens: Im Westen haben Alleinerziehende einen niedrigeren Bildungsstand als im Osten Deutschlands. Das könnte daran liegen, dass die Kitabetreuung von Kleinkindern im Westen immer noch die Ausnahme ist, im Osten aber Normalität. Fehlende und zu teure Kitaplätze sorgen ebenfalls dafür, dass Alleinerziehende es schwerer haben, ihren Ausbildungen nachzugehen. Dass alleinerziehende Väter etwas seltener einen niedrigen Bildungsstand haben als alleinerziehende Mütter lässt sich ebenfalls erklären: Sie betreuen häufiger ältere Kinder und haben dadurch mehr Zeit für andere Dinge. Klar wird hier jedenfalls, dass ein Bildungsstand nicht viel darüber aussagt, wie kompetent ein Mensch ist und welche intellektuellen oder emotionalen Ressourcen dieser hat. Bildung ist weniger eine menschliche Eigenschaft als vielmehr ein System, zu dem nicht alle Menschen den gleichen Zugang bekommen.

Warum die Ehen von erwerbstätigen Akademiker*innen also länger halten? Wenn es nicht an ihrer Bildung liegt, dann vielleicht an der anderen Ressource, auf die sie durch ihre Erwerbstätigkeit zurückgreifen können: Geld. »Mit genug Geld verschwinden viele, viele Probleme – und die, die doch bleiben, werden eigentlich nur zu Herausforderungen statt zu richtigen Schwierigkeiten«, schreibt die Autorin und alleinerziehende Mutter Jacinta Nandi 2022 in einer Kolumne des Online-Magazins Solomütter.[14] Und den größten Faktor für ein Unwohlsein in cis-hetero Ehen und traditionellen Familien lieferte 2017 der amerikanische Soziologe Michael Rosenfeld in seiner Studie »Who wants the Breakup?«: Es ist die Rolle der Ehefrau und Mutter.[15] Sie benachteilige und belaste Frauen faktisch und nicht nur gefühlt.

Und diese Erkenntnis ist wichtig, denn bisher hatten andere Studien aus den USA, Europa und Australien vermutet, dass Frauen sensibler auf Probleme in Beziehungen reagierten. Aber diese Vermutungen konnte Rosenfeld durch Gegenproben an unverheirateten Paaren ohne Kinder widerlegen: Während letztere gleichermaßen zufrieden in ihren Beziehungen waren und gleichermaßen Schluss machten, fand die Studie bei Eltern und Eheleuten ein Ungleichgewicht. Erst das Leben als Ehefrau und Mutter führte zu einem nachweisbar größeren Unwohlsein für Frauen. Von ihnen werde erwartet, den größeren Teil der Hausarbeit und Kinderversorgung zu übernehmen, sogar wenn sich ihre Partner als feministisch verstehen, so Rosenfeld.

»In jeder Ehegemeinschaft gibt es zwei Ehen: seine und ihre. Seine ist besser als ihre Ehe«, schrieb schon 1972 die promovierte US-Soziologin und Feministin Jessie Bernard in *The Future of Marriage*.[16] Aber offenbar können Eheleute mit genug Geld »sie« von »ihrer« Ehe freikaufen, sodass sie ebenfalls Zugang zu »seiner Ehe« bekommt. Ganz nach dem Motto »Happy wife, happy life«. Was ich genau meine: Ich kenne einige cis-hetero Akademiker*innenpaare mit gut bezahlten Jobs. Da hält man sich nicht lang mit immer wiederkehrenden Streitereien um die Hausarbeit oder Kinderbetreuung auf, damit jede*r genug Erholung und trotzdem die spannenden Aufgaben in der Arbeit kriegt. Da verzichten Ehemänner und Väter auch nicht öfter auf ihre Karrierechancen, um für Gleichberechtigung in der Beziehung zu sorgen und ihren Partnerinnen die Last abzunehmen. Nein, da wird Geld auf den Tisch gelegt, da werden Reinigungskräfte, Babysitter und Au-pairs bestellt, die die Care-Arbeit übernehmen. Sorgen outgesourced! Und genau das ist nur verständlich; Wer den Endgegner Vereinbarkeit bezwingen will, hat selten Alternativen. Trotzdem ist man sich bewusst, dass so die Ungerechtigkeit der geringgeschätzten Care-Arbeit nur auf andere gesellschaftliche Gruppen verschoben wird, denn gerade alleinerziehende Reinigungskräfte haben nicht genug Geld, um sich selbst eine Reinigungskraft leisten zu können. Wie sollen sie Care- und Lohnarbeit da vereinbaren? Eben. Geringverdiener*innen und viele Alleinerziehende wissen: Vereinbarkeit ist eine Illusion.

Trennungen pauschal auf Inkompetenz oder fehlende Bildung zu schieben, ist demnach absoluter Unsinn. Stattdessen sollten wir uns fragen, wie die Ehe und Geld zusammenhängen und inwieweit ein hohes Einkommen plus die Rücken gering bezahlter Arbeiter*innen womöglich die Ehen privilegierter Menschen stabilisieren – natürlich nicht als einziger, aber womöglich wichtiger Hebel. Diese Zusammenhänge festzustellen, leugnet nicht die sicherlich sehr wichtige Arbeit an der eigenen Beziehung. Im Gegenteil: Persönliche Anstrengungen und Privilegien können gleichzeitig existieren. Und bevor hier Missverständnisse auftreten: Um herauszufinden, dass Reichtum nicht der Schlüssel zur ewigen Liebe zwischen zwei Menschen ist, muss man nur einen kurzen Blick nach Hollywood werfen – während ich diesen Text schreibe, heiratet Jennifer Lopez zum vierten Mal, und ich glaube, Dagobert Duck ist immer noch Single. Was ich stattdessen sagen möchte, ist wesentlich schockierender: Liebe, zumindest die leidenschaftliche, lässt sich nicht kontrollieren, gehorcht keinen Normen und Gesetzen und lässt sich weder von Intelligenz noch von Geld beeindrucken. Liebe ist Chaos und Anarchie. Sie kommt, wann sie will, und geht, wann sie will. Ergo: Alleinerziehend kann allen Eltern passieren, und es gibt sogar Hinweise darauf, dass die Einelternfamilie in Zukunft immer häufiger vorkommen soll. Willkommen im Chaos.

Die Freiheit, sich zu trennen *Ach komm, wenn Liebe so unkontrollierbar ist, warum wird dann nur jede dritte Ehe geschieden, obwohl es seit 1875 das Recht auf Scheidung gibt?*, könnte man nun entgegnen. Nach dem Motto: *Wer sich trennen will, trennt sich, und wer es nicht will, bleibt zusammen.* Aber so einfach ist es nicht. Um genau zu sein, ist schon die Rechnung viel zu vereinfacht dargestellt. Rücken wir das Bild kurz gerade: Zwischen 1960 und 2005 hat sich die Scheidungsrate in Deutschland verfünffacht, von rund 10 auf rund 52 Prozent. Verschiedene Studien haben sich den Ansprung mit der wachsenden ökonomischen Unabhängigkeit von Frauen erklärt – sie hatten mit einem eigenen Einkommen schließlich immer öfter die Möglichkeit, sich selbst zu versorgen. Seit 2005 fallen die Zahlen in Deutschland wieder bis auf 33 Prozent für 2018, aber davon sollten wir uns nicht in die Irre führen lassen: Während vor gut sechzig Jahren noch über 600 000 Paare jährlich geheiratet haben, tun es heute nur noch die Hälfte. Und wenn mehr Menschen Familien gründen, ohne zu heiraten, dann tauchen sie auch nicht in der Scheidungsstatistik auf. Ist ja logisch.

Und nun zu einer noch wichtigeren Unterscheidung: Das Recht auf Trennung schafft noch längst nicht die Freiheit, sich zu trennen. Da unsere Gesellschaft vor allem für traditionelle Familien und Eheleute gestaltet wurde, ist sie voller Normen und Gesetze, die gemeinsam das Recht auf Scheidungen untergraben. Das räumt sogar der Familienbericht »Eltern sein in Deutschland« des Bundesministeriums für Familie ein.[17]

»Eltern haben häufig Angst davor, dass sie ohne Partner*in finanziell nicht überleben, die Kinder und Erwerbsarbeit nicht unter einen Hut bringen können«, weiß die Familienrechtsanwältin Karola Rosenberg, die ich über Instagram kennengelernt habe und die dort über familienrechtliche Themen aufklärt. Vor allem Mütter, die sich trennen wollen, stocken häufig bei der Frage, ob sie sich das überhaupt leisten können. Nicki schreibt mir etwa auf Instagram:

> »Wenn ich das Geld hätte, würde ich mich von meinem Mann trennen. Aber ich habe keine Rücklagen und keine Ahnung, wie ich unsere drei Kinder ohne ihn durchbringen sollte. Ich könnte mit meinem aktuellen Gehalt nicht mal eine Wohnung mieten.«

Noch nie habe ich gehört, dass ein Vater sagt, er könne sich eine Trennung nicht leisten. Das liegt vor allem daran, dass unbezahlte Care-Arbeit – Kinder versorgen, den Haushalt erledigen, soziale Kontakte pflegen – wie zuvor bereits erwähnt, immer noch vorrangig von Müttern erledigt wird. Und das macht sich nicht nur in ihrem Wohlbefinden bemerkbar, sondern auch auf ihrem Bankkonto. Jeden Tag leisten Frauen über zweieinhalb Stunden mehr Sorgearbeit als Männer; würden die Zahlen für Familien mit einem oder mehreren Kindern mit Behinderung mit einfließen, wäre die Diskrepanz noch ein ganzes Stück größer.[18] Denn gerade meine Freundinnen mit eigenen Behinderungen und/oder behinderten Kindern sind noch häufiger über Jahre hinweg komplett erwerbslos, weil für die Arbeit neben der intensiven Pflege keine Zeit bleibt. Kindergärten und Schulen sind häufig nicht inklusiv und somit nur unzureichend vorbereitet auf Kinder mit Behinderungen. So wird die Care-Arbeit dieser Familien fast gänzlich ins Private verschoben.

Gender-Pay-Gap Warum aber wird die Care-Arbeit vor allem von Müttern erledigt? Ganz sicher nicht, weil sie es »so als Frauen halt besser können«; das würde die Schieflage naturalisieren. Dabei wirken politische und soziale Strukturen, zum Beispiel der Gender-Pay-Gap. Frauen haben 2021 in Deutschland pro Stunde etwa 18 Prozent weniger verdient als Männer. Sie bringen also auch weniger in die gemeinsame Haushaltskasse ein. Das macht die Rechnung für die Erwerbs- und Care-Aufteilung bei cis-hetero Eltern leicht: Wenn ein Kind geboren wird, pausieren meistens Mütter ihre Erwerbsarbeit, zwei Drittel steigen nach der Elternzeit in Teilzeit wieder ein. Ganze 32 Prozent der Mütter bleiben langfristig erwerbslos! Je mehr Kinder eine Familie hat, desto höher ist die Wahrscheinlichkeit für die langfristige Erwerbslosigkeit der Mütter – eine kinderreiche Familie und Lohnarbeit sind in unserer Zivilisationsstruktur einfach schlecht vereinbar. Man sollte nicht denken, dass diese Frauen es sich zu Hause gemütlich machten, nein, sie machen es *allen* zu Hause gemütlich – das ist eine Arbeit, die im Privaten stattfindet und so unsichtbar bleibt. Dabei baut unsere Zivilisation auf kümmernde Menschen auf und würde schlicht zusammenbrechen, wenn sie von heute auf morgen in Streik treten würden. Das Ganze in Zahlen: »Die internationale Organisation Oxfam hat 2020 errechnet, dass Frauen weltweit täglich mehr als zwölf Milliarden Stunden unbezahlte Care-Arbeit leisten. Würde man diese Stunden wenigstens mit einem Mindestlohn vergüten, wäre diese Summe 24 Mal größer als der Umsatz von Apple, Google und Facebook zusammen. Zusammen!«, schreibt die Journalistin und Autorin Alexandra Zykunov in ihrem Bestseller *Wir sind doch alle längst gleichberechtigt* und schiebt noch Zahlen für Deutschland hinterher: Hier wurde 2016 der Wert von Care-Arbeit auf 987 Milliarden Euro jährlich geschätzt – oder: 39 Prozent des deutschen Bruttoinlandsproduktes.[19] Kein Wunder also, dass von einer sogenannten Second Shift, zu deutsch »zweite Schicht«, die Rede ist, wenn erwerbsarbeitende Mütter nach »Feierabend« direkt die Kinder abholen, einkaufen gehen, spielen, Abendessen kochen, Hausaufgaben kontrollieren, die Kinder bettfertig machen, die Wohnung aufräumen, um irgendwann gegen Mitternacht ins Bett zu fallen.

Motherhood Lifetime Penalty Wie stark Mütter finanziell benachteiligt werden, zeigt die sogenannte Motherhood Lifetime Penalty. Hierfür hat die Bertelsmann Stiftung berechnet, wie viel weniger Geld Mütter im Vergleich zu Vätern und kinderlosen Frauen innerhalb ihres Erwerbslebens verdienen.[20] Der Unterschied ist gewaltig: Wenn Männer Kinder kriegen, verdienen sie nicht weniger, sondern deutlich mehr, als wenn sie nicht Vater geworden wären. Das liegt an der immer noch vorherrschenden Vorstellung des männlichen Ernährers. Die Frau hingegen gilt als Zuverdienerin: »Die Entscheidung für ein Kind führt bei Frauen durchschnittlich zu Einbußen von 43 Prozent, bei drei oder mehr Kindern sogar von bis zu 70 Prozent«, schreibt die Bertelsmann Stiftung. Um das klarzustellen: Wir reden hier von einem durchschnittlichen Gesamteinkommen von etwa 1,5 Millionen Euro für Männer versus 450 000 Euro für Frauen mit drei Kindern.

Warum nehmen Mütter das in Kauf? Ich frage die Familienrechtsanwältin Karola Rosenberg: »Müttern sind die Nachteile bewusst, aber sie haben schlicht keine Alternativen. Es gibt nun mal keinen wichtigeren Job, als Kinder in ihrer Entwicklung zu begleiten. Dafür brauchen Eltern Zeit.« Und die ist knapp. »Eltern, die wegen einer Trennung zu mir kommen, berichten mir häufig, dass sie nicht mehr im ›Ich‹ existieren, sondern nur noch in einer Rolle, zum Beispiel als sorgende Ehefrau und Mutter«, sagt Rosenberg. Wer verheiratet ist und sich überwiegend um die Kinder und den Haushalt gekümmert hat, ist im Falle einer Trennung grundsätzlich besser dran als ohne die Ehe. »Wenn nichts anderes vereinbart wurde, leben Eheleute in der sogenannten Zugewinngemeinschaft. Jeder hat also weiterhin sein Eigentum, aber all das, was innerhalb der Ehe erwirtschaftet wurde, wird bei einer Scheidung 50:50 geteilt.« Für unverheiratete Paare gilt die Regelung nicht. Das Vermögen bleibt bei der Person, die es erwirtschaftet hat, der andere Elternteil geht leer aus. Ganz nach dem Motto: Pech gehabt, nun sieh mal zu. Die Rechtslage sagt uns also: Wer innerhalb einer Beziehung oder der Familie einen Großteil der Care-Arbeit übernehmen will und dafür beruflich zurücksteckt, heiratet lieber rechtzeitig. Außerdem sieht das Scheidungsrecht unter bestimmten Umständen einen Unterhaltsanspruch vor, wenn etwa einer der Ex-Eheleute nach der Trennung den eigenen Lebensunterhalt nicht allein bestreiten kann – zumindest für ein Jahr. Und auch nur dann, wenn der*die vermögendere Ex es sich leisten kann. Wer allerdings über Jahre komplett vom Arbeitsmarkt verschwindet, kommt nur schwer wieder rein und muss nicht selten mit geringfügig entlohnten Beschäftigungen anfangen. Wir erinnern uns: 32 Prozent der Mütter sind aktuell überhaupt nicht erwerbstätig. Solange also der Gender-Pay-Gap nicht geschlossen ist und Care-Arbeit immer noch zu wenig wertgeschätzt wird, braucht es Übergangslösungen für Eltern, um sich bei einer Trennung so gut es geht abzusichern. »Unterhalts- und Finanzauskunftsverfahren sind oft zäh«, sagt Familienrechtsanwältin Karola Rosenberg. »Eine präventive Empfehlung gegen die drohende Armut ist immer: Verschaffen Sie sich vor einer Trennung zuerst Kenntnisse von der Finanzsituation Ihrer Familie und dokumentieren Sie diese. Legen Sie sich, wenn möglich, außerdem einen Notgroschen zurück.«

Ehe- und Partnerschaftsverträge Einige Alleinerziehende werden jetzt vielleicht denken: »Was interessiert mich, wie ich mich in einer verdammten Beziehung vor Armut absichere?! Ich bin Single« – doch dann ist es mindestens genauso wichtig, dass wir darüber sprechen. Dieses Thema betrifft nicht nur Eltern, die über eine Trennung nachdenken und vielleicht gerade deswegen dieses Buch lesen. Sondern auch Single-Eltern, die sich eine Regel zu Herzen nehmen sollten: Nach der Trennung ist vor der Trennung. Es wäre fatal, sich einzureden, die nächste Beziehung – auch wenn man jetzt noch nicht an sie denken mag – sei ganz bestimmt die ewige Liebe und alles davor sei nur ein Fehler oder ein Unfall gewesen. Ich will hier keine Gefühle anzweifeln, sondern lediglich fragen, wie sinnvoll es ist, Liebe an finanzielle Sicherheiten zu knüpfen. Es geht darum, die Trennung immer einzukalkulieren – weil das vernünftig ist und finanzielle Abhängigkeit verhindert. Anders ausgedrückt: **Verschenkt euer Herz, aber doch nicht euer Geld.** Also sprechen wir darüber, wie sich Trennungen einkalkulieren lassen. Was braucht es dafür?

»Wenn man Familie modern und gleichberechtigt leben will, ist der erste Schritt zu definieren, was das für die eigene Familie heißt«, sagt Familienrechtsanwältin Karola Rosenberg. Nicht immer heißt Gleichberechtigung auch, dass beide Elternteile Arbeit, Kindererziehung, Haushalt und Co 50:50 aufteilen sollten – auf die jeweiligen Vorlieben und Bedürfnisse komme es an. »Finden Sie heraus, was es für Sie bedeutet, ein möglichst gutes Leben zu führen und was Sie auf keinen Fall wollen. Lassen Sie sich auf diesen Grundlagen beraten, und schließen Sie Partnerschafts- oder Eheverträge ab, die Ihre individuelle Situation abbilden und Ihnen Sicherheit und Raum für persönliche Entwicklung und für die Entwicklung als Familie geben.« Ein Ehevertrag sollte nicht dazu da sein, dass die kümmernde, nicht erwerbstätige Person eine prekäre Trennung erlebt, während sich der andere Part durch die Ehe bereichern konnte. So ist es Mariella ergangen, die mir auf Instagram schreibt:

> »Ich habe einen Ehevertrag abgeschlossen, ohne die Rechtslage zu kennen. Meinem Ex-Ehemann habe ich komplett vertraut – das bittere Erwachen erlebe ich jetzt: Der Vertrag schützt sein komplettes Vermögen vor mir. Ich habe kein Recht auf gar nichts.«

Ich habe außerdem den verheirateten und geschiedenen Teil meiner Community auf Instagram gefragt, ob sie Eheverträge abgeschlossen haben und wenn ja, in welche Richtung sie zielen, 1750 Menschen haben abgestimmt. Das Ergebnis: 2 Prozent haben einen Ehevertrag abgeschlossen, der nur das Vermögen des*der Partners/Partnerin schützt, 7 Prozent haben einen Ehevertrag abschlossen, der den Trennungsfall gerecht regelt, und 90 Prozent haben keinen Ehevertrag abgeschlossen. Warum regeln so wenige Eheleute ihre Situation nicht individuell? »Da habe ich einfach noch nie drüber nachgedacht«, kommentiert eine Followerin mit Affensmiley, der sich die Augen zuhält.

Die Wahrscheinlichkeit, mit einem Flugzeug abzustürzen, liegt bei 0,0000004 Prozent. Und trotzdem wird Passagier*innen vor jedem Start erklärt, was sie im Notfall zu tun haben, wie sie sich die Sauerstoffmasken aufsetzen müssen, die Rettungswesten umlegen sollen und wo die Notausgänge sind. Für den Fall, dass ich nach einem Absturz aufgrund von Rauch nichts mehr sehen kann, zähle ich stets nach, an wie vielen Sitzlehnen ich mich entlangtasten muss, um zum nächsten Ausgang zu kommen. Ich bin also vorbereitet, obwohl ich ziemlich sicher niemals einen Flugzeugabsturz erleben werde, genauso wie die meisten anderen Menschen auch. Aber dass wir einmal heiraten und uns wieder scheiden lassen, ist millionenfach wahrscheinlicher – ich habe nachgerechnet. Warum zur Hölle wissen wir dann nicht, wie wir von unserer Wolke sieben wieder sicher auf den Boden der Tatsachen gelangen? Wenn Paare einander lieben, dann sollten sie sich für den*die Partner*in doch auch eine sichere Trennung wünschen – insbesondere, wenn Kinder involviert sind. Falls nicht, wie soll es dann erst ablaufen, wenn tatsächlich eine Trennung ansteht?

Silvia und ihr Mann haben es getan: Sie haben darüber gesprochen, wie sie sich trennen würden, obwohl sie sich sehr lieben. Davon erzählt sie mir am Telefon:

> **DER EHEVERTRAG**
>
> »Ich habe einen Ehevertrag unterzeichnet, der mich im Falle einer Trennung vor der Armut bewahren soll – nach zehn Jahren Ehe, muss man dazu sagen, und drei Kindern. Eigentlich absurd, dass ich dieses wichtige Thema erst so spät angegangen bin, denn die Fakten waren längst offensichtlich: Ich bin vier Jahre älter und habe formal den besseren Abschluss als

mein Mann, und trotzdem bewegen sich die Zahlen auf unseren Rentenbescheiden immer weiter auseinander: 2000 Euro mehr standen da zuletzt bei ihm. Der große Unterschied in unseren Lebensläufen: Ich arbeite nur noch in Teilzeit, seit die Kinder da sind, er in der IT-Branche in Vollzeit. Der letzte Bescheid hat mich wachgerüttelt. Ich begriff, dass Altersarmut nicht nur blauäugige Frauen betrifft, nein, es ist auch mein Thema.

Also recherchierte ich im Internet – die ersten Ergebnisse waren gruselig: Gab ich »Ehevertrag« in die Suchmaschine ein, kamen nur Tipps für vermögende Männer und offenbar für welche, die ihre Frauen richtig über den Tisch ziehen wollen! »Wie die Ehefrau möglichst wenig abbekommt« stand da zum Beispiel. Also googelte ich genauer: »Finanzberaterin für Frauen«, hier wurde ich fündig! Mit ihr verschaffte ich mir einen ersten Überblick über unsere Finanzen; also welche Verträge auf welchen Namen bei welchem Anbieter laufen. Heißt: Alle Ordner rausholen, durchwälzen und Tabellen anlegen – nur so konnten wir genau vergleichen, ob mein Mann und ich finanziell gleich gut aufgestellt sind. Und da ich durch die Beratung eh den Anbieter meiner Riesterrente wechselte und meine Finanzberaterin dafür eine Provision bekam, musste ich sie nicht einmal bezahlen. Am Ende sagte sie zu mir: »Ihr seid als Paar gut aufgestellt. Aber wenn eure Ehe heute enden würde, dann hättest du echt ein Problem.« Sie erklärte mir, dass unsere gemeinsam in der Ehezeit angesammelten Rentenpunkte bei einer Trennung zwar ganz fair 50:50 gesplittet werden, dass ich damit aber nur gut leben könne, wenn wir uns frühestens kurz vor der Rente trennen. Und was, wenn es früher passiert? Dann würde ich aus eigener Kraft niemals auf die gleichen Rentenpunkte kommen und eine wesentlich geringere Rente kriegen. Da wurde mir klar: Wir brauchen einen Ehevertrag.

Und hier ging es ans Eingemachte: Man kann sich nämlich nicht einfach einen Vertrag aus dem Internet ziehen. Ein wasserdichter Ehevertrag ist so individuell wie eine Beziehung, muss in mehreren Runden ausgehandelt und korrekt verfasst werden. Dafür haben wir eine Anwältin beauftragt, die uns am Ende samt Vertragsentwurf insgesamt 1800 Euro gekostet hat. Unsere Aufgabe war es, uns darüber einig zu werden, wer was in der Ehe leistet, ergo: wer was im Falle einer Trennung bekommt – jede*r ahnt, wie sehr das für Zündstoff sorgen kann! Aber der Punkt ist: Würden wir uns trennen, müssten wir diese Diskussion sowieso führen, nur brächten wir dann einander nicht mehr das gleiche Verständnis entgegen. Zum Glück hat mein Mann direkt eingesehen, dass der Ehevertrag wichtig für mich ist, die ein oder andere Stichelei konnte er sich trotzdem nicht verkneifen: »Was ist, wenn ich nicht mehr so viel arbeiten kann, dann bleibt für mich selbst ja kaum noch etwas übrig«, kam dann, oder »Wieso bekommst du im Fall der Trennung so viel von mir, aber ich nichts von dir?«. Ganz ehrlich, das liegt halt auch in der Natur der Sache: Ich verzichte *jetzt* auf eine Karriere, hohes Einkommen und entsprechende Rentenpunkte für meine Zukunft, weil ich mich um unsere Kinder kümmere. Das nennt sich ehebedingter Nachteil. Und unser Ehevertrag ist eben mein wohlverdientes Trostpflaster.

Jetzt mal konkret: Sollten wir uns trennen, zahlt mein Mann laut Ehevertrag weiter in meine private Rentenversicherung ein. Natürlich nur, solange er vollzeitnah arbeitet. Außerdem haben mir meine Eltern ein Grundstück überschrieben, das nicht Teil der sogenannten Zugewinngemeinschaft unserer Ehe ist, sondern meins – ich wandle es im Notfall in Bares um. Interessant war die Diskussion um die Kinderbetreuung: Wir haben uns darauf geeinigt, dass wir sie dann gemeinsam übernehmen würden, weil mein Mann kein Wochenend-Papa werden will. Und plötzlich konnte er sich vorstellen, seine Arbeitszeit sogar runterzuschrauben! Obwohl das nach jeder Elternzeit bei meinem Wiedereinstieg in den Job unmöglich schien – da konnte ich mir dann meinerseits eine spitze Bemerkung nicht verkneifen. Wichtig war mir auch die Regelung, dass ich maximal eine 30-Prozent-Stelle annehmen müsste, bis unser jüngstes Kind zehn Jahre alt ist. Auch so etwas kann man im Ehevertrag festhalten. Er müsste also nicht nur unseren Kindern Unterhalt zahlen, sondern auch mir, sodass wir finanziell in ähnlichen Verhältnisse leben. Wie viel das genau werden würde, ist so weit im Voraus schwierig zu beziffern, daher haben wir in den Vertrag einen Satz aufgenommen, der gerichtlich verwertet werden kann und in etwa lautet: »Uns ist bewusst, wie wir unser Familienmodell gestalten und dass ich einen ehebedingten Nachteil erlebe, weil ich aktuell nicht meinem Abschluss und meiner Qualifikation entsprechend einen Beruf ausüben kann.« Fühle ich mich jetzt sicherer? Ja! Und gleichzeitig bleibt ein bitterer Beigeschmack, weil es eine Sicherheit ist, die sich nicht jede*r leisten kann.«

Ich hoffe, du riechst hier nicht nur die Chance auf mehr Gerechtigkeit in der Ehe, sondern auch den Klassismus. Falls nicht, würde ich es gern noch mal deutlich machen: Eltern müssen die Zeit, die emotionalen Kapazitäten und das Geld haben, um solch einen Ehevertrag auszuhandeln und rechtskräftig aufsetzen zu lassen. Und, natürlich, sie müssen das Wissen haben, dass das Scheidungsgesetz den sogenannten »ehebedingten Nachteil« für Mütter nicht ausreichend ausgleicht. Was, wenn sich der Partner querstellt und nicht einsieht, dass Care-Arbeit eine Leistung darstellt? Dann bleibt wohl sowieso nur noch die Scheidung.

PARTNERSCHAFTLICHE GEWALT

Manche Eltern müssen bei einer Trennung mit Schlimmerem rechnen als Geld: Es sind meistens Frauen, weiblich gelesene und nicht binäre Personen, die partnerschaftliche Gewalt erfahren. Für sie und ihre Kinder ist die Trennung vom Ex existenziell bedrohlich. Das geht aus einem aktuellen Bericht zu Gewalt gegen weiblich gelesene Personen in Deutschland hervor, den das Bündnis Istanbul Konvention erstellt hat. In der Trennungsphase ist das Gewalt- und Tötungsrisiko für Frauen und Kinder um ein Fünffaches höher, schreiben die Frauen*rechtsorganisationen, -verbände und Expert*innen. Um ein Fünffaches! Und warum gerade in Trennungsphasen? Die Antwort: Partnerschaftliche Gewalt ist häufig von einem Besitzdenken geprägt. Die vielschichtigen Verhaltensweisen zielen darauf ab, Kontrolle und Macht über die andere Person zu erzwingen. Unabhängigkeit, Selbstvertrauen und Handlungsspielräume der betroffenen Person werden unterminiert, Abhängigkeiten aufgebaut und gefestigt.[21] Emilie erzählt mir am Telefon:

> **TRIGGERWARNUNG: SEXUALISIERTE GEWALT**
> »Er hatte mir drei Sätze immer eingebläut: Ohne mich bist du nichts, ohne mich hast du nichts, ohne mich kannst du nichts. Und ich kannte es nicht anders, auch in meiner Kindheit wurde ich abgewertet. Für mich war dieses Verhalten normal, für mich war das Liebe. Nachdem unser Sohn geboren wurde, nutzte Richard seine Elternzeit, um mit einem Freund in den Urlaub zu fahren; wann immer er Sex wollte, nahm er sich meinen Körper. Den Haushalt, unser Baby und unseren Hund versorgte ich allein. Freund*innen hatte ich schon längst nicht mehr. Wenn man sich nicht mehr treffen kann oder spontan absagt, dann fragen sie irgendwann nicht mehr. Durch einen Zufall und viel

Glück konnte ich mich von meinem Ex-Mann trennen, da war mein Sohn zehn Monate alt: Einer seiner Freunde hatte Richards gewalttätiges Verhalten erlebt und mir Unterschlupf angeboten. Aus sicherem Abstand hatte ich darüber nachgedacht, die Vergewaltigungen anzuzeigen. Aber wie hätte das ausgesehen? Ich hätte das Klischee einer rachsüchtigen Ex-Frau erfüllt. Eine, die sich Lügen ausdachte, um den Vater ihres Kindes loszuwerden und weiterhin Unterhalt zu kassieren. Ich wollte das Pulverfass nicht zum Explodieren bringen. Ich wollte endlich Ruhe finden.«

Eine geschützte Trennung vom gewalttätigen Ex-Partner ist ein Privileg, das viele Menschen nicht haben. Im Gegenteil: Aus dem Bericht geht hervor, dass Familiengerichte, Polizei, Gutachter*innen und Mitarbeiter*innen bei Jugendämtern nicht ausreichend zu geschlechtsspezifischer Gewalt geschult sind. Darum werde weiblich gelesenen Personen, die Gewalt anzeigen, nicht geglaubt. Darum bewerten gerichtliche Gutachter*innen Mütter, die Gewalt anzeigen, häufiger als manipulativ. Darum wird nach langen Sorgerechts- und Umgangsverfahren vor Gericht immer noch das Umgangsrecht von Vätern vor den Gewaltschutz der betroffenen Elternteile und ihren Kindern gestellt. So gehe laut der Initiative für alleinerziehende Mütter MIA die partnerschaftliche Gewalt in eine »institutionelle Gewalt« über. Die Lage werde schlicht falsch eingeschätzt. So falsch, dass manche Eltern, die den gewalttätigen Ex anzeigen, ihre Kinder an den Vater verlieren – weil sie als manipulativ abgestempelt werden. Laut MIA eine Folge von Gender Bias, also sexistischen Vorurteilen. Dieses System sagt uns, dass Frauen und nicht binäre Eltern sich lieber nicht von ihrem Partner trennen und besser schweigen sollten. Weil sie sonst zu Opfern gemacht werden. Ja, Scheidungen sind längst rechtlich erlaubt. Aber die tatsächliche Trennung oder etwa

Gerechtigkeit nach einer gewaltvollen Beziehung kann für Menschen trotzdem beinahe unmöglich gemacht werden. Vor allem deshalb, weil es so schwierig ist, die häusliche Gewalt zu beweisen – dieses Dilemma legt etwa die Berliner Fachanwältin für Strafrecht und Familienrecht Christina Clemm in *AktenEinsicht – Geschichten von Frauen und Gewalt* anhand von acht wahren Fällen dar.

Das sind natürlich besonders harte Fälle, könnte man nun sagen. *Partnerschaftliche Gewalt ist die Ausnahme, oder?* Leider nein. In Deutschland werden an jedem dritten Tag weiblich gelesene Personen in Deutschland von ihren Partnern oder Ex-Partnern ermordet. In etwa 80 Prozent aller polizeilich angezeigten Gewalttaten sind die Opfer weiblich, in 20 Prozent männlich. Und ein Großteil der Gewalt bleibt im Dunkeln verborgen: körperlich, psychisch, sozial, finanziell. Dass Menschen in Deutschland, oft unentdeckt, in ihren gewalttätigen Beziehungen verharren, zeigt der Anstieg häuslicher Gewalt während der Corona-Pandemie – im Bundesland Thüringen wurden 2021 24 Prozent mehr partnerschaftliche Gewalttaten gemeldet als 2020. Schuld daran ist nicht die Pandemie. Eine Krise verstärkt bekanntlich nur, was vorher schon da war.

Die Lockdowns während der Pandemie waren besonders bedrohlich für Betroffene häuslicher Gewalt, weil durch die ständige Beobachtung durch den Partner oder die Partnerin die Möglichkeit wegfiel, heimlich nach Hilfe zu rufen – etwa bei Nachbar*innen oder per Telefon bei der Polizei. Daher hat sich eine kanadische Stiftung ein Handzeichen ausgedacht, das sich schnell auf der ganzen Welt verbreitete: »Zunächst hältst du die Handfläche hoch, knickst dann den Daumen nach innen und umfasst ihn schließlich mit den anderen vier Fingern.« Wer dieses Zeichen erkennt, sollte Hilfe leisten. Telefonische Beratungen rund um die eigenen Handlungsmöglichkeiten finden Menschen, die häusliche Gewalt erleben, beim Weißen Ring – das ist eine Organisation für Kriminalitätsopfer. Auch der Kinderschutzbund und der Juristinnenbund können helfen. Wer akut das Haus verlassen muss, kann ein Frauenhaus aufsuchen.

EIN AKT DER EMANZIPATION

»Meine Erfahrungen mit Männern sind großartig«, sagte die Sängerin Cher 1995 in einem legendären TV-Interview. »Ich suche sie mir aus, weil ich sie gerade mag und nicht, weil ich sie brauche.« Männer seien für sie keine Notwendigkeit, sondern wie ein leckeres Dessert. Doch nicht einmal die Mutter der Sängerin schien vor gut dreißig Jahren zu begreifen, dass Cher in ihrer Position glücklich und daher alles andere als zu bemitleiden ist. »Meine Mutter sagte zu mir: ›Mein Liebling, irgendwann solltest du zur Ruhe kommen und einen reichen Mann heiraten.‹ Und ich sagte: ›Mama, ich bin ein reicher Mann.‹« *Mom, I am a rich man,* der spontane Spruch von Cher wird noch heute auf T-Shirts, Poster und Tassen gedruckt. Manche lassen ihn sich sogar in die Haut tätowieren. Ihnen geht es nicht um das ›rich‹ in diesem Satz, also nicht ums Geld. Sondern um die Unabhängigkeit von der monogamen Beziehung zu einem Mann. Um die Freiheit, eine Beziehung einzugehen und zu verlassen, wann immer die betreffende Person es für richtig hält. Um Selfcare und das Recht auf eine eigene, vollständige Identität – auch außerhalb einer cis-hetero Beziehung. Natürlich kann niemand sich diese Selbstbestimmung in Form von Kleidung oder Tinte kaufen. Aber der Punkt ist: Menschen wenden sich den Dingen zu, die ihre Sehnsüchte erfüllen.

Die Kriegsreporterin, Autorin und Menschenrechtsaktivistin Düzen Tekkal erzählte 2022 in einem *Stern*-Interview: »Als ich meiner Mutter sagte, dass ich das Bundesverdienstkreuz verliehen bekomme, sagte sie: ›Super! Und wann heiratest du?‹«[22] Die Ehe reizt junge Menschen immer weniger, sie machen heute ihre eigenen Lebens- und Beziehungsregeln – schlicht, weil es für sie möglich ist. Denn ein sicheres Leben führen, Sex haben, zusammenwohnen, eine Familie gründen – all diese gemeinsamen Schritte sind heute nicht mehr an die ewige Treue gebunden. Der Vater meines Kindes und ich waren schon vor unserer Trennung eines dieser neumodischen Paare, die in keiner Ehe-Statistik vorkamen. Wir haben nie geheiratet, und mir war stets bewusst, dass Liebe auch enden kann. Die Lebensrealität einer Alleinerziehenden spielte sich schließlich jahrelang vor meinen Augen ab, während ich heranwuchs. Und wenn meine Mutter eines predigte, dann war es das: Mach dich nie von einem Mann abhängig. Finanziell versteht sich, nicht emotional. Ich liebte meinen Ex wahrhaftig und mit allem, was ich hatte. Und ich weiß, dass er mich wahrhaftig liebte, mit allem, was er hatte. Diese Geschichten von »Dann war er*sie nicht der*die Richtige« bin ich wirklich leid. Weder waren wir »die Richtigen« noch »die Falschen« füreinander. Wir waren einfach nur wir, das reicht doch.

Auch der Neunte Familienbericht »Eltern sein in Deutschland« des Bundesfamilienministeriums bemerkt, dass Familien immer diverser werden: Während der erste Familienbericht von 1968 noch den Fokus auf die »Kernfamilie« aus Vater, Mutter, Kind gelegt hat, besprach der zweite Bericht 1975 vor allem sogenannte »unvollständige Familien«, weil die Scheidungsrate stieg. Erst der Fünfte Familienbericht von 1994 rückte von der vorherigen Familiendefinition ab: »Familie kann unabhängig von räumlicher und zeitlicher Zusammengehörigkeit als Folge von Generationen angesehen werden, die biologisch, sozial und/oder rechtlich miteinander verbunden sind.« Und heute? Wird Familie so divers gelebt wie noch nie, sagt der aktuelle Familienbericht: klassische Familien, Patchworkfamilien, Alleinerziehende, Getrennterziehende, Regenbogenfamilien, Pflegefamilien, und künftig sollen Freund*innen laut Koalitionsvertrag auch die

Verantwortungsgemeinschaft eingehen können – die Möglichkeiten weiten sich aus. **Es geht mehr um ein Gefühl von Gemeinschaft und Geborgenheit als um einen Stammbaum.** Vor allem aber werden Familienbilder derzeit durch Scheidungen und Trennungen immer diverser, so der Bericht.

»Generation Beziehungsunfähig«, würde wohl der Autor des gleichnamigen Bestsellers Michael Nast diagnostizieren. Konservative und rechte Stimmen würden sagen, dass die Familie verlottert. Ich kann mich in beiden Aussagen nicht wiederfinden. Zum Glück bietet die promovierte Biologin und Autorin Meike Stoverock noch eine andere Interpretation, die diverse Familien nicht pathologisieren oder herabwerten: In *Female Choice. Vom Ende der männlichen Zivilisation* zeichnet sie eine Zukunft, in der patriarchale Strukturen zerfallen und alle Geschlechter kooperativ miteinander leben können. Und: In dieser Zukunft wird es noch viel mehr Alleinerziehende und andere alternative Familienformen geben. Mütter, die mehrere Kinder von verschiedenen Männern haben? Völlig normal. Stoverock sagt, die lebenslange Bindung zu unseren Fortpflanzungspartner*innen passe nicht zu dem Fortpflanzungsmodell, das in unserer DNA verankert ist: der Female Choice. Sie erklärt es an der Tierwelt: Die Wahl des Weibchens, das sich mit dem für sie passendsten Männchen paart, ist das am meisten verbreitete Fortpflanzungsmodell. Männchen verteilen ihren Samen, so viel es eben geht, sie haben schließlich nichts zu verlieren und gehen daher auf Masse, und Weibchen wählen gezielt, denn die Aufzucht des Nachwuchses ist zeitintensiv und kostet viel Kraft. Außerdem legt die Female Choice Wert auf Diversität, um sich bestmöglich an die Umwelt anzupassen. Daher paaren sich Weibchen mit verschiedenen Männchen. Diese und andere Merkmale der Female Choice finden sich auch beim frühen Menschen.

Die Idee der lebenslangen Zweierbeziehung, so Stoverock, ist erst um die 7000 bis 10 000 Jahre alt – ein kurzer Zeitraum in der 40 000

Jahre alten Geschichte des Homo sapiens, seine Vorfahren nicht mit einberechnet. Bis zu diesem Zeitpunkt sind Menschen als Nomaden der Flora und Fauna hinterhergezogen, um sich zu ernähren. Sie haben in Sippen gelebt und quasi die freie Liebe praktiziert. »Die Gruppen organisieren sich um die Bedürfnisse, Fähigkeiten und auch Limitierungen der unlösbaren Mutter-Kind-Einheit herum«, sagt Stoverock. Während die Mütter genau wussten, welche Kinder von ihnen abstammten, konnten Väter sich nicht sicher sein – ein wichtiger Punkt für die folgende Entwicklung.

Die Sesshaftigkeit entstand, als Sammlerinnen, die bereits über ein enormes Wissen über Pflanzen verfügten, den Ackerbau entdeckten. So mussten die Nomaden ihrer Hauptnahrung nicht mehr zwingend hinterherlaufen, sondern konnten sie anbauen. In logischer Konsequenz entstanden Behausungen und die Viehzucht. Erstmals konnten Menschen Besitz anhäufen. Und an dieser Stelle, innerhalb einer Zeitspanne von mehreren Tausend Jahren, kam es offenbar zu einer folgereichen Gemengelage: Die Leben der Sippen orientierten sich immer weniger an Müttern und ihren Kindern, die ja nun in den Behausungen sicher unterkommen konnten, sondern an ihrem Besitz und der Verteidigung ihres Landes. Durch den Ackerbau verbreitete sich die – wie wir heute wissen falsche – Idee der Patrilinearität: Der »Samen« im Ejakulat eines Mannes reife demnach in der Gebärmutter gebärfähiger Menschen heran wie Pflanzen in der Erde. Die Mutter als Backofen sozusagen. Entsprechend glaubten Menschen, dass Kinder ausschließlich von ihren Vätern abstammen, wobei Mädchen die Erblinie der Logik nach nicht fortführen konnten, denn sie würden ja nie »Samen« produzieren. Trotzdem sollten sowohl weibliche als auch männliche Kinder dem Vater gehören. Söhne durften erben, Töchter wurden an befreundete Familien verkauft. So weit, so schrecklich – aber halte durch, es wird auch wieder besser!

Da weibliche Personen mit gebärfähigem Körper nun als Ressource angesehen, in private Räume gedrängt und von ihren Familien abgeschnitten wurden, konnte das Patriarchat so richtig loslegen. Ab sofort wollte jeder Mann eine Frau haben, um jederzeit Zugang zu Sex zu bekommen und seinen Besitz vererben zu können. Et voilà: Bevor mächtigere Männer mit mehreren Frauen einen brutalen Aufstand durch Männer ohne Frauen und ohne die Möglichkeit des Vererbens riskierten, wurde besser schnell die monogame Zweierbeziehung geboren.

Jetzt legen wir mal einen Gang zu und rasen mit Lichtgeschwindigkeit durch die vergangenen Jahrtausende: Die Ehe sicherte die Monogamie vertraglich ab. Zunächst heiratete niemand aus Liebe, sondern um das gesellschaftliche Standing zu sichern und den eigenen Besitz zu erweitern, manchmal sogar aus Diplomatie. Zusätzlich versprach das Konzept der Jungfräulichkeit und die »Kein Sex vor der Ehe«-Regel einem Mann, dass seine frisch angetraute Frau kein »Kuckuckskind« in die Zweierbeziehung trug – damit hätte sich schließlich der Logik nach die Erblinie eines anderen Mannes eingeschleust. Die Medizin untermauerte die Idee der Jungfräulichkeit – dass das sogenannte »Jungfernhäutchen« keinen Hinweis auf sexuelle Erfahrungen gibt, stellt man heute richtig, aber der Glaube daran hält sich hartnäckig.

Die gesellschaftliche Ordnung wurde über Jahrtausende von mächtigen Männern geprägt. Die promovierte Althistorikerin Mary Beard beschreibt in *Frauen und Macht. Ein Manifest* wie Frauen in der Geschichte der vergangenen Jahrtausende versucht haben, Gesellschaften mitzugestalten – dafür mussten sie sich aus privaten Räumen stehlen und ihre Stimme in die Öffentlichkeit tragen, die jedoch nur für Männer bestimmt war. Im Grunde beschreibt Beard wiederkehrende Muster: So werden Frauen, die es wagen, die gesellschaftlich Ordnung zu stören, pathologisiert und für naive Dummchen verkauft. Erinnert dich das an etwas?

Wann immer sich eine Frau gegen die aktuelle Ordnung wehrte, weil sie etwa nicht heiraten und eine Familie gründen wollte, waren sie und ihre Stimme eine Bedrohung für mächtige Männer. Und wie sonst kann man seine Gegnerin Schachmatt setzen als mit der Untergrabung ihrer Glaubwürdig- oder Zurechnungsfähigkeit? »Du bist nur hysterisch. Jeder vernünftig denkende Mensch will heiraten«, könnte man dann sagen. Hysterisch – für dieses Unwort dürfen wir uns auch heute noch bei einem alten weißen Mann bedanken. »Hysterie« kommt aus dem Altgriechischen »hystéra« und bedeutet Gebärmutter. Es war Hippokrates, der Hysterie zu einer körperlichen und psychischen Störung erklärte, die von einer »rasend gewordenen« Gebärmutter ausgelöst wird, wenn die Frau zu lange nicht penetriert wurde. Anders ausgedrückt: Unbequeme Frauen müssen nur mal wieder ordentlich Sex haben, um sich wieder entspannen und rational denken zu können. Und unbequem sind offenbar schon Mütter, die einfach nur ein Leben für sich allein führen wollen, ohne Mann. Sie werden vielleicht nicht hysterisch genannt, aber frigide oder bindungsunfähig.

Alleinerziehende Mütter sind eine Provokation. Das bemerkt auch die Journalistin Michèle Loetzner, die selbst in dritter Generation alleinerziehend ist. In ihrem *SZ*-Artikel »Allein stehend« beschreibt sie, wie sich ihre Großmutter in den 1950er-Jahren als Alleinerziehende vor dem Jugendamt rechtfertigen und die Blicke der Nachbarn ertragen musste. »Es geht nicht um Werte. Es ist rein praktisch«, schreibt Loetzner in ihrem Artikel. »Frauen, die ausscheren, zweifeln das System an. Wenn sie wieder einscheren, wieder kostenlos Care-Arbeit leisten und das System somit wieder stützen, ist das Problem gelöst. Mehr noch: Man kann endlich wieder tun, als wäre es nie da gewesen.« So war es auch bei ihrer Großmutter, die ein paar Jahre nach der Geburt ihres Kindes wieder heiratete und plötzlich wieder als wertvolles Mitglied der Gemeinde galt. Loetzner: »Das System heißt Misogynie, die Ideologie, die dem zugrunde liegt, Sexismus.«[23]

Dieses System, über das Michèle Loetzner schreibt, hat dafür gesorgt, dass in Deutschland Ehefrauen bis 1962 kein eigenes Konto ohne Zustimmung ihrer Ehemänner eröffnen konnten und Ehefrauen ihre Lohnarbeit kündigen mussten, wenn ihre Ehemänner etwas dagegen einzuwenden hatten. Und es sorgt bis heute dafür, dass in Deutschland Mütter weniger arbeiten als Väter – das Ehegattensplitting belohnt Ehepaare steuerlich dafür, dass eine*r von beiden weniger arbeitet als der*die andere. Und natürlich, wer weniger lohnarbeitet, kümmert sich (unbezahlt) mehr um Haushalt und Kindererziehung und ist entsprechend finanziell abhängig vom Partner.

Knapp 70 Prozent der Scheidungen in cis-hetero Konstellationen werden heute von Ehefrauen und Müttern initiiert. Wie heißt es so schön: **Ein Nein zu jemand anderem ist immer auch ein Ja zu sich selbst.** Oder wie Samantha Jones in der Neunziger-Serie *Sex and the City* bei der Trennung von ihrer großen Liebe Richard sagte: »Ich liebe dich. Aber ich liebe mich mehr.« Manchmal merkt man einfach, dass die Beziehung zum*zur Partner*in nicht mehr guttut und es nur einen Weg gibt, um auf sich selbst aufzupassen. Dabei muss ich an die Aussagen einer alleinerziehenden Freundin denken, die sich nach jahrelangen Überlegungen endlich von ihrem Mann getrennt hat:

> »Ich habe mich viel zu lange fast komplett allein um unsere Kinder, den Haushalt und unser Einkommen gekümmert. Natürlich ging das nicht gut, und ich habe mir den Mund darüber fusselig geredet. Aber es wurde nie besser, meine Grenzen wurden ignoriert und übergangen. Mich zu trennen war schließlich die einzige Grenze, die ich ohne seine Zustimmung ziehen konnte.«

Trennungen sind ein Akt der Emanzipation. Nein, die Menschen sind nicht zunehmend beziehungsunfähig, Familien verlottern auch nicht. Im Gegenteil, sie werden selbstbestimmter, flexibler. Laute, unbequeme Frauen, nicht-binäre Personen, trans Menschen haben dafür gesorgt, dass wir freier geworden sind. Und je freier wir sind, so lautet die Theorie von Biologin Meike Stoverock, desto deutlicher kommt das Modell der Female Choice wieder durch. Dann wählen Mütter eher verschiedene Väter für ihre Kinder aus. Und genau diesen Trend hat Stoverock in skandinavischen Ländern entdeckt, Norwegen allen voran: »Von 1985 bis 2012, in 27 Jahren also, stieg die Zahl kinderloser Männer von 14 Prozent auf 23 Prozent an, während sich der Anteil der kinderlosen Frauen von 10 Prozent auf 12 Prozent kaum geändert hat«, schreibt Stoverock. »Überall nimmt die Kinderlosigkeit von Männern stärker zu als die von Frauen.«[24] Und wenn sich etwa gleich viele Mütter mit weniger Männern fortpflanzen, bedeutet das: mehr alleinerziehende Elternteile.

In Europa gibt es kaum Länder, in denen der Anteil alternativer Familienformen weniger als 25 Prozent beträgt, bemerkt auch der Neunte Familienbericht des Bundesministeriums.[25] In Frankreich, wo es statt eines Ehegattensplittings ein Familiensplitting gibt, heiraten Eltern von Vornherein seltener; dort wohnen etwa »25 Prozent der Kinder in nicht ehelichen Lebensgemeinschaften und weitere 25 Prozent mit nur einem Elternteil zusammen«.

Wie sehr eine freie Sexualität die Ordnung stört, kann man nicht zuletzt an der wachsenden Incel-Bewegung erkennen. Incels (*involuntary celibate*) sind Männer, die unfreiwillig zölibatär, also ohne sexuelle Kontakte leben. Sie glauben, dass »fremde Männer« – also migrantisch aussehende Männer – ihnen »ihre Frauen« – also *weiße* Frauen – wegnehmen würden. Als würden *weiße* Frauen *weißen* Männern gehören. Incels hassen Frauen, weil sie ihnen vor Augen führen, dass es kein Recht auf Sex gibt, und sie hassen Männer, die nicht *weiß* sind. Einige Incels betreiben Online-Hetze gegen Menschen, die sich für demokratische Werte einsetzen. Andere verüben Gewaltakte im Offline-Leben, wie zum Beispiel Stephan B., der 2019 in Halle einen Anschlag auf eine Synagoge verüben wollte und eine Frau sowie einen Mann an einem Dönerstand ermordete. Dass die Freiheit des weiblichen Körpers unerwünscht ist, können wir aber auch an der wachsenden konservativen bis rechten Bewegung auf der ganzen Welt erkennen: Im Sommer 2022 hat das Oberste Gericht in den USA das Gesetz für Schwangerschaftsabbrüche gekippt, seitdem kann jeder Bundesstaat selbst entscheiden, ob Schwangerschaftsabbrüche legal oder illegal sind. Im Juli 2022 musste ein zehnjähriges Mädchen aus Ohio, das nach einer Vergewaltigung schwanger geworden war, in einen anderen Bundesstaat reisen, um die Schwangerschaft beenden zu lassen.

Im selben Monat hat die Türkei mit Präsident Recep Tayyip Erdoğan bestätigt, dass sie aus der internationalen Istanbul-Konvention für Frauenrechte austritt. Das internationale Abkommen verpflichtet seine Unterzeichner dazu, Frauen durch Gesetze vor Gewalt zu schützen und gegen Gewalttaten vorzugehen. Aber konservative Gruppen in der Türkei sind der Ansicht, die Konvention fördere Homosexualität und bedrohe traditionelle Familienwerte. Und sie haben recht: Die Ehe und traditionelle Familien aus Vater, Mutter, Kind werden durch Trennungen, die meist von Ehefrauen und Müttern eingefordert werden, aufgelöst. Nun könnte die Türkei Ehen und Familienrechte moderner gestalten und Trennungen mitdenken oder Frauen wieder mehr Gewalt zumuten, um die Zweierbeziehung nicht zu gefährden. Erdoğan hat seine Wahl getroffen – er wählt die Gewalt und schützt so die patriarchale Ordnung.

»Der Staat vergisst dich. […] Mehr noch: Er sabotiert dich. Und die Gesellschaft tut das auch«, schreibt Michèle Loetzner im SZ-Artikel »Allein stehend«. Was Alleinerziehende wirklich brauchen, ist Solidarität und die bedingungslose Akzeptanz für ihre Familienform. **Wir sollten froh sein, dass wir Alleinerziehende haben, und ihnen den Rücken stärken, denn Alleinerziehende sind – allein schon durch ihren Lebensstil – Kämpfer*innen gegen eine unterdrückende, patriarchale Ordnung.** Das Wohl von Einelternfamilien, der unkomplizierte Zugang zu einem Leben für sich allein ist auch für heute noch glücklich verheiratete Paare immer ein Messgerät für die eigene Freiheit und Sicherheit. Wer sich für den Fall einer Trennung absichern will, sorgt im Sinne der Nachhaltigkeit und Gerechtigkeit nicht nur auf dem eigenen Bankkonto oder mit einem individuellen Ehevertrag vor, sondern setzt sich für Alleinerziehende ein, wann immer es geht.

ERSTE HILFE: TRENNUNG

VORWEG: Willkommen im Club: Wir werden immer mehr Allein- und Getrennterziehende, yay! MERKE: Trennungen sind immer ein Akt der Emanzipation.

WICHTIGE TO-DOS VOR DER TRENNUNG

1. Verschaffe dir Kenntnisse von der Finanzsituation der Familie, zum Beispiel mithilfe einer Finanzberaterin.
2. Schließe, wenn möglich, noch schnell einen fairen Ehe- oder Partner*innenvertrag ab!
3. Lege dir einen Notgroschen zurück! Wenn du kein eigenes Einkommen hast, sollte der Notgroschen reichen, um dich drei Monate über Wasser zu halten. Ansonsten: Wie viel brauchst du, um dir eine eigene Wohnung einzurichten?

SORGEN WEGEN DER KINDER?

- Ehrlichkeit und Sicherheit sind für Kinder das Wichtigste.
- Erkläre möglichst kindgerecht, was passiert ist und passieren wird.
- Sprich möglichst nicht schlecht über den*die Ex vor dem Kind.

MERKE: »Eine gelungene Konfliktbewältigung kann sehr förderlich sein. Ich sehe sogar, dass die Trennung als Entwicklungsherausforderung, wenn sie gut begleitet wird, Kinder resilienter, also widerstandsfähiger macht.« Hilal Virit

BEI HÄUSLICHER GEWALT

Hilfe beim Weißen Ring, Kinderschutzbund, Juristinnenbund, Freund*innen

In akuter Situation: Frauenhaus aufsuchen!

WAS ICH DIR NOCH SAGEN WILL: Selbst, wenn du denkst »Ich werde schon klarkommen«, ist eine Trennung mit Kindern ein heftiger Einschnitt, den man mit Unterstützung besser bewältigt. Ich wünschte, ich hätte mich schon viel früher um eine therapeutische Begleitung gekümmert, darum: Mach jetzt den Termin und danke dir selbst in drei Monaten, wenn die Therapie startet!

FAIR CARE

FAIR CARE
FAIR CARE
FAIR CARE

Ich hatte mir fest in den Kopf gesetzt, dass es bei uns kein Trennungsdrama geben würde. Ich wollte, dass mein Ex und ich Eltern sind, die einander alles gönnen. Die zusammen einen Ausflug machen. Und sich mit den neuen Möbeln helfen. Ich wollte ein glückliches Kind mit entspannten Eltern. Eine Familie im Trennungsflausch! Aber schon zwei Wochen nach der Trennung saß ich auf meinem Bett und tippte wütende Nachrichten in mein Handy, die ich an meinen Ex schickte. Und ich hatte allen Grund dazu: An diesem Nachmittag hätte mein Kind längst bei mir sein sollen, das hatten mein Ex und ich klar abgesprochen. Er wollte unser Kind übers Wochenende nehmen, mit ihm zu seiner Mutter fahren. Dann Übergabe Sonntagnachmittag. So war es geplant. Aber am Sonntagnachmittag hatte ich mein Kind nicht bekommen, dafür eine Nachricht: »Wir bleiben noch einen Tag.« Ich schrieb sofort zurück: »Was? Das musst du mit mir absprechen! Das kannst du nicht allein entscheiden!« *Mieser ******,* dachte ich, atmete durch und schluckte die Situation. Choose your battles, so heißt es doch.

Am Montagnachmittag erwartete ich mein Kind umso mehr. Ich stellte mir sein heiteres Gesicht vor, freute mich aufs Spielen, Kuscheln, Vorlesen, es abends ins Bettchen zu bringen. Einfach bei ihm sein. Ich vermisste es. *Nur noch ein paar Stunden, bis ich es wiedersehe,* dachte ich. Aber dann sah ich eine neue Nachricht auf meinem Handy, wieder von meinem Ex: »Hey, wir kommen auf jeden Fall morgen.« Was zur Hölle?! Das kann doch nicht wahr sein! Ich atmete durch … aber es war zu viel. »Du bringst mir jetzt mein Kind zurück!«, schrieb ich in den Chat. Meine Hände zitterten. Er antwortete, dass ich unser Kind doch viel öfter sehe als er und dass ich die Zeit ja für mich nutzen könne. Es blieb dabei: Morgen kommen sie wieder, darauf musste ich vertrauen. Pah! Mein Herz hämmerte gegen meinen Brustkorb, die Tränen flossen, das Blut brodelte. Es stimmte ja, dass mein Ex unser Kind weniger sah als sonst. Aber was hatte er erwartet? Sein Auszug war ein Schnellschuss, daher wohnte unser Kind weiter bei mir, und mein Ex und ich besprachen alle paar Tage, wer den Kleinen nachmittags von der Kita abholt. Optimal? Nein. Erst recht nicht für ihn. Aber das gab ihm nicht das Recht, plötzlich allein über unser Kind zu entscheiden.

Ich pfefferte mein Handy aufs Bett, tigerte vom Schlafzimmer in die Küche und wieder zurück, suchte nach einem Weg aus meiner Ohnmacht. Und fand einen: *Ich könnte mein Kind mit der Polizei abholen lassen,* dachte ich. Durch unseren Chat konnte ich beweisen, dass er sich nicht an unsere Vereinbarung gehalten hatte – und die ist auch rechtlich bindend. *Stimmt,* dachte ich. *Ich hatte das Recht, mein Kind zu holen!* Gesetze sind vernünftig, oder? Ich würde also mit einem Polizeiwagen vorfahren, überlegte ich. Die Beamten würden an seine Tür klopfen, ihn ermahnen. Er müsste sich an die Absprachen halten, unser Kind herausrücken. Ich dürfte es wieder in meine Armen schließen, würde in das Polizeiauto steigen und mit ihm nach Hause fahren. Oder? Nun ja, das war typisch ich: Ein Punkt für die kreative Lösungsfindung, null für Verhältnismäßigkeit.

Bravo, Anne, dachte ich. *Das wäre eine völlig neue Eskalationsstufe.* Wo würde sie uns hinführen? Wie sollten mein Ex und ich danach noch miteinander kooperieren? Würden wir dann alles mit »Ich habe aber ein Recht darauf« regeln? Würden wir uns für jeden Fussel Anzeigen rausschicken? Ja, gut, meine Fantasie ging wieder mit mir durch, aber alles schien möglich. Die wichtige Frage war: Was würde dieses Gegeneinander mit unserem Kind machen? In jedem Fall nichts Gutes. *Ist die Polizei zu rufen wirklich das Beste, was du jetzt tun kannst?*, fragte ich mich. Die Antwort war klar: Nein! Natürlich nicht. Mit meinem Dickkopf durch die Wand half hier gar nichts, es würde sogar alles nur noch schlimmer machen. Ich musste mich stattdessen um mein Kopfkino kümmern – da lief nämlich seit zwanzig Minuten ein Kleinkinddrama mit jeder Menge Tränen.

Was, wenn ich nicht mit dem Schlimmsten, sondern mit dem Besten rechnete? Ich kannte meinen Ex, er war ein liebevoller Vater. Daher suchte ich nach einem anderen Film. Einem schönen: Vielleicht spielten sie gerade mit Dinosaurierfiguren. Vielleicht lachte unser Kind über all die Faxen, die sein Vater gern macht. Okay ja, vielleicht vermisste es mich. Aber es war in Sicherheit, es war umsorgt. Endlich pochte mein Herz ruhiger, der Nebel in meinem Kopf verzog sich. Ich realisierte, dass nicht mein Kind in Not war, sondern ich. Und auch nur in meinem Kopf. Aber da Polizeibeamte mich nicht durch Atemübungen führen würden, nutzten sie mir auch nichts. Also allein: *Atmen – Loslassen.* Ich wischte mir meine Tränen aus dem Gesicht und griff wieder nach meinem Handy, tippte: »Geht's ihm gut? Ist es fröhlich? Das musst du mir bitte sagen.« Nicht zu antworten wäre wohl *sein* gutes Recht gewesen, aber ich bekam direkt eine Nachricht zurück: »Ja, ihm geht's sehr gut.«

SORGE UND RECHT

Warum redet eigentlich niemand darüber, wie sehr eine Trennung für Eltern zur emotionalen Zerreißprobe werden kann? Anmutige Umschreibungen à la »Am Anfang war es schwierig, aber das haben wir überwunden« will ich nicht mehr hören. Was genau heißt bitte ›schwierig‹? Rümpft einer die Nase, rollt sie mit den Augen? Fliegen Teller? Oder besteht die Schwierigkeit darin, dem Ex keine brennenden Beutel voll Hundekot vor die Tür zu legen? ›Schwierig‹ sind die Geschichten, die wir lieber nur hinter vorgehaltener Hand erzählen, abgeschirmt vor der Öffentlichkeit. Weil Eltern im Trennungsprozess extreme Gefühle aushalten müssen – und manche davon sind uns peinlich, scheinen so infantil. Aber die Trennung mit Kind ist etwas anderes, als die gemeinsame CD-Sammlung oder das gute Geschirr aufzuteilen. **Es geht um unsere Kinder, die absolute Achillesferse liebender Eltern. Verständlich, dass da die Fetzen fliegen, Tränen fließen, Wut entbrennt, die Angst zupackt.** Die Gerichtspsychologin Marianne Nolde schreibt in ihrem Ratgeber *Eltern bleiben nach der Trennung*: »In dem Moment, in dem die Entscheidung für eine Trennung fällt, ist es wahrscheinlich, dass Ihnen immer mehr Kritisches am anderen Elternteil auffällt«[26] – egal von wem die Trennung ausging. Warum?

Nolde verweist auf die Theorie der kognitiven Dissonanz: Das menschliche Gehirn will die Dinge nicht differenziert betrachten, weil es anstrengend ist. Das Gehirn will lieber das Ergebnis unterm Strich – und dann danach handeln. »Wenn eine Person, die Sie gerade aus Ihrem engeren Kreis entfernt sehen wollen oder die sich selbst daraus entfernt hat, in Ihrer Vorstellung noch liebenswerte Züge trägt, dann laufen Sie Gefahr, Ihre Trennungsentscheidung weitere Male zu hinterfragen oder unter der Ihnen aufgezwungenen Trennung noch intensiver zu leiden.« Wenn wir den anderen Elternteil als Volldepp bezeichnen, dann ist das klarer und folgt dem eigenen Gefühl unmittelbarer. Und ehrlich gesagt finde ich das auch gar nicht so schlimm, solange die Wut abends in den Boxsack geht oder mit Freund*innen am Telefon besprochen wird. Nur eben nicht vor dem Kind. So lautete auch unsere erste Regel, nachdem wir uns das zweite Mal bei einer Übergabe zu lautstarken Auseinandersetzungen hochgeschaukelt hatten, während unser Kind neben uns auf dem Boden saß und weinte. »Das tut ihm nicht gut«, schrieb ich meinem Ex, also stritten wir nur noch schriftlich per Messenger-Dienst. Geht ebenso gut!

Das ist wohl der wichtigste Trick: Sich immer wieder und Stück für Stück gegen das Zerstörerische an der eigenen Trennung zu verschwören. Gemeinsam! Sich zu verschwören geht nur gemeinsam. Während für einen Krieg schon einer reicht. »Die Art der Trennung ist oft ein Abbild der vorangegangenen Partnerschaft«, schreibt der dänische Familientherapeut Jesper Juul in seinem Trennungsratgeber *Geborgen und stark*. »Wer den Partner als persönliches Eigentum betrachtet, für den oder die bricht bei einer Trennung zwangsläufig eine Welt zusammen.«[27] Sicherlich verhält es sich mit Kindern genauso, wenn sie als Eigentum betrachtet werden. Umso wahrscheinlicher, dass diese Person nach der Trennung jeglichen Boden unter den Füßen verliert und die Kontrolle über den anderen Elternteil oder die Kinder wieder herzustellen versucht. Juul: »Ich habe eine Menge Kinder kennengelernt, deren Väter Psychopathen waren. Einen dieser Väter habe ich über einen Zeitraum von vierzehn Jahren erlebt. […] Nachdem die Frau mich um Rat gefragt hatte, wollte der Mann mich umbringen, hat eine Nacht lang mit einem Jagdgewehr vor meinem Haus gestanden.«[28] Vor Jurist*innen und Mitarbeiter*innen des Jugendamts habe er sich als sympathischer und humorvoller Vater präsentiert. »Vermutlich hielten sie seine Frau für plemplem, dass sie sich von solch einem Prachtkerl getrennt hatte […] Psychopathische Menschen können manchmal sehr einnehmend und charmant sein«, schreibt Juul.

Zwischen meinem Ex, den ich sieben Jahre nach der Trennung frei als liebevollen Vater bezeichnen kann, und einem Psychopathen liegt ein recht breites Spektrum an Ex-Partner*innen – überfürsorgliche, gehässige, dominante, schüchterne, arrogante, gewalttätige, intrigante, bockige, höfliche und nervige. Und unabhängig davon, ob Eltern liebevoll sind oder Psychopathen oder etwas dazwischen: Sie sind als Eltern per Gesetz aneinander gebunden.

Kinder haben ein Recht auf beide Eltern Nach einer Trennung behalten Eltern das gemeinsame Sorgerecht, sie müssen also weiterhin über die wichtigen Belange ihrer Kinder gemeinsam entscheiden; wer wann das Kind betreut, wo es zur Schule gehen, ob es geimpft werden soll. Medienkonsum, Schlafenszeiten oder sportliche Aktivitäten sind alltägliche Entscheidungen, die jeder Part selbst fällen darf. Gut zu wissen: Das Sorgerecht ist nicht an den tatsächlichen Kontakt zum Kind gekoppelt; ein Elternteil kann demnach mitbestimmen, auf welche Schule das eigene Kind gehen soll, obwohl er wenig oder keinen Kontakt zum Kind hat. Das führt mitunter zu absurden Situationen, so schreibt mir Hilde auf Instagram:

> »Der Vater meines Kindes ist auf einen anderen Kontinent ausgewandert. Er meldet sich nie bei unserem Kind, und trotzdem musste ich mir immerzu Unterschriften von ihm einholen, etwa wenn eine Klassenfahrt anstand. Vollmachten wollte er mir nicht ausstellen, dabei hätten sie mir einiges erleichtert. Immerhin: Nach ein paar Monaten hat er eingewilligt, sein Sorgerecht aufzugeben. Dafür mussten wir beide beim Jugendamt ausführliche Erklärungen abgeben.«

Ich habe mit einigen Müttern gesprochen, deren Ex-Partner sie schikanierten, indem sie ständig ihre Unterschriften verweigerten. Diese

Mütter mussten ihnen ständig hinterherrennen, zum Beispiel mit Zetteln aus der Schule. Und wenn der eine Elternteil die neue Impfung will, der andere aber lieber noch nicht? Dann haben Eltern die Pflicht, sich einig zu werden und werden zunächst auch am Familiengericht nichts anderes hören. Denn laut §156 Abs. 1 soll ein Gericht »in jeder Lage des Verfahrens auf ein Einvernehmen der Beteiligten hinwirken«. Bleiben sich die Eltern uneinig, können sie die Entscheidungen vom Familiengericht fällen lassen. Wenn der Schuss nach hinten losgeht, kann das Gericht auch beide als erziehungsunfähig beurteilen und ihnen das Sorgerecht entziehen. Wenn sich Eltern ständig uneinig sind, immer wieder aneinandergeraten, dann könnte womöglich ein unbewältigter Konflikt dahinterliegen. In diesem Fall können Eltern eine Mediation machen, das Jugendamt übernimmt häufig die Kosten.

Das alleinige Sorgerecht beantragen? Möglich, etwa wenn ein Elternteil das Kind erwiesenermaßen vernachlässigt oder das Sorgerecht missbraucht wird. Ob die individuellen Anträge erfolgreich sind, ist leider oft Glückssache, ähnliche Situationen werden je nach Richter*in verschieden beurteilt. Unterm Strich sollen Eltern aber ein Paradoxon überwinden: Sie sollen sich in der Trennung einig werden.

Mütterrechte Vor dreißig Jahren hatten es Mütter noch leichter: Nach der Trennung eilte meine Mutter zum Jugendamt, um das alleinige Sorgerecht für meinen Bruder und mich zu beantragen. Denn das Sorgerecht verblieb 1993 per Gesetz nur bei einem getrennten Elternteil. Genauso wie die Kinder, die beim sorgeberechtigten Elternteil lebten. Mit dem alleinigen Sorgerecht konnte meine Mutter später alle rechtlichen Entscheidungen ohne Absprache treffen; wo wir Kinder wohnen sollten, bei welcher Schule wir angemeldet wurden, wie viel Taschengeld wir bekamen oder ob wir Haustiere haben dürften. Der Gesetzgeber ging Anfang der 1990er-Jahre davon aus, dass sich getrennte Eltern vor allem die Haare raufen, und mit dem alleinigen Sorgerecht wurden weitere Konflikte zwischen den Eltern vermieden, um wiederum die Kinder zu entlasten. Kinder sollten in einem konfliktfreien Umfeld aufwachsen. Der andere, nicht sorgeberechtigte Elternteil behielt ein Umgangsrecht, das regelmäßige Besuche erlaubte – es sei denn, auch hier gab es ständige Konflikte, dann konnte der Umgang ausgeschlossen werden. »Hattest du kein schlechtes Gewissen, weil du unseren Vater rausgedrängt hast aus seinem Sorgerecht?«, frage ich meine Mutter heute. – Sie: »Nein, im Gegenteil. Ich fühlte mich stolz. Entweder hast du um dein Kind gekämpft, oder du hast verloren, so war es eben.« Und meine Mutter konnte bald aufatmen. Sie bekam das Sorgerecht, ganz ohne Gerichtsprozess. Den brauchte es nämlich damals nicht, wenn nur ein Elternteil das Sorgerecht beantragte.

Nun hatte meine Mutter mit zwei Kindern und mehreren Jobs zu viele Aufgaben und zu wenig Zeit – für eigene Interessen blieb nichts übrig. Das Geld war immer knapp, obwohl sie in den ersten Jahren nach der Trennung neben ihrer neu begonnenen Ausbildung zur Arzthelferin in Vollzeit noch nachts Werbeprospekte austrug. Sie zog los, wenn mein Bruder und ich eingeschlafen waren. Und für den Fall, dass wir aufwachten und weinten, legte sie den Fußabtreter quer vor die Wohnungstür. Das war das Zeichen für unsere Nachbarin, dass sie reingehen und uns trösten konnte. Meine Mutter hat immer dafür gesorgt, dass mein Bruder und ich gut versorgt wurden: Neben meiner Mutter und unserer Nachbarin gab es noch meine Grundschuldirektorin, Frau K.: Meine Mutter ernannte sie liebevoll zur »Ersatzmutter«. Für viele Einelternfamilien ist diese Art der Care-Kompliz*innenschaft bis heute überlebenswichtig. Und als Kind habe ich mich gefreut, wenn sich noch mehr Erwachsene liebevoll um mich gekümmert haben. Frau K. versorgte mich mit »Anne auf Green Gables«-Büchern von der kanadischen Schriftstellerin Lucy Maud Montgomery, die mit der rothaarigen Anne ein kluges, impulsives, verträumtes Waisenmädchen mit schwierigem Start ins Leben beschreibt, das sich schließlich in einer liebevollen Adoptivfamilie zu einer starken und unabhängigen jungen Frau entwickelt – ich liebte Annes Geschichten. Meine Ersatzmutter begleitete mich auch ins Krankenhaus, als ich mir während einer Sportstunde den Fuß brach und meine Mutter ihre Arbeit nicht unterbrechen konnte, weil sie fürchten musste, dann ihren Job zu verlieren. Das wenige Geld, das meine Mutter verdiente, nutzte sie niemals für sich selbst. Ich konnte in Sportvereine eintreten, in Ferienfreizeiten fahren, an Klassenfahrten teilnehmen und bei den Familienurlauben meiner Freundinnen mitreisen, weil meine Mutter immerzu arbeitete, günstige Kleidung trug, bis sich die Löcher nicht mehr stopfen ließen, und selbst kein Hobby hatte. Und wenn meine Mutter frei hatte, dann überkam sie die Müdigkeit: Ich habe viele Erinnerungen, in denen meine Mutter schläft und ich als Kind auf ihr herumklettere, mich zu ihr lege und mit ihr kuschele oder auf ihrem Rücken sitzend einen Fruchtzwerg esse. Ich hatte zu wenig Zeit mit meiner Mutter und trotzdem eine der guten Kindheiten – dank meiner Mutter. Aber ich sehe auch, was es sie kostete.

Und mein Vater? Ich will nicht sagen, dass er keine Rolle in meinem Leben gespielt hat. Er besetzt in meinen Augen bis heute vielmehr eine abwesende Rolle. Es gibt ihn, den Vater, aber ich hörte bald nichts mehr von ihm; dieses Schicksal teile ich mit beinahe der Hälfte der Kinder von geschiedenen Eltern in den 1990er-Jahren.[29]

Auf dem Spielplatz traf ich Kinder, die »Mein Erzeuger wohnt nicht weit von hier« sagten und dann guckten, als wäre nichts. Irgendwie war es normal und irgendwie auch bescheuert. Nach dem Motto: Väter, was soll's? Im nächsten Moment spielten wir Fangen, bauten Sandstraßen oder erzählten uns Ostfriesen-Witze. Ich habe mich immer gefragt, wie sich so ein Vaterleben nach der Trennung anfühlt. Der US-amerikanische Schriftsteller John Updike beschreibt es 1987 in seiner Erzählung *Familienleben in Amerika*: Der geschiedene Ehemann wohnt in einer kleinen, ungemütlichen Wohnung, mitten in der Stadt. Dort hält er sich in der Woche nur zum Übernachten auf, weil er von morgens bis abends im Büro arbeitet. Und was soll er auch in der Wohnung? Es ist kein Zuhause, es ist niemand da. Am Wochenende besucht er seine Kinder, die mit ihrer Mutter im Einfamilienhaus auf dem Land leben. Das Haus hatten sie damals als glückliche Familie gekauft und gemeinsam zu einem gemütlichen, lebendigen Ort hergerichtet. Aber mittlerweile sind die Kinder zu Teenagern herangewachsen, die sich immer weniger für ihren Vater interessieren, und das Zuhause ist nicht mehr seines. Er ist melancholisch und fühlt sich wie ein Fremder. Nach jedem Besuch zieht er weiter zu seiner neuen Partnerin. Sie hat ihrerseits selbst Kinder, die noch klein sind – und die ihn als Eindringling betrachten. Mit der neuen Partnerin gibt es also kein Honeymoon, sondern ein ähnliches Fremdgefühl wie in seinem alten Heim, und morgens liegen die Kinder mit im Bett. Der Mann kann sich höchstens als Freund in die Familien einbringen. Aber als Vater, als Autoritätsperson wird er nirgends wahrgenommen – er ist vor allem ein Zahlvater.

Väterrechte Selbst wenn sich der geschiedene Vater beim Jugendamt gemeldet hätte oder es zu Gerichtsprozessen gekommen wäre, wurden die Kinder in den 1980er- und 1990er-Jahren vor allem den Müttern zugesprochen. Väter begannen, Bücher und Zeitungsartikel rund um eine zunehmend »vaterlose Gesellschaft« zu schreiben, zwei verschiedene Väterströmungen entstanden. Eine versuchte, die Rolle des traditionellen Vaters aufzubrechen und ihn mehr mit Kindern und Haushalt zusammenzubringen – die profeministischen »neuen Väter«. Ihre Ziele spiegeln sich im heutigen Profil des 2010 gegründeten Bundesforums Männer wider: Der deutsche Dachverband betreibt geschlechterpolitische Arbeit für Jungen, Männer und Väter und hat 2022 beispielsweise einen Leitfaden für Männer- und Väterberatungen veröffentlicht, in dem traditionelle Männlichkeiten kritisch reflektiert und Fürsorglichkeit erarbeitet werden. Er empfiehlt Literatur wie *Prinzessinnenjungs. Wie wir unsere Söhne aus der Geschlechterfalle befreien* von Nils Pickert oder *Sei kein Mann. Warum Männlichkeit ein Albtraum für Jungs ist* von JJ Bola. Politisch fordert das Bundesforum Männer bessere Rahmenbedingungen für eine aktive Vaterschaft – zum Beispiel einen bezahlten, zweiwöchigen Vaterschaftsurlaub nach der Geburt (der ja nun 2024 kommen soll), das Recht auf Teilzeit und mindestens vier Monate Elternzeit für jeden Elternteil. Diese Strömung der »neuen Väter« will mit Müttern zusammenarbeiten und väterliche Sorgearbeit ausgestalten.

Die andere Väterströmung der 1980er- und 1990er-Jahre ließ ihre Ernährerrolle unangetastet, kämpfte aber für mehr Väterrechte. Dafür formierten sie sich in Väterrechtsvereinen, 1988 entsteht der heute größte in Deutschland: der Väteraufbruch für Kinder (VafK) mit 4000 Mitgliedern.[30] Und wie stark Väterrechtsvereine die Familienpolitik schon damals prägten, zeigt die jahrelange Sorgerechtsdebatte in den 1990er-Jahren: Damals brachen nach einer Trennung rund 40 Prozent der Väter den Kontakt zu ihren Kindern ab. Gleichzeitig stellten Studien fest, dass Kinder ohne Kontakt zum Vater häufiger psychische Belastungssymptome zeigten als Kinder, die noch Kontakt zum Vater hatten.[31] Man stellte zwar die Frage, ob Kinder wirklich durch einen »Vaterverlust« belastet wurden oder ob damit einhergehende soziale und finanzielle Probleme die Einelternfamilien belasteten – Alleinerziehende hatten schließlich wenig Zeit und noch weniger Geld. Aber sicher trennen ließen sich die Ursachen in den Studien nicht, da Väter und Geld traditionell verschmolzen waren. Man hätte also Vergleichsstudien mit wohlhabenden alleinerziehenden Müttern machen müssen, aber womöglich fand man nicht genug von ihnen. Die familienpolitische Gretchenfrage der Neunziger war also: Sollten

Kinder und Väter wieder stärker aneinander gebunden werden, oder soll die soziale und finanzielle Situation für Einelternfamilien auf anderem Wege gestärkt werden? Beides war ein Experiment. Die Hoffnung: Vielleicht würde ein gemeinsames Sorgerecht ausreichen, um bei Vätern mehr Verantwortungsgefühle zu wecken, sodass sie den Kontakt nicht abbrechen würden.[32] Aber da Frauenrechtsaktivist*innen mit dem gemeinsamen Sorgerecht die Rechte von Müttern geschwächt sahen, brauchte es dafür starke Argumente. Und am Ende gab es zwei davon: Unverheiratete Väter dürften gegenüber verheirateten nicht diskriminiert werden und hatten daher auch ein Recht auf das gemeinsame Sorgerecht. Und: Artikel 7 der UN-Kinderrechtskonvention besagt, dass ein Kind das Recht auf beide Eltern hat. Somit wurde der Gesetzgeber Schachmatt gesetzt und musste handeln; 1998 wurde das Sorgerecht reformiert. Als Nebeneffekt wurde die Konfliktlogik umgekehrt: Der Gesetzgeber schützt Kinder seitdem grundsätzlich nicht mehr vor dem Elternkonflikt, sondern fordert Eltern dazu auf, die Kinder selbst vor den eigenen Streitereien zu schützen.

Nach einer Trennung mal die Kinder einpacken und ins nächste Dorf zu den Großeltern ziehen? Geht nicht mehr, denn grundsätzlich haben beide Eltern das sogenannte Aufenthaltsbestimmungsrecht, durch das sie bestimmen dürfen und sollen, wo sich das gemeinsame Kind gerade aufhält. Und laut §1684 Abs. 2 BGB haben Eltern »alles zu unterlassen, was das Verhältnis des Kindes zum jeweils anderen Elternteil beeinträchtigt oder die Erziehung erschwert«.

Die Familie reorganisieren Als mir mein Ex am nächsten Nachmittag schließlich unser Kind zurückbrachte, war die Stimmung anders als in den zwei Wochen zuvor. Da war unser Kind fröhlich und zufrieden gewesen. Jetzt weinte es meine Schulter nass. *Die vier Tage waren doch zu viel,* dachte ich. *Wir waren noch nie so lange voneinander getrennt. Er hat mich vermisst.* »Hey mein Schatz, Mama ist da.« Aber ich erreichte ihn gar nicht, er weinte weiter. Normalerweise reichte meine bloße Anwesenheit aus, um mein Kind für mich zu gewinnen – ein Blick in mein Gesicht, und mein Kind streckte strahlend die Arme nach mir aus. Was war los? Ich sah meinen Ex fragend an, aber er sah ebenfalls ratlos aus. »Eben war er noch fröhlich.« Weinte er, weil er auf meinem Arm war? Vermisste er seinen Papa? Die Sorge, dass mein Kind nicht bei mir sein wollte, war neu für mich, und sie tat weh. Ich kannte vielmehr die andere Seite; dass mein Kind weinte, wenn ich mich von ihm verabschiedete. Oder lag es doch daran, dass alles zu viel war und wir zu lange voneinander getrennt waren? »Du kannst gehen, ich schaffe das schon«, sagte ich so ruhig zu meinem Ex, als würde ich mit meinem weinenden Kind reden. Er nickte und zog die Tür hinter sich zu, und ich lief mit meinem Kind auf dem Arm durch die Wohnung, streichelte über seinen Rücken und sang *Du musst nicht traurig sein – Du weißt doch, ich bin immer für dich da ...* von den Prinzen. Meine Mutter hatte mir das Lied abends im Bett vorgesungen, als ich noch ein Kind war; für mich waren das die Momente, in denen ich mich vollkommen geborgen fühlte. Auch mein Kind atmete bald ruhiger, ich fing seine letzten Tränen mit einem Taschentuch auf und putzte seine kleine Nase. Dann wollte er, dass ich ihn absetze, griff nach meinem Zeigefinger und zog mich in seine Spielecke. *Wir haben Kontakt,* dachte ich erleichtert. Trotzdem spürte ich noch einen dicken Kloß im Hals. Wie konnten wir den Stress der vergangenen Tage künftig vermeiden? Ich schrieb meinem Ex abends eine Nachricht: »Wir brauchen einen Betreuungsplan, auf den sich alle verlassen können. Was stellst du dir vor?« – Er schrieb sofort zurück: »Ich würde ihn natürlich die Hälfte der Zeit nehmen.« Um ehrlich zu sein, da habe ich direkt wieder geheult.

RESIDENZ- UND WECHSELMODELL

Darüber verhandeln zu müssen, wie oft man das eigene Kind sehen darf, ist hart. Es ist, wie angegriffen zu werden und gleichzeitig nicht zu wissen, gegen wen oder was man sich eigentlich wehren soll. Man muss die Tragikomödie »Marriage Story« gesehen haben, um zu wissen, was ich meine: Scarlett Johansson spielt Nicole, Adam Driver ist ihr Ehemann Charlie. Er Theaterregisseur, sie Schauspielerin. Beide Charaktere sind das, was man liebevolle und moderne Eltern nennt: Er kocht, sie öffnet die Marmeladengläser. Sie spielt gern mit Henry und seinen Dinosaurierfiguren, Charlie begleitet Henry durch die Nächte. Beide sind als Eltern ebenso leidenschaftlich wie als Künstlerin und Künstler. Aber als Paar scheint der Wurm drin zu sein: Nicole trennt sich von Charlie, um nicht mehr nur in seinem Leben mitzulaufen, viel zu lange hat sie gemacht, was ihm und seinem Leben nützlich ist. Während Charlies Theater in den ersten Jahren durch Nicole als Star-Schauspielerin bekannter wurde, hat sie an Bekanntheit verloren – außerdem hat er sie mit der Regie-Assistentin betrogen, das Übliche. Nicole hat genug; sie will ihre eigenen Träume verwirklichen, kündigt ihren Job an Charlies Theater in New York und nimmt am anderen Ende des Landes die Hauptrolle bei einer neuen Fernsehserie an, Sohn Henry kommt kurzerhand mit und wird dort in der Schule angemeldet. Nicole und Charlie wollten die Trennung friedlich regeln, aber das scheint in der Frage, ob ihr Sohn Henry in New York oder Los Angeles leben soll, unmöglich. Über Monate hinweg muss Charlie in den Flieger steigen, um seinen Sohn zu sehen. Dazu geraten beide unter den finanziellen Druck von Nicoles teurer Anwältin und Charlies noch teurerem Anwalt. Und dann entlädt sich die Spannung zwischen ihnen bei einem Gespräch unter vier Augen: »Du bist derart verschmolzen mit deinem Egoismus. Du nimmst es schon gar nicht mehr als Egoismus wahr. Du bist so ein

Wichser!«, schreit Nicole. Da geht Charlie auf sie zu und brüllt spuckend: »Jeden Morgen wache ich auf und hoffe, du bist tot. Tot! Und könnte ich sicher sein, dass Henry es verkraftet, wünschte ich, du würdest krank werden oder überfahren oder tot sein.« Dann starren sich beide entsetzt an, Charlie taumelt ein paar Schritte rückwärts, schlägt die Hände an den Kopf und bricht schließlich weinend am Boden zusammen. Nicole geht zu ihm und streichelt seinen Rücken, er schluchzt: »Es tut mir leid.« Sie flüstert: »Mir auch.«

Mein Ex und ich, wir waren Charlie und Nicole. Wir gründeten unsere Familie nicht in New York, aber in Berlin, und ich erinnere mich an diesen einen Abend zwei Jahre vor unserer Trennung; Wir saßen bei offenem Fenster auf einem roten Sofa, Discolicht huschte über unsere Gesichter, und aus den Lautsprechern sang der Deutschrapper Cro »Ich glaub, ich fände es cool, wenn du mir gehörst«. Für die Leute um uns herum war es eine von vielen sommerlichen Hauspartys am Kotti in Berlin-Kreuzberg. Für den zukünftigen Vater meines Kindes und mich war es der Abend, an dem wir unsere Familienplanung konkret besprachen. »Ich bekomme nur dann ein Kind mit dir, wenn du die Hälfte der Elternzeit übernimmst und wir uns auch sonst die Kindererziehung und den Haushalt fair teilen«, sagte ich und nahm einen Schluck von meinem Radler. »Warum? Ein Jahr Elternzeit ist nicht lang, und ich wäre doch auch nach der Arbeit da, um mich zu kümmern«, antwortete er. Ich war noch nicht mal schwanger, aber die Vorstellung von der traditionellen Rollenverteilung machte mir Bauchschmerzen. Ich wollte eine Familie gründen, aber nur mit einem aktiven Vater. Ich dachte: Wie kommt er bloß auf die Idee, dass ich mich freiwillig in die totale Abhängigkeit begeben würde? Bei mir schrillten alle Alarmglocken. Sie klangen etwa so: Ding-Dong-Altersarmut-Ding-Dong-Isolation. Ich war im letzten Jahr vor dem Studienabschluss und konnte nicht direkt danach in die Häuslichkeit verschwinden. Ich musste ein paar Stunden am

Tag arbeiten und gleichzeitig wissen, dass mein Kind in dieser Zeit gut versorgt sein würde.

Ob auch er Alarmglocken hörte? Ding-Dong-Weichei-Ding-Dong-Failed-Ernährer, so in etwa stelle ich sie mir vor. Väter in Elternzeit sind in vielen Unternehmen nicht gern gesehen. Sie werden dafür nachhaltig finanziell abgestraft. Aber Mütter auch. Und ich war nicht bereit, allein dafür zu blechen. »Fifty-fifty oder nicht?«, fragte ich und strecke ihm herausfordernd meine Hand entgegen. Er dachte kurz nach und schlug ein – »Deal«. Ein Jahr später war unser Kind nicht länger Theorie, sondern ein Neugeborenes, und wir wurschtelten uns einigermaßen durch unseren Deal. Ganz konnten wir ihn nicht einhalten, in den ersten fünf Monaten kümmerte vor allem ich mich, und danach teilten wir die Care-Arbeit zwischen uns auf.

Nun mussten mein Ex und ich einen neuen Deal aushandeln, und offenbar streckte er mir dieses Mal herausfordernd die Hand entgegen. *Ja, eigentlich müsste jetzt ich einschlagen,* dachte ich. *Eigentlich.* Eigentlich sollte ich fair sein. Aber ich war auch egoistisch, ehrlich gesagt. *Bei dem piept's wohl,* dachte ich, *erst haut er ab, und jetzt soll ich mein kleines Fast-noch-Baby die Hälfte der Zeit nicht sehen?* Ich glaube, vom Egoismus kann sich niemand freisprechen, und das ist auch nicht weiter schlimm. Wir wollen eben unsere Kinder behalten. Wichtiger ist wohl, sich nicht nur von den eigenen Interessen leiten zu lassen oder von den negativen Gefühlen, die man bei einer Trennung so ansammelt. Denn da ist auch noch ein Kind mit ganz eigenen Interessen.

Ich kannte damals keine Studien. Ließ mich auch nicht beraten. Aber ich machte mir Gedanken: Die Rechnung schien gerade in unserem Fall korrekt; ein Kinderleben geteilt durch zwei getrennte Elternteile. Aber sie fühlte sich falsch an. Mehr noch, es gab gewichtige Gründe, die dagegensprachen: Ich war für unser Kind die erste Bezugsperson, sein Auffangnetz in Krisenzeiten. Es hätte mich plötzlich viel weniger gesehen, ohne dass wir es mit ihm besprechen konnten – weil es nur fünfzig Worte kannte. Wir konnten es also auch nicht nach seinen Vorstellungen fragen. Wir konnten nicht einmal sicher sagen, warum es bei manchen Übergaben weinte. Und hätte sein Vater mit mir darüber gesprochen, wenn unser Kind mit der neuen Situation unglücklich gewesen wäre? Wenn unser Kind abends im Bett nach Mama gerufen hätte? Vielleicht hätte er Angst vor den Konsequenzen gehabt. Ich wusste meinen Ex nicht mehr einzuschätzen. Ich wollte ihm vertrauen, aber es fiel mir schwer, nachdem er mich mit seinen Alleingängen so überrumpelt hatte. Außerdem: Unser Kind hatte erst eine Woche zuvor mit der Kitaeingewöhnung begonnen – ein großer Schritt für einen Einjährigen. Ihn nun auch zu Hause aus seiner Routine zu reißen, konnte ihn überfordern. Rein praktisch machte die hälftige Aufteilung zu diesem Zeitpunkt noch weniger Sinn, fand ich: Mein Ex war auf Wohnungssuche – ein Status, der sich in Berlin bekanntlich nicht so schnell ändert. Bis dahin schlief er auf der Couch eines Freundes; sollte unser einjähriges Kind in einer Junggesellenbude auf der Couch wohnen? Sicher nicht.

Zugegeben, wir hätten das Wechselmodell übers Knie brechen können, doch das wollte ich nicht. Ich war also eine Frau, die Nein sagen würde – damit fühlte ich mich plötzlich als die Böse, das hat das Patriarchat gut eingefädelt. Was für eine Mutter verhindert, dass sich ein liebevoller Vater um sein Kind kümmern kann? Na? Eben. Darum prüfte ich meine Gedanken genau, von allen Seiten. Weil ich mir selbst nicht traute. Weil ich nicht böse sein wollte. Aber am Ende kam ich immer wieder darauf zurück, dass halbe-halbe für unser Kind zu diesem Zeitpunkt nicht die beste Wahl war. Ich schrieb meinem Ex und ging in den Konflikt. Ich schlug ihm vor, dass unser Kind zunächst weiter bei mir wohnen und an jedem zweiten Wochenende bei ihm übernachten sollte. Dazu noch ein wenig beschwichtigend: »Du könntest es außerdem besuchen, wann immer du willst.« Wie er darauf reagierte? So, wie ein fürsorglicher Vater eben reagiert; er stimmte zu. Aber leicht fiel es ihm nicht: »Natürlich hätte ich das Wechselmodell fair gefunden. Vielleicht hätte ich einen Streit anfangen und mich durchsetzen können«, sagt er heute, »aber das hätte unser Verhältnis noch weiter belastet. Dabei wollten wir doch gemeinsam für unser Kind da sein. Und ich wusste auch, dass es unserem Kind bei dir gut gehen wird. Außerdem musste ich die Umstände berücksichtigen und die Schwere von dem, was ich kurz nach der Trennung von dir verlangte. Der beste Weg war, dir erst mal entgegenzukommen.« Da fühlte ich mich erleichtert, natürlich. Weil wir uns einigen und eine weitere der vielen Ungewissheiten nach einer Trennung auflösen konnten. Aber gleichzeitig dachte ich: Fuck, jetzt bist du alleinerziehend.

Das beste Betreuungsmodell für Kinder Meine Situation war die Ausnahme, die meisten Kinder sind bei einer Trennung nicht ein Jahr alt, sondern eher älter. Meist können die Kinder sprechen, sich beschweren, Mama oder Papa anrufen und erzählen, was sie kratzt. Da können Eltern ihre Kinder in die Entscheidung über die weitere Betreuung einbeziehen. Aber bevor wir klären, ob es für Kinder gute und weniger gute Betreuungsmodelle gibt, machen wir einen kurzen Vokabelcheck: Wenn die Kinder genau gleich viel Zeit in den Elternhaushalten verbringen, indem sie beispielsweise wöchentlich oder alle paar Tage hin- und herpendeln, dann sind sie im Doppelresidenzmodell, auch Wechselmodell genannt – das ist das, was mein Ex vorgeschlagen hatte. Im traditionellen Residenzmodell hingegen haben die Kinder ihren Hauptwohnsitz bei einem Elternteil und besuchen den anderen regelmäßig – das ist das, worauf wir uns geeinigt hatten. Und nun schauen wir, was für die Sprösslinge das Beste ist.

In Deutschland gibt es erst seit kurzer Zeit Forschungsprojekte zum Thema. Eines der ersten Ergebnisse wurde 2021 in der Studie »Familienmodell in Deutschland«[33] von den Universitäten Duisburg-Essen und Marburg veröffentlicht. Und bitte schön: Den teilnehmenden sieben- bis vierzehnjährigen Kindern im Wechselmodell ging es genauso gut wie den Kindern im Residenzmodell. Wenn sich Eltern gemeinsam kümmerten, ging es den an der Studie beteiligten Kindern bei einer 30:70-Aufteilung etwas besser als mit einem starren 50:50-Wechsel. Entscheidend sei nicht das Modell, sondern das Verhältnis zwischen den Eltern: Streiten die Eltern viel, zeigen sich im Wechselmodell negative Folgen stärker: Kinder geraten in einen belastenden Loyalitätskonflikt. Wenn aber Eltern miteinander kooperieren, dann wirke sich die gemeinsame Betreuung besonders gut auf Kinder aus. Aber heißt das grundsätzlich, dass Kindern egal ist, wann sie wie und von wem betreut werden? Darüber habe ich mit der Kinder- und Jugendpsychotherapeutin und Autorin **Hilal Virit** gesprochen. Auf Instagram gibt sie über 100 000 Eltern Tipps rund um das Thema Eltern-Kind-Bindung, und 2022 erschien ihr Ratgeber *Miteinander sprechen – miteinander wachsen.*

» DIE BEZIEHUNGSQUALITÄT IST WICHTIG

Wie finden Eltern das passende Betreuungsmodell für ihre Kinder?

Die Frage ist, wie sich das Kind wohlfühlen kann. Ein Anhaltspunkt für das passende Betreuungsmodell ist die Betreuung vor der Trennung: Hat etwa ein Elternteil viel gearbeitet und war oft auf Geschäftsreisen? Dann kommt womöglich eher das Residenzmodell infrage. Das Wechselmodell kann für ein Kind vorteilhaft sein, wenn es zu beiden Eltern ein gutes Vertrauensverhältnis hat, etwa weil die Betreuung schon vor der Trennung gleichermaßen aufgeteilt wurde. Auch gilt: Wenn das Kind in der Trennungssituation seine Bedürfnisse wahrnehmen kann und mitteilt, wie es bei wem leben will, dann ist das bemerkenswert, sollte gesehen und wertgeschätzt werden. Das heißt nicht, dass das Kind bestimmt. Aber, dass seine Meinung in der Entscheidungsfindung berücksichtigt wird.

Was, wenn es das Wechselmodell sein soll, aber die Betreuung vor der Trennung vor allem von einem Elternteil übernommen wurde?

Dann empfehle ich einen sanften Übergang: Also das Wechselmodell nach und nach einzuführen, statt das Kind von heute auf morgen von seiner ersten Bindungsperson loszulösen. Aber noch mal: Es braucht für eine gesunde Entwicklung sichere Bindungspersonen. Und Studien zeigen, dass nicht die Kontakthäufigkeit entscheidend für das Kindeswohl ist, sondern die Qualität der Beziehung zum Kind. Wenn das Erziehungsverhalten auf einer emotionalen Ebene qualitativ hochwertig ist, dann ist das ausreichend. Das heißt: Nur weil ein Elternteil weniger betreut hat, heißt das noch nicht, dass es keine sichere Bindung gab. Hier sollten Eltern genau hinschauen – die Wünsche des Kindes geben oft einen Hinweis darauf, was passend ist.

Wie können Eltern eine gute Beziehung zu ihren Kindern fördern?

Wenn sich Väter zum Beispiel vorher wenig gekümmert haben, sich aber nach der Trennung mehr kümmern und in Verbindung gehen mit ihren Kindern, indem sie ihnen in der gemeinsamen Zeit ihre volle Aufmerksamkeit schenken, dann ist das sogar noch besser für den kindlichen Selbstwert. Bücher vorlesen, gemeinsame Unternehmungen, nach den Freund*innen fragen oder sie einladen – solche Dinge sind wichtig. Zuvor wenig involvierte Väter haben hier die Chance, die Beziehung zu ihren Kindern zu verbessern – unabhängig vom Betreuungsmodell.

Eltern sollen sich kooperativ verhalten – aber was, wenn ein Kind nach der Übergabe immer wieder erzählt, dass es mit dem anderen Elternteil nicht zurechtkommt?

Wenn Eltern denken, dass der*die Ex nicht erziehungsfähig ist, dann sollten sie zunächst schauen, ob es nicht Kurse gibt, an denen man gemeinsam teilnehmen kann. Zum Beispiel gibt es Projekte wie

»Kinder im Blick«. Oder sie könnten sich fragen, ob sie selbst dem anderen Elternteil Unterstützung anbieten können, um die andere Eltern-Kind-Bindung aktiv zu fördern – allerdings ist das nur begrenzt möglich. Trennungs- und Scheidungsgruppen und Beratungen sind wirklich hilfreich, um Chancen zu eröffnen, die gemeinsame Erziehung für die Kinder hinzukriegen und die Krise gemeinsam zu bewältigen. Manchmal kann man auch eine*n Familienhelfer*in oder Erziehungsbeistand vom Jugendamt für beide Haushalte involvieren. Im Zweifelsfall kann dann auch eingeschätzt werden, ob ein anderer Elternteil wirklich nicht erziehungsfähig ist.

Und wenn Eltern selbst mit dem anderen Elternteil nicht mehr klarkommen?

Eltern müssen zwei Ebenen unterscheiden lernen: die Paar- und die Elternebene. Das bedeutet zu sehen, dass jemand ein ausreichend guter Elternteil sein kann, obwohl die gleiche Person als Partner*in nicht mehr zu ertragen war. Und dass ein Kind den anderen Elternteil lieben darf, obwohl man ihn selbst nicht mehr liebt. Kinder können sich abgelehnt fühlen, wenn sie herabwürdigende Kommentare über eines ihrer Elternteile hören. Kinder identifizieren sich ja auch teilweise mit dem anderen Elternteil oder haben womöglich ähnliche Charakterzüge. Im Zweifel also nicht sagen: »Ist ja mal wieder typisch für deine Mutter/deinen Vater«, sondern: »Ich rede mit ihm/ihr darüber. Wir finden sicher eine Lösung« oder »Stimmt, bei deinem Vater/deiner Mutter ist die Abendroutine anders. Wir sind verschieden«.

Und wenn einem doch mal etwas herausrutscht, das nicht für Kinderohren bestimmt war?

Wenn man doch etwas Schlechtes über die*den Ex sagt, darf man sich gern beim Kind entschuldigen. Es geht vor allem darum, dass ständige, feindselige Konflikte zwischen den Eltern für Kinder eine existenzielle Bedrohung darstellen, weil Kinder von ihnen abhängig sind. Ganz wichtig: Eltern müssten respektieren, dass für das Kind nach der Trennung zwei unterschiedliche Lebenswelten entstehen, und anerkennen, dass diese Lebenswelten sehr bereichernd sein können. Kinder sollten frei erzählen dürfen, wie es beim anderen Elternteil so war, was es erlebt hat. Das müssen Eltern dann aushalten. Wenn ich sehe, dass Eltern in der Trennungsphase Probleme haben, miteinander zu kooperieren, dann empfehle ich, professionelle Hilfe anzunehmen, etwa bei Präventionsprogrammen, Familienberatungsstellen oder Mediationen. Damit investieren sie viel in den Schutz des Kindes. «

Betreuung zwischen Wunsch und Wirklichkeit Kinder können also sowohl im Residenz- als auch im Wechselmodell gut betreut werden, wenn beide Eltern eine solide Beziehung zu ihnen haben. Und offenbar würden knapp 50 Prozent der Eltern die Kinderbetreuung nach der Trennung gerne fifty-fifty teilen. Die anderen 50 Prozent lieber nicht.[34] Trotzdem entsteht hier eine große Diskrepanz zwischen Wunsch und Wirklichkeit: Fast alle Eltern gehen laut dem Verband alleinerziehender Mütter und Väter (VAMV) nach einer Trennung ins Residenzmodell, genauer gesagt 91 Prozent – davon sind 85 Prozent Mütter, 15 Prozent Väter.[35] Als Gründe nennen Eltern laut Allensbach-Institut den*die Ex und äußere Umstände; beispielsweise will der andere Elternteil nicht ins Wechselmodell oder wohnt zu weit weg, oder der eigene Job lässt nicht genug Zeit.

Für ein Wechselmodell müssen mehrere günstige Umstände zusammenkommen, um es für Eltern und Kind gut lebbar zu machen. Kein Wunder, dass sich vor allem wohlhabende Familien dafür entscheiden, überhaupt nur 4 Prozent aller Familien. Der VAMV definiert die fünf wichtigsten Punkte:

VORAUSSETZUNGEN FÜR DAS WECHSELMODELL

1. die Eltern wohnen nahe beieinander, damit die sozialen Beziehungen des Kindes nicht bei jedem Wechsel abreißen und das Kind von beiden Wohnorten aus zur Schule/in den Kindergarten gelangt,
2. die Eltern können konstruktiv miteinander kommunizieren und kooperieren,
3. das Kind hat gleichwertige positive Beziehungen und Bindungen zu beiden Elternteilen,
4. beide Eltern können die Kinderbetreuung mit ihren Erwerbstätigkeiten vereinbaren und verfügen gleichzeitig über genug finanzielle Mittel und Wohnraum, um doppelt Kinderzimmer mit Möbeln und Spielzeug bestücken sowie Kleidung stellen zu können,
5. das Kind will im Wechsel bei den Eltern leben und ist mindestens drei Jahre alt.[36]

Wozu die Altersbegrenzung bei Punkt fünf? Mehrere repräsentative Studien weisen emotionale Auffälligkeiten bei Säuglingen und Kleinkindern im Wechselmodell nach. Die Studie *Growing up in Australia* zeigt etwa, dass für Säuglinge ein bis drei Übernachtungen im Monat ohne die Hauptbezugsperson zu emotionalen Auffälligkeiten wie Unruhe, Reizbarkeit, Schlafstörungen und eine gestörte Bindung führen können. Bei Kleinkindern im Alter zwischen zwei und drei Jahren haben zehn Übernachtungen im Monat beim anderen Elternteil ähnliche negative Effekte. Ab vier Jahren zeigten die Kinder keine Verhaltensauffälligkeiten mehr, auch wenn sie zehn oder mehr Tage im Monat nicht bei der Hauptbezugsperson, sondern beim anderen Elternteil übernachteten.[37] Als ich diese Studie bei den Recherchen für dieses Buch fand, war ich fast ein wenig stolz auf meinen Einspruch damals. Aber dann sind mir zwei Mütter aus meinem Umfeld eingefallen, die mit ihren Kleinkindern ins Wechselmodell gegangen sind, als sie je ein halbes Jahr und ein Jahr alt waren. Eine davon ist sogar Kinderpsychologin – von ihr weiß ich, dass täglich gewechselt wurde; er brachte den Jungen zur Kita, sie holte ihn ab und umgekehrt. Beide Kinder sind heute im Grundschulalter, und ich wüsste nicht, was ich anderes über diese Kinder sagen sollte, außer: Es sind ganz normale Kids.

Unterhalt im Residenz- und Wechselmodell Ein großes Problem ist, dass sich viele Mütter das Wechselmodell schlicht nicht leisten können, nachdem sie jahrelang Hausfrauen waren oder in Teilzeit gearbeitet haben. Denn im Wechselmodell sind beide Eltern unterhaltspflichtig. Allerdings teilen sie nicht alle Ausgaben fifty-fifty, sondern anteilig je nach ihren Einkommensverhältnissen.

Um mal ein Gefühl dafür zu bekommen, was bei solch einer Rechnung rauskommt: Laut dem Online-Magazin Finanztip muss im Wechselmodell der Elternteil A mit monatlich 2500 Euro Nettoeinkommen einen Kindesunterhalt von 72 Euro für sein zwölfjähriges Kind an Elternteil B mit monatlich 1800 Euro Nettoeinkommen zahlen. Zum Vergleich: Im Residenzmodell müsste Elternteil A laut Düsseldorfer Tabelle 587 Euro Kindesunterhalt zahlen.[38] Wenn Eltern also vom Residenz- ins Wechselmodell übergehen, muss der weniger verdienende Elternteil mal eben auf 500 Euro verzichten, obwohl die Fixkosten, bis auf das bisschen Frühstück und Abendbrot, gleich bleiben. Der andere Elternteil spart die 500 Euro nicht unbedingt ein, denn er muss nun für ein eigenes Kinderzimmer aufkommen, Spielzeug, Kleidung und so weiter. Das Wechselmodell ist also kein Unterhaltssparmodell, im Gegenteil: Der Unterhalt verdoppelt sich beinahe.

Die meisten Väter wählen lieber Option C, the easy one: weder Wechselmodell noch Unterhalt; laut Deutschem Jugendinstitut zahlen Väter zu selten und zu wenig. Bei einem Einkommen von 1900 Euro netto beträgt der Unterhalt laut Düsseldorfer Tabelle 437 Euro für jedes Kind bis fünf Jahre, für ältere Kinder ist der Unterhalt höher. Der unterhaltspflichtige Elternteil muss aber nicht all sein Geld abgeben, für diese unterste Einkommensklasse bleiben 1370 Euro als Selbstbehalt. Faktisch wird von den 437 Euro (Unterhalt) noch das halbe Kindergeld abgezogen, denn die 250 Euro Kindergeld landen auf dem Konto des alleinerziehenden Elternteils – stehen aber beiden Elternteilen je zur Hälfte zu. Der Unterhalt beträgt somit 312 Euro. Aber nur jedes vierte Kind alleinerziehender Eltern erhält den Mindestunterhalt! Das heißt, 75 Prozent der Väter zahlen ihn nicht oder nicht voll.[39]

Wenn ein unterhaltspflichtiger Elternteil keinen Unterhalt zahlt, kann das Jugendamt zunächst versuchen, einen Unterhaltstitel zu erwirken. Dann ist der Unterhalt vollstreckbar. Ist das nicht möglich, weil der Elternteil tatsächlich nichts oder nicht genug zahlen kann, können Alleinerziehende auf den Unterhaltsvorschuss ausweichen, den sie beim Jugendamt beantragen. Leider werden Kinder hier benachteiligt: Denn während Eltern für ihre Kinder bis zum Abschluss der ersten Ausbildung unterhaltspflichtig sind, wird der Unterhaltsvorschuss nur bis zum 18. Geburtstag gezahlt. Und: Beim Unterhaltsvorschuss rechnet das Jugendamt das volle Kindergeld an, also 437 Euro (Unterhalt) minus 250 Euro (Kindergeld). Macht 187 Euro Unterhaltsvorschuss. Somit hat ein Kind, das den vollen Mindestunterhalt vom Vater bekommt, 562 Euro zur Verfügung. Während ein Kind, das Unterhaltsvorschuss bezieht nur 437 Euro zur Verfügung hat. Eine Ungerechtigkeit, die Kinder- und Mütterarmut manifestiert, wie der VAMV kritisiert.[40] Spätestens hier beginnt sie dann, die Bitterkeit alleinerziehender Mütter gegenüber ihren Ex-Partnern. Verständlicherweise. Aber wenn wir noch mal daran zurückdenken, dass es Kindern am besten geht, wenn ihre Eltern kooperieren, dann ist für solche Fälle das Kind wohl in den Brunnen gefallen.

Erweitertes Residenzmodell Das erweiterte Residenzmodell scheint die beste Option für Mütter zu sein; aber nur 5 Prozent der getrennten Eltern teilen sich die Betreuung im entsprechenden Verhältnis von 70:30 auf. Per Gesetz können Alleinerziehende hierbei den gleichen Unterhaltsanspruch geltend machen wie im normalen Residenzmodell. Und sie gewinnen Zeit, damit entlastet die 70:30-Aufteilung gerade Mütter ungemein. Mein Ex und ich waren ein halbes Jahr im Residenzmodell, ehe wir ins erweiterte Residenzmodell übergegangen sind. Ich brauchte dringend mehr Zeit für mich, die Betreuung eines Kleinkindes ist allein sehr intensiv und hat mich viel Kraft gekostet. Darum habe ich meinen Ex gefragt, ob er unser Kind zwei Tage pro Woche nehmen würde, er stimmte zu. Unser Kind war seitdem also in der einen Woche von Mittwochnachmittag bis Freitagfrüh und in der Woche darauf übers Wochenende von Freitagnachmittag bis Sonntagnachmittag bei seinem Vater – das war sehr entlastend. Allerdings: Wenn die Kinder den weniger betreuenden Elternteil nicht mehr nur besuchen, sondern auch dort wohnen, dann entstehen dadurch Mehrkosten. Das heißt: Diese Aufteilung ist für (meist) Väter eine große finanzielle Belastung. Manche Paare einigen sich daher privat auf eine Abstufung des Unterhalts. Und laut dem aktuellen Koalitionsvertrag soll eine Abstufung künftig auch gegen den Willen der (meist) Mütter möglich sein. Hier werden also Väterrechte gestärkt.

Zwischendurch eine gute Nachricht: Immerhin können sich 65 Prozent der getrennten Eltern selbstständig auf ein Betreuungsmodell einigen.[41] Alle anderen nehmen Beratungen, Mediationen oder die gerichtliche Konfliktklärung in Anspruch. Wie erfolgreich Mediationen künftig sein werden, bleibt abzuwarten. Denn die FDP konnte 2021 im Koalitionsvertrag durchsetzen, dass Erziehungs-, Trennungs- und Konfliktberatungen nun auf das Wechselmodell abzielen sollen, während sie vorher ergebnisoffen geführt wurden. Das ist nur ein kleiner

Gewinn für die FDP und Väterrechtsvereine wie den Väteraufbruch für Kinder e.V. (VafK), denn eigentlich wollen sie das Wechselmodell als gesetzlichen Regelfall einführen.

Gelungene Betreuungsmodelle Auch wenn man sich einmal geeinigt hat, ist kein Betreuungsmodell in Stein gemeißelt – dafür sind wir wohl das beste Beispiel: Mein Ex und ich haben alle Varianten durch. Denn als unser Kind dreieinhalb Jahre alt war, sind wir schließlich doch noch ins Wechselmodell übergegangen. Damals kamen mehrere gute Argumente für mich zusammen: Ich wollte unserem Kind nicht länger vorleben, dass ein Kind unbedingt zur Mama gehört, obwohl es auch einen tollen, liebevollen Papa gibt – auch weil unser Kind vielleicht selbst mal ein Papa werden könnte. Und: Mein Ex verdiente mittlerweile wesentlich mehr als ich, weil er mehr Zeit hatte, um sich auf seine Karriere zu konzentrieren. Dabei gab es für diese Schieflage keine Notwendigkeit mehr: Unser Kind war mittlerweile in der Lage, seine Wünsche zu äußern, sodass wir sie berücksichtigen konnten! Also fragte ich meinen Ex, ob er nun ins Wechselmodell gehen wollte – und er stimmte zu. Ab hier wurden unsere Absprachen sehr engmaschig, weil wir vor allem darauf achten wollten, was diese Veränderung mit unserem Kind macht, ob es zufrieden ist oder wo wir neu justieren mussten. Und tatsächlich tauchte ein Problem immer wieder auf: Unser Kind konnte bei seinem Vater oft nicht einschlafen und rief mich dann weinend an. Oft schwang ich mich dann abends noch aufs Fahrrad, brachte ihn bei seinem Vater ins Bett und fuhr wieder nach Hause. Das war für meinen Ex und mich auf unterschiedliche Weisen sehr frustrierend: Ich musste meine Abende unterbrechen, und mein Ex bekam das Gefühl, für unser Kind nicht genug zu sein. »Du bist ja auch immer für ihn verfügbar, das ist das Problem«, meinte er irgendwann. Ich antwortete: »Wenn deine Nummer abends auf meinem Display erscheint, dann muss ich rangehen, es könnte doch auch ein Notfall sein! Und wenn mein Kind dann weinend dran ist, kann ich auch nicht einfach wieder auflegen.« Die Situation schien verfahren. Aber dann dachte ich: Moment mal, es geht unserem Kind gar nicht um mich. Es braucht nur jemanden, der es abends in dieser Zu-Bett-Geh-Situation auffängt, und das kriegt sein Vater offenbar noch nicht so recht hin. Also redeten wir darüber, was genau passiert, wenn mein Ex unser Kind ins Bett bringt. Und klar: Er versuchte, eine ganz neue Routine einzuführen. Während ich unserem Kind jeden Abend noch etwas vorgelesen und dann noch mit ihm gekuschelt habe, bis es eingeschlafen war, versuchte sein Vater, es ins Bett zu bringen, gute Nacht zu sagen und dann das Zimmer zu verlassen. Und das schien unser Kind zu überfordern – was zunächst kein Problem ist, denn man kann ein Kind ja beruhigen, es kuscheln und im Arm halten. Aber wenn mein Kind nach mir weinte, dann traf das bei meinem Ex einen wunden Punkt, und er wurde genervt oder wütend. Und dann war nichts mehr mit Auffangen. Aber nachdem wir die Nuss geknackt hatten und mein Ex verstanden hatte, dass es in Wahrheit nicht darum ging, dass er der Elternteil zweiter Klasse ist, sondern dass unser Kind nur etwas anderes von ihm brauchte, kamen keine tränenreichen Anrufe mehr.

Wenn ein Elternteil sich plötzlich mehr um sein Kind kümmert, könne man diesen Übergang mit der Eingewöhnung im Kindergarten vergleichen, erklärt mir die Kleinkindpädagogin und Autorin Susanne Mierau. »Es braucht Zeit, um noch besser zu verstehen, wer dieses Kind ist, wie es Bedürfnisse äußert und sie richtig beantwortet werden.« Das Kind lernt dann gleichzeitig, dass sein Elternteil das schafft, und bildet nach und nach mehr Vertrauen aus. Mierau: »Es weiß dann: Hier bin ich sicher, hier werde ich gut umsorgt – auch wenn ich Probleme habe.« Je nachdem, wie man mit den Schwierigkeiten im Wechselmodell umgeht, kann es also wirklich bereichernd sein und die Eltern-Kind-Beziehung stärken.

Und auch für die Eltern gibt es große Vorteile: Ein Großteil unserer Erfahrungen mit dem Wechselmodell fiel in die Zeit der Pandemie und damit in eine gesellschaftliche Phase der Retraditionalisierung. Davon habe ich persönlich aber nichts gemerkt. Der Grund ist: In zwei Haushalten kocht jede*r sein eigenes Süppchen, wäscht die eigene Wäsche und wischt den eigenen Boden – daran ist auch in Krisenzeiten nicht zu rütteln. Das hieß für die Lockdowns mit geschlossenen Kitas und Schulen: Sie haben meinen Ex und mich jeweils privat und beruflich stark belastet, aber eben gleichermaßen. Das Wechselmodell verhindert zu jeder Zeit, dass die Betreuungsdynamik unbemerkt in eine Schieflage gerät – in zwei getrennten Haushalten vermengen sich Care-Arbeit und Finanzen nicht einfach so. Feste Übergabezeiten, die klare räumliche Trennung und vor allem die Not, sein eigenes Brotgeld zu verdienen, sind Faktoren, die wenig Spielraum für andere Absprachen lassen. Einfach gesagt: Ich cancele keinen einzigen Job, damit der Vater meines Kindes arbeiten kann. Denn von seinem Einkommen habe ich nichts. Ich muss mich um mein eigenes Einkommen kümmern. Wenn der Vater meines Kindes allerdings während der Papa-Zeit krank wird, kümmere ich mich natürlich um unser Kind. Ganz wichtig: **Ohne Kooperation geht es nicht.** Und bei uns ist das ziemlich leicht, denn mein Ex hat kurz nach unserem Wechsel zu halbe-halbe eine Wohnung zwei Straßen von meiner entfernt gefunden.

Und dann die Erholung! Wer genug Geld verdient, muss womöglich an den kindfreien Tagen nicht noch mehr arbeiten und kann tun, was das Herz will: Sport machen, Freund*innen treffen, in eine Bar gehen. Nike schreibt mir:

> »Für mich ist das Wechselmodell das beste Modell aller Zeiten. Ich weiß gar nicht, wie das gehen soll: Ein Kind mit dem Mann, mit dem ich zusammenlebe. Ohne große Verschnaufpausen.«

Heißt das nun, dass das Wechselmodell das Nonplusultra ist? Eben nicht! Es gibt – so generell – kein besseres oder schlechteres Betreuungsmodell. Denn es kommt immer auf die individuelle Situation an. Auch im Residenzmodell können beide Eltern eine sehr enge Bindung zum Kind erhalten oder aufbauen. So schreibt mir meine Namensvetterin Anne, deren Vater bereits verstorben ist, auf Instagram:

> »Meine Eltern waren beide im Haushalt und mit uns Kindern sehr engagiert, und waren bei der Trennung sehr darauf bedacht, uns Kinder emotional zu schützen und uns Sicherheit zu geben. Ich sah meinen Vater jedes Wochenende, aber im Grunde genommen hat er mich durch jeden einzelnen Tag begleitet: Er rief jeden Abend an, ich schrieb ihm Briefe und er mir. Einer beginnt so: ›Mein geliebter Anne-Schatz, du kannst dir nicht vorstellen, wie sehr ich mich über deinen tollen Brief gefreut habe. Beim Lesen sind mir die Tränen gekullert. Mir ist der Anruf am Abend genauso wichtig, schon all die Jahre. Denn ich bin ja genauso dein Papa, auch wenn wir anders leben als andere Menschen …‹. Ich habe ihn sehr geliebt!«

Väterrechte auf dem Vormarsch Die Familienpolitik debattiert heute ähnlich über Betreuungsmodelle wie in den 1990er-Jahren über das Sorgerecht. Mit einer neuen Gretchenfrage: Residenz- oder Wechselmodell? Viele wissen gar nicht, auf welche Seite sie sich nun schlagen sollen: Ist das Wechselmodell feministisch? Kümmernde Väter, das klingt doch gut, oder nicht? Es sind berechtigte Fragen, denn die Care-Arbeit paritätisch zu teilen, ist eine feministische Kernforderung – darauf verweist etwa der Equal Care Day jedes Jahr am 1. März. Auch Expertinnen vom Deutschen Juristinnenbund sagen in einem Podcast, dass Betreuungsmodelle die Verhältnisse zwischen den Geschlechtern mitgestalten; also die Frage, wer in unserer

Gesellschaft an Geld kommt und wer sich, doppelt belastet, um die Kinder kümmert, wer Zeit für eine Karriere hat und wer von Altersarmut bedroht ist.[42] **Mütter haben ein Interesse an »neuen Vätern«, die sich gleichwertig um ihre Kinder kümmern wollen. Aber wer politisch betrachtet echte Parität will, setzt doch nicht erst mit dem Betreuungsmodell nach Trennungen an, oder?**

Bislang wurde in Deutschland kein Betreuungsmodell als Regelfall festgeschrieben, Eltern sollen also entsprechend ihrer individuellen Situation entscheiden – und die führt auch vor Gericht oft ins Residenzmodell. Darum setzen sich die FDP, die AfD und Väterrechtsvereine wie der VafK seit Jahren für ein gesetzlich festgelegtes Wechselmodell nach der Trennung ein, 2021 hat die FDP sogar einen Reformantrag in den Bundestag eingebracht. Der wurde allerdings abgelehnt. Ich finde: Richtig so! Denn würde das Wechselmodell als gesetzliches Leitbild auch in Deutschland festgelegt, wie es beispielsweise in Ländern wie Schweden, Belgien, Frankreich oder Italien der Fall ist, dann hätten aktuell vor allem diejenigen mehr Rechte, die sich traditionell vor der Trennung beruflich besser aufstellen und weniger um die Kinder kümmern, also Väter. Allein deshalb, weil – etwa im Gegensatz zu Schweden – in Deutschland mit dem Ehegattensplitting noch das Ernährermodell gefördert wird. Ein gesetzlich festgelegtes Wechselmodell würde diese Schieflage noch vorantreiben: Während der Ehe verdienten Hausfrauen und Mütter in Teilzeit weniger Geld, und nach der Scheidung müssten sie im Wechselmodell von jetzt auf gleich einen kompletten Haushalt allein ernähren können. Für Väter wäre das kein Problem, für Mütter eine finanzielle Katastrophe.

Einen Vorgeschmack darauf, was das Leitbild mit getrennten Eltern und Kindern machen würde, bekommen wir schon jetzt: Seitdem der Bundesgerichtshof 2017 einen Präzedenzfall geschaffen und erstmals das Wechselmodell gegen den Willen einer Mutter durchgesetzt hat, können getrennte Väter das Wechselmodell unter bestimmten Umständen (!) gerichtlich durchsetzen – oder sich nach einer Trennung einfach aus dem Staub machen. »Das ist eine der größten Ungerechtigkeiten im Familiengericht«, sagt Familienrechtsanwältin Karola Rosenberg, die ich am Telefon spreche. »Eltern können einander nicht zur Betreuung ihrer Kinder zwingen.« Wir erinnern uns daran, dass Kinder ein Recht auf beide Eltern haben? Ein Treppenwitz! Denn faktisch kann kein Elternteil, und es sind meist Väter, in die Verantwortung gezwungen werden – weder durch tatsächliche Betreuungszeit noch über Ausgleichszahlungen. Der Umgang müsste dem Kindeswohl dienen, also ausdrücklich positiv für die kindliche Entwicklung sein. Und das wäre nicht der Fall, wenn sich ein Elternteil gar nicht um das Kind kümmern will – eine logische Annahme. »Dabei wird außer Acht gelassen, ob die Mutter dringend mal eine Auszeit braucht oder aus beruflichen Gründen in einen Betreuungsengpass gerät«, so Rosenberg. Umgekehrt kann der regelmäßige Kontakt zum Kind einem Elternteil nur verwehrt werden, wenn dadurch ausdrücklich das Kindeswohl gefährdet wird.

Rosenberg schildert zwei Fälle aus der Praxis; in beiden Fällen waren die Eltern nicht verheiratet und hatten ein Kind. In beiden Fällen war er als Arzt in leitender Position tätig, sie war Krankenschwester und war krank. In einem Fall hatte sie Multiple Sklerose, im anderen Fall Brustkrebs mit guter Prognose. Beide Familien hatten während ihrer Beziehung eine klassische Rollenverteilung, sie hat sich überwiegend um Haus und Kind gekümmert, er um die Finanzen. Und er hatte jeweils auch eine gute und liebevolle Beziehung zum Kind. Beide Fälle hatten ein ähnlich hohes Streitpotenzial, in beiden Fällen konnten die Eltern noch einigermaßen miteinander kooperieren.

In Fall 1 wollte die Mutter das Wechselmodell, damit beide Eltern für das Kind da sein können und sie auch die Zeit und die Chance hat, sich sowohl auf den Beruf als auch auf ihre Gesundheit zu konzentrieren. Doch das lehnte der Vater ab. Nach langem Kampf konnte schließlich wenigstens ein regelmäßiger vierzehntägiger Umgang durchgesetzt werden. Es bestand zu keinem Zeitpunkt der Zweifel, dass der Vater das Kind, wenn es denn bei ihm ist, auch gut versorgen würde.

In Fall 2 wollte der Vater das Wechselmodell und hat dabei ganz offen kommuniziert, dass er durch das Wechselmodell Unterhalt einsparen will und die Betreuung überwiegend durch seine neue Freundin stattfinden würde. Das ging durch, denn schließlich hatte der Vater eine gute Beziehung zum Kind.

Das sind natürlich Einzelfälle, aber sie sind symptomatisch für das, was gesetzlich möglich ist, und für das, was familienpolitisch schiefläuft. Bestimmt geht es nicht allen Vätern nur um den Unterhalt. Aber ich muss an die Erzählung über den heimatlosen Vater von John Updike denken: der arme, einsame, verdrängte, geringgeschätzte Vater. Ich denke, Updike wollte Sympathie für diesen Vater wecken und von der Kehrseite getrennter Elternschaft berichten. Von den Verlierern einer freien, demokratischen Gesellschaft. Und von der männlichen Angst, vom Tellerrand zu fallen. Aber am Ende geht es nicht um einen Vater, sondern um ein gesellschaftliches Rollenbild. Wollen wir Mitleid haben mit der traditionellen Rolle des Vaters als Ernährer und Autoritätsperson? Mitleid haben mit patriarchalen Strukturen?

Die traditionelle Vaterrolle, sie bröckelt nach der Trennung, und genau das zeigt doch Updike in seiner Erzählung: Selbst wenn der geschiedene Ehemann eine Freundin ohne Kinder findet, dann kann er ihr nicht mehr das Familienleben bieten, das er ihr eigentlich in seiner Ernährerrolle bieten möchte. Er kann nicht mehr besitzen – weder »seine« Familie noch das große Grundstück mit Haus und Garten. Er wird auf Augenhöhe gezwungen. Das tut weh. Das macht wütend. Er zahlt Unterhalt für seine drei ersten Kinder an die Ex-Frau, er ist auf sie wütend. Auf die »Kindsbesitzerin«, die »Unterhaltsschmarotzerin« – das sind Wörter, die man in Internetforen für Väter lesen kann. Dem traditionellen Vater bleibt nur ein kleiner Selbstbehalt, mit dem er eine neue Familie nicht allein ernähren könnte. Daher kommt die Angst, daher der Hass: Trennungen greifen Ernährertypen in ihrer internalisierten Männlichkeit an. Sie entlarven, dass sich der ausschließliche Fokus auf die Erwerbsarbeit nicht lohnt.

Das wird auch durch eine Mitschrift aus dem Jahr 1985 deutlich, als Mitglieder des Bundestags über einen Gesetzesentwurf zum Unterhaltsrecht berieten. Der bereits verstorbene FDP-Politiker Detlef Kleinert sagte: »Es ist ein Problem, das man nicht lösen kann [...]. Die Mehrheit unserer Bürger [...] kann von einem Einkommen nicht zwei Familien ernähren.« Die Reichen könnten sich das erlauben, alle anderen nicht.[43] In mehreren Beziehungen und Ehen in die Rolle des Ernährers zu schlüpfen, zahlt sich auf Dauer nicht aus. Aufgeweckte Väter begreifen, dass sich die väterliche Identität mit einer modernen Gesellschaft wandeln muss. **Autorität ist von vorgestern, Kümmern ist angesagt.** Der Ehemann aus Updikes Erzählung steckt in einer Rolle, die tatsächlich nicht gebraucht wird. Aber der Mensch ist ja zum Glück wandelbar. Er muss die Gleichberechtigung nur wirklich wollen.

Wenn Väter also das Wechselmodell wollen, ist die Frage »Aus welchem Grund?« insofern wichtig, als dass jahrelang kümmernde und sich sorgende Mütter nach einer Trennung ein Interesse daran haben, dass es ihren Kindern weiterhin gut geht. Wir müssen uns auch fragen, warum der VafK zwar für das Wechselmodell wirbt, aber sonst keine familienpolitischen Maßnahmen zur Parität auf den Tisch bringt, ebenso wie die FDP und die AfD. Das bemängelt auch der Geschäftsführer des feministischen Bundesforums Männer Dag Schölper in einem Interview mit der *taz*: »Wir brauchen [...] für das Wechselmodell auch Geld, weil zum Beispiel zwei größere Wohnungen finanziert werden müssen. Eine Partei, die den Sozialstaat abbauen will, kann so etwas nicht gewährleisten. Die FDP will auch kein Rückkehrrecht von Teilzeit auf Vollzeit und das Ehegattensplitting behalten: Alles väterfeindlich.« Das Ehegattensplitting abzuschaffen wird von Feminist*innen seit Jahrzehnten gefordert, weil es das Ernährermodell steuerrechtlich befördert. Schölper: »Die AfD hat sich eines bei Vätern populären Themas bemächtigt, vertritt aber ansonsten die Haltung, dass Männer möglichst viel arbeiten, um das Familieneinkommen zu sichern, und Frauen möglichst viele Kinder bekommen, aus nationalistischen Gründen.«[44] Das Wechselmodell ist somit nicht nur ein Werkzeug zur paritätischen Kinderbetreuung, sondern auch ein Werkzeug, um Männerrechte zu zementieren und das Kind als Eigentum zu behandeln. Natürlich würden Männer- beziehungsweise Väterrechtsvereine wie der VafK genau das nicht zugeben. Vielmehr argumentieren sie mit den Bedürfnissen des Kindes; »Kinder brauchen beide Eltern« ist einer der Slogans des VafK. Und sie brauchen sie zu gleichen Anteilen, so heißt es dort. Nur komisch, dass Männerrechtler diese Info beim Thema Elternzeit immer vergessen.

Die Journalistin und Autorin Alexandra Zykunov rechnet in ihrem Bestseller *Wir sind doch alle längst gleichberechtigt* vor: »Erstens gehen aktuell nur vier von zehn aller frischgebackenen Väter überhaupt in Elternzeit, das heißt sechs von zehn Daddys machen das immer noch gar nicht. Und zweitens, von diesen 42 Prozent, die überhaupt Elternzeit nimmt: Wie viele davon nehmen zehn Monate und mehr? 7,6 Prozent. Wie viele Frauen aber nehmen zehn Monate und mehr? Richtig, 95,4 Prozent.«[45] Und das liegt nicht etwa daran, dass sich Väter nicht um Säuglinge kümmern könnten, sondern an schnöden Kalkulationen: Wenn Mütter, die durch den Gender-Pay-Gap weniger Geld verdienen, zu Hause bleiben, dann schont das die Haushaltskasse akut mehr, als wenn es Väter tun. Und wenn sich Mütter zu Hause schon mal eingegroovt haben, können sie doch direkt dableiben und den Laden schmeißen. Vielleicht in Teilzeit dazuverdienen, aber mehr lohnt sich steuerrechtlich nicht, durch das Ehegattensplitting. Der Rest ist Fahrwasser: Mütter nehmen Elternzeit, Mütter kümmern sich um Kinder und Haushalt, Mütter werden alleinerziehend. Väter arbeiten, Väter bringen Geld nach Hause, Väter zahlen Unterhalt. Und nach einer Trennung kriegen sie Cash und Kind – ja, das wäre ein guter Deal für Väter. Aber ein schlechter für Mütter und Kinder.

Darum sprechen sich der Kinderschutzbund, die Deutsche Liga für das Kind und der Verband alleinerziehender Mütter und Väter (VAMV) gegen ein Wechselmodell als gesetzliches Leitbild aus – es ist schlicht die falsche Maßnahme für Parität, und es entspricht nicht den Bindungserfahrungen der meisten Kinder vor der Trennung.[46]

Aber schauen wir uns doch die Länder mit modernem Familienrecht an, könnte man nun sagen. *In Schweden ist das Familienrecht modern und das Wechselmodell gesetzliches Leitbild!* Und beides stimmt. Beides wird gern von Väterrechtsvereinen angeführt, die dann im Nachsatz sagen: »Wir wollen uns doch nur für Gleichberechtigung einsetzen, und vor allem wollen wir das Beste für das Kind.«

Aber schauen wir genauer hin in Schweden: Dort ist das Ehegattensplitting, welches das Ernährermodell fördert, schon mehrere Jahrzehnte passé. In Schweden ist das Wechselmodell nicht als 50:50-Modell definiert, sondern gilt schon bei einer 40:60-Verteilung. Und in Schweden leben trotzdem nur 20 Prozent der Familien im Wechselmodell – weil es eben oft nicht realisierbar ist. Mich ärgert, dass in den meisten Berichten, in denen es um die politische Debatte über Betreuungsmodelle geht, von einem Geschlechterkampf die Rede ist. Als wären Mütter für das Residenzmodell und Väter für das Wechselmodell. Das ist falsch. Der VAMV ist nicht gegen das Wechselmodell, sondern gegen ein erzwungenes Wechselmodell. Es geht um das letzte Stückchen Schutz vor ständigen Konflikten mit dem anderen Elternteil.

TÄTER-OPFER-UMKEHR AM FAMILIENGERICHT

Triggerwarnung: Gewaltbeschreibungen

Die *Süddeutsche Zeitung* veröffentlichte 2022 eine gemeinsame investigative Recherche mit *Correctiv* über #MeToo im Profifußball.[47] Am Rande geht es dabei auch um den Familienrechtsstreit zwischen dem Fußballspieler Jérôme Boateng und seiner Ex-Frau Sherin S. Er soll die Justizvollzugsbeamtin und Mutter seiner Zwillinge über einen längeren Zeitraum ausspioniert, beleidigt und misshandelt haben. Dafür wurde er zu einer Zahlung von 1,8 Millionen Euro verurteilt. 2022 dann die Berufung: Boateng behauptete am zweiten Verhandlungstag, dass Sherin S. lügt, um das Aufenthaltsbestimmungsrecht für die Kinder zu bekommen, die bei Boateng leben. Seit 2015 streiten beide außerdem um das Sorgerecht und die Umgangsregelungen. Damit sind Boateng und Sherin S. hochstrittig; so nennt man Verfahren am Familiengericht, die sich über Jahre ziehen und durch sämtliche Instanzen gehen. Das kommt in 5 bis 10 Prozent aller Trennungen vor und betrifft je nach Schätzungen aktuell 30000 bis 80000 Minderjährige.

Den ersten tieferen Einblick verschafft der 2022 vorgelegte Bericht »Familienrecht in Deutschland. Eine Bestandsaufnahme« des Soziologen und Kinderschutzexperten Wolfgang Hammer. Vor seiner Pensionierung leitete Hammer 35 Jahre lang die Abteilung Kinder- und Jugendhilfe in der Sozialbehörde Hamburg, zudem war er Vertreter der Jugend- und Familienministerkonferenz beim Runden Tisch gegen Kindesmissbrauch. Dann, 2013, hätten sich immer mehr alleinerziehende Mütter bei ihm gemeldet, die im Familienrechtsverfahren ad hoc von ihren Kindern getrennt wurden, etwa durch Inobhutnahmen oder Umplatzierungen von der Mutter zum Vater. Knapp 700 Fälle vor Gerichten in ganz Deutschland und sogar 92 davon vor dem Bundesverfassungsgericht haben Hammer und sein Team ausgewertet und dabei wiederkehrende Narrative gefunden, die getrennte Mütter und ihre Kinder im Verfahren benachteiligten: Die Mütter würden nach einer Trennung die Kinder vom Vater entfremden, nur Geld und Kinder wollen sowie Gewalt und sexuellen Missbrauch erfinden, um Väter vom Umgang auszuschließen. Und: Kinder bräuchten ihre Eltern zu gleichen zeitlichen Anteilen, damit sie gesund aufwachsen können. Die Journalistin und Autorin Barbara Vorsamer schreibt in einem Artikel der *SZ* über den Bericht: »Und dann gibt es sogar Fälle, in denen Väter wegen Gewalttaten rechtskräftig verurteilt wurden, Familiengerichte aber keinen Zusammenhang mit der Elternrolle sehen.« Wie das geht? Indem auch in diesen Fällen behauptet wird, man müsse die Partner- von der Elternebene trennen. Dann heißt es: Gut, als Partner war er gewalttätig, aber nun ist die Mutter weg, und das Problem ist gelöst. Warum sollte er kein guter Vater sein? »In einer Gerichtsakte, die Hammer zitiert, steht dieser Satz: ›Pädophile Neigungen des Vaters oder der begründete Verdacht des sexuellen Missbrauchs rechtfertigen nicht von sich aus einen Ausschluss des Umgangs.‹ In einem anderen Fall versucht der verurteilte Mörder der Mutter ein Umgangsrecht für die gemeinsamen Kinder zu erstreiten, das Ergebnis steht noch aus.«[48] Großen Einfluss haben laut Hammers Bericht »Lobbyorganisationen« auf das familiengerichtliche Umfeld, sie würden Mitarbeiter*innen von Jugendämtern und Gerichten aus- oder fortbilden und dabei ihre ideologische Doktrin verbreiten.

Ich habe in den vergangenen Jahren immer wieder mit Müttern gesprochen, die von genau solchen Vorgehensweisen betroffen sind oder waren. Eine von ihnen, Susanna, begleite ich am längsten. Und das ist ihre Geschichte:

> Als Leonie noch ein Baby war, bat ich ihren Vater abends, in seine eigene Wohnung zu gehen. Tom und ich waren nur wenige Monate zusammen, ich wurde schwanger und nun teilten

wir uns das Sorgerecht. Aber Tom war gekränkt. Weil ich mich getrennt hatte und weil ich ihn an jenem Abend bat zu gehen. Ich erklärte, dass ich nur Ruhe brauchte, da schlug er schon mein Gesicht gegen die Wand. Zwei Polizisten kamen und sahen eine verheulte Mutter mit Baby und zittriger Stimme, ohne nachweisbare Verletzungen. Und einen Mann, der peinlich berührt mit den Augen rollte. Die Polizisten zuckten mit den Schultern und gingen wieder. Ich blieb schockiert zurück, allein und mit weinendem Baby auf dem Arm. Tom hatte mir gezeigt, dass er mir wehtun kann und mir niemand glauben wird. Plötzlich war ich von seinem Wohlwollen abhängig.
Von da an ließ er mich nie mehr in Ruhe, beleidigte mich bei den Übergaben, zeigte mich wegen Körperverletzung an, weil ich Leonie gegen Masern impfen ließ. Oft dachte ich: Was er da macht, ist völlig lächerlich. Aber es war mehr als das: Er griff mich an. Und er wusste, dass es mich Zeit und Nerven kosten würde, seine Angriffe abzuwehren. Wieder und wieder. Dabei wollte ich nur meine Ruhe. Und auch für Leonies Wohl müssen wir uns doch irgendwie einigen können. Ich habe versucht einzulenken, Zugang zu ihm zu finden, Beratungsgespräche für Familien und Mediationen bei verschiedenen Stellen angeschoben. Nichts half.
Als Leonie fünf war, zogen wir raus aufs Land in ein schönes Häuschen. Als wir das erste Mal am Strand spazieren gingen, atmete ich tief ein, mein Brustkorb entkrampfte. Ein Aufatmen. Tom und ich hatten uns geeinigt: Ich bekomme das vorläufige Aufenthaltsbestimmungsrecht, Leonie besucht ihn alle zwei Wochen. Es funktionierte – bis sie an einem Wochenende nicht zurückkam. Stattdessen Schreiben vom Gericht und Toms Anwalt: Das Sorgerecht wird neu verhandelt, weil ich Tom das Kind entzogen hätte und bindungsintolerant sei – also die Bindung zwi-

schen Vater und Kind sabotieren würde. Ich geriet in Panik, riss das Leben auf dem Land ab und zog zurück in die Stadt, aus der wir gekommen waren. Trotzdem sollte Leonie beim Vater bleiben. Der Grund: Kontinuitätsprinzip, sie solle zur Ruhe kommen. So eine schreiende Ungerechtigkeit! Ich fühlte mich völlig alleingelassen. Kurz danach erzählte mir Leonies Erzieherin, dass meine Tochter seit der Trennung von mir aufgehört hatte zu sprechen und ein trauriges Mädchen geworden war. Und ich durfte nichts für sie tun! Diesen Schmerz werde ich niemals vergessen.

Tom sagte mal zu mir: »Ich bringe dich entweder in die Psychiatrie oder in den Knast.« Grausam daran ist, dass er es vielleicht sogar schafft. Tom kann charmant sein, gut mit Worten umgehen. Zum Jugendamt und dem gerichtlichen Gutachter sagte er, ich hätte eine Borderline-Persönlichkeitsstörung – die »Diagnose« wurde amtlich notiert. Wie kann das sein? Und wie beweist man einem Gericht, dass man mental gesund ist? Dass man aber natürlich mental belastet wird von einem Justizsystem, das Gewalttäter schützt und verzweifelte Mütter zermürbt. Ich schickte Gegengutachten von zwei Professoren der Psychologie und Kritik am unprofessionellen Vorgehen des gerichtlichen Gutachters von zwei anderen Psychotherapeuten sowie Leonies Psychiaterin: Alle empfahlen, Leonie wieder bei mir wohnen zu lassen. Das Gericht hat die Dokumente »zur Kenntnis« genommen. Aber sich weiterhin auf das offizielle Gutachten berufen. Ich brach zu Hause zusammen, schrie und weinte. Wie kann alles nur so verdreht werden? Da dachte ich das erste Mal: Ich werde mundtot gemacht, und niemand sieht hin. Ich kann nicht mehr. Ich resigniere. Und dann wieder die Gedanken an meine Tochter: Jemand muss ihr doch beistehen! Ich begann damals, zu Hause Jura zu studieren, und vernetzte mich mit Müttern in ähnlichen Situationen.

Leonie ist jetzt elf, ihr Leid mittlerweile symptomatisch: Depressionen, Neurodermitis, Suizidgedanken. Sie ist schon mehrfach zu mir geflohen. Erstmals als Tom sie in einem heftigen Streit gewürgt habe. Das hat ihre Psychologin beim Jugendamt zur Anzeige gebracht. Tom behauptet, er sei nur mit dem Arm an ihren Hals gestoßen. Als wir zur Polizeiwache gingen, um eine Aussage zu machen, rissen mehrere Polizisten Leonie von mir weg, um sie ihm zu übergeben. Er hatte einen Herausgabebeschluss erwirkt. Ich kann mein Kind einfach nicht beschützen. Und mir dämmerte: Je mehr ich mich wehre und versuche, Leonie zu beschützen, desto größer wird seine Rache. Das merkt Leonie, sie erfährt selbst Gewalt. Und sie lernt, dass ihr Vater immer Recht bekommt. Wir sind ohnmächtig. Ich kann nur durchhalten und kämpfen, um meiner Tochter zu zeigen, dass er doch nicht Recht hat. Bis ich leer bin und mich ergebe.

Das letzte Mal floh Leonie im September. Wir hatten uns drei Wochen nicht gesehen, ihr Vater erwirkt gerade ein Kontaktverbot gegen mich. Wir hielten uns in den Armen, als er meine Wohnungstür eintrat, mir den Finger umdrehte und dabei den Knochen brach. Er schleifte uns beide nach draußen, wo alle uns sehen konnten. Leonie schrie, ich urinierte vor Angst, Tom schlug mir in den Bauch. Polizisten kamen, wedelten mit einem Dokument vom Jugendamt: Das Kind muss zum Vater. Ich konnte nur noch meiner Tochter hinterherrufen: »Alles wird gut! Es ist nicht deine Schuld.« Eine beruhigende Lüge und eine ermutigende Wahrheit. Natürlich kann niemals alles wieder gut werden. Meine Tochter ist traumatisiert und muss damit leben. In drei Jahren kann sie selbst entscheiden, bei wem sie leben möchte. Ich habe nur Angst, dass sie so lange nicht durchhält.

Wenn ein Elternteil gegen den anderen gewalttätig ist, gibt es eigentlich eine klare gesetzliche Einordnung, die aber noch zu selten Anwendung findet: Gewalt gegen ein Elternteil ist auch Gewalt gegen das Kind. Partnerschaftliche Gewalt kann niemals nur auf die Paarebene geschoben werden. Sie betrifft immer auch die Elternebene. Deutschland hat mit dem Übereinkommen des Europarats zur Verhütung und Bekämpfung von Gewalt gegen Frauen und häuslicher Gewalt – auch Istanbul Konvention genannt – anerkannt, dass »Kinder Opfer häuslicher Gewalt sind, auch als Zeuginnen und Zeugen von Gewalt in der Familie«.[49] Denn die (mit)erlebte Gewalt beeinträchtige Kinder in ihrer emotionalen, kognitiven und sozialen Entwicklung. Je kleiner und abhängiger sie sind, umso intensiver erleben Kinder eine körperliche Bedrohung gegen den anderen Elternteil auch als Bedrohung gegen sich selbst.[50] Das Problem: Die Gewalt kann beinahe nie ausreichend bewiesen werden. Augenzeug*innen gibt es in der Regel nicht. Dazu kommt, dass Behördenmitarbeiter*innen nicht ausreichend zum Thema häusliche Gewalt geschult sind. Der Europarat hat Deutschland im Herbst 2022 ein großes Defizit in Sachen Gewaltschutz attestiert.

Und es ist perfide, wie der Gewaltschutz am Familiengericht durch eine Täter-Opfer-Umkehr ausgehebelt wird: Die Mütter hätten gar keine Gewalt erlebt, sondern seien »bindungsintolerant« oder würden ihre Kinder vom anderen Elternteil entfremden, heißt es dann. Und das wiederum wird der Mutter als Gewalt ausgelegt, denn laut §1684 Abs. 2 BGB haben Eltern »alles zu unterlassen, was das Verhältnis des Kindes zum jeweils anderen Elternteil beeinträchtigt oder die Erziehung erschwert«. Und wenn das Kind von sich aus sagt, dass es den anderen Elternteil nicht besuchen will? Dann hat offenbar die Mutter das Kind manipuliert. Es ist ein Zirkelschluss, wie eine Schlinge, die sich immer fester zuzieht, wenn Mütter sich wehren.

Traumafolgestörung erkennen Dabei kann ein geschultes Auge durchaus unterscheiden, ob eine Mutter wirklich die Bindung zum anderen Elternteil stören will oder an einer komplexen Traumafolgestörung beziehungsweise Posttraumatischen Belastungsstörung leidet – eine Diagnose, die 2022 in den internationalen Diagnosekatalog ICD-11 aufgenommen wurde. Sie trete »nach langen Phasen besonders schwerer, wiederholter und anhaltender psychischer, körperlicher und sexueller Gewalterfahrung« auf, schreibt der Bestseller-Autor und Facharzt für Psychiatrie und Psychotherapie Pablo Hagemeyer in *Die perfiden Spiele des Narzissten.*[51] Die Symptome: Veränderungen der Regulation eigener Gefühle und Impulse, veränderte Aufmerksamkeit, Spaltung und Verzerrung des Bewusstseins, Auflösung der Selbstwahrnehmung, Zerstörung der Beziehungsgestaltung, Orientierungslosigkeit in der Lebensplanung und die Entwicklung körperlicher Symptome wie Schmerzen oder chronische Beschwerden aller Art. »Wirkt eine Person in einer emotional angespannten Situation unfähig und inkompetent, sollte man sie nicht sofort vorverurteilen«, so Hagemeyer. »Wenn eine Person nicht oder unangemessen antwortet, beständig ›Keine Ahnung‹ wiederholt, ›Bitte nicht‹ sagt, mahnt: ›Das kannst du nicht machen‹, schweigt oder [...] kopflos agiert, kann das ein Hinweis auf eine augenblickliche Verwirrung durch Stress sein.« Hagemeyer, der selbst bekennender Narzisst ist, beschreibt in *Die perfiden Spiele des Narzissten* einen Fall aus seiner eigenen Praxis: Ein manipulativer Narzisst drängt die Mutter seines Kindes aus dem Sorgerecht, indem er sie beim Jugendamt und in Gerichtsverhandlungen gezielt als psychisch krank vorführte. Genauso wie bei Susanna.

Drei Jahre, nachdem ich mit Susanna das erste Mal telefoniert hatte, passierte etwas, das selten vorkommt: Leonie kehrte zu ihr zurück. Der Vater hatte sie nach den Sommerferien gefragt, bei wem sie wohnen wolle, und stellte dann all ihre Sachen vor die Tür. Mittlerweile hat auch ein Gericht bestätigt, dass Leonie bei ihrer Mutter bleiben darf. Ich rief Leonie direkt nach ihrer Rückkehr an, und sie erzählt mir von der Zeit bei ihrem Vater:

> Als mich die Polizisten damals wieder von meiner Mutter weggeholt hatten, sagten sie zu mir: »Du musst nie wieder zu deinem Vater gehen, das versprechen wir dir«, aber dann kam ich auf dem Revier an und wurde doch meinem Vater übergeben. Das Jugendamt hatte sich zwischengeschaltet und der Polizei erklärt, meine Mutter sei die eigentliche Gefahr und ich sei nur verwirrt. Danach hatte ich viele Albträume, mir ging es gar nicht gut. Ich habe mich in den zwei Jahren bei meinem Vater oft einsam gefühlt. Mein Vater hatte mir verboten, meine Verwandten mütterlicherseits zu sehen. Sie hätten einen schlechten Einfluss auf mich, sagte er. Dabei hätte ich so gerne meine Großeltern gesehen. Und mein Pony habe ich vermisst: Meine Mutter hatte mir einen Platz auf einem Ponyhof verschafft, mit eigenem Pony! Aber es hatte ja mit ihr zu tun, und mein Vater wollte nicht, dass ich irgendetwas mit meiner Mutter zu tun habe. Und wenn ich traurig war, sagte er zu mir, dass ich ein kleines Kind wäre und gar nichts fühlen würde. Und meine Mutter sei krank, hat er gesagt, kein guter Einfluss. Das hat mich nur noch trauriger gemacht. Und damit ich ja keinen Kontakt zu meiner Mutter aufnehmen konnte, hat er regelmäßig mein Handy kontrolliert, auch die Fotos. Und wenn ich gesagt habe, dass ich zu meiner Mutter will, dann sagte er nur: Daraus wird nichts. Mein Vater war sehr kalt. Aber ich habe nicht aufgegeben und allen davon erzählt, dass ich zu meiner Mama will; meinen Lehrern und Lehrerinnen in der Schule und meinen Freundinnen, die ich dort sehen konnte. Für die Zukunft wünsche ich mir, dass ich bei meiner Mutter bleiben kann. Und

> meinen Vater nur alle zwei Wochen am Wochenende besuchen muss. Es sei denn, ich dürfte selbst entscheiden, dann würde ich ihn erst mal gar nicht mehr besuchen.

Der Väteraufbruch für Kinder e.V. (VafK) verbreitet offensiv und seit Jahren das Konstrukt der vermeintlich induzierten »Eltern-Kind-Entfremdung« beziehungsweise des Parental Alienation Syndrome, auch PAS abgekürzt. Dabei handelt es sich um sogenannte Junk Science, Pseudowissenschaft, die in einigen Ländern wie den USA in Gerichtsprozessen verboten wurde. Das Thema »Eltern-Kind-Entfremdung« prangt gut sichtbar auf der Webseite des VafK, mit dem Bild eines weinenden Kindes, auf dem »Lenny fehlt sein Papa« steht und darunter: »Endlich Schluss mit der Eltern-Kind-Entfremdung«. Die Kampagne wurde auch in Berliner U-Bahnen gezeigt, die Eltern-Kind-Entfremdung sogar verfilmt: In *Weil du mir gehörst* konnten knapp fünf Millionen Zuschauer*innen einer manipulativen Mutterfigur dabei zusehen, wie sie die gemeinsame Tochter erfolgreich vom Vater entfremdet. Das macht auch Stimmung.

Kinder brauchen liebevolle Bindungsperson(en) Die Erkenntnis, dass Kinder nicht unbedingt beide Eltern für eine gesunde Entwicklung brauchen, hat eine qualitative Studie aus den USA schon 1980 hervorgebracht: Die Kinderpsychologinnen Judith Wallerstein und Joan Kelly begleiteten über fünf Jahre sechzig auseinanderbrechende Familien mit 131 Kindern in Marin County nahe von San Francisco – einem Wohngebiet mit vorherrschend weißer, wohlhabender Bevölkerung. Die diagnostischen Interviews begannen immer unmittelbar bei und nach Familienzusammenbruch und wurden dann achtzehn Monate später und schließlich noch einmal nach fünf Jahren geführt. Die Ergebnisse können wir in *Surviving the breakup* nachlesen: Die Trennungen der Eltern stellten für die Kinder eine

Krise dar, die viele von ihnen nach fünf Jahren nicht nur überwunden hatten – manche sind sogar besonders gestärkt aus ihnen hervorgegangen. Überrascht hat der Einfluss des Vaterkontaktes: Es gab zwei Gruppen unter den Kindern, denen es nach fünf Jahren wieder gut ging: Eine Gruppe hatte Kontakt zu beiden Elternteilen, und die andere hatte den Kontakt zum Vater abgebrochen. In der ersten Gruppe fanden Wallenstein und Kelly je zwei liebevolle, zugewandte Elternteile, die sich zuverlässig um ihre Kinder kümmerten. In der zweiten Gruppe fanden sie Kinder, die sich vor dem Kontaktabbruch in einer destruktiven Beziehung zum Vater befanden. Dazu gehörten nicht nur Kinder, die verbal oder körperlich misshandelt oder sexuell missbraucht worden waren. Sondern auch »Kinder, die von einem gleichgültigen Vater schlecht erzogen worden waren, der ihnen während der gesamten Ehe und in den Jahren nach der Scheidung emotional oder physisch nicht zur Verfügung stand und zu dem die Kinder weiterhin keine tiefe Bindung empfanden«. Der Kontaktabbruch, so die Kinderpsychologinnen, störte die kindliche Anpassung nicht tiefgreifend, »wenn sie von einer reichen, sensiblen Beziehung zu ihrer Mutter« profitieren konnten.[52] Nicht zuletzt deshalb sollten wir Alleinerziehende besser unterstützen: damit sie ihren Kindern liebevolle Eltern sein und ihre Kinder sich gut entwickeln können.

Um hier aber keine Väterklischees fortzuschreiben: Es sind nicht nur die »Rabenväter«, die den Kontakt zu ihren Kindern verlieren oder abbrechen. Es gibt kein Persönlichkeitsmuster unter Vätern, die den Kontakt abbrechen, und sogar das väterliche Engagement vor der Trennung wirkt sich eher marginal aus. Vielmehr ist das Risiko für einen Kontaktabbruch in vielen verschiedenen Ursachen zu finden, die sich teils verschränken: Insbesondere mit der wachsenden Entfernung zwischen den Wohnorten der Eltern steigt die Wahrscheinlichkeit für einen Kontaktabbruch. Väter, die bei wichtigen Ereignissen ihrer Kinder nicht dabei sein können, entfremden sich von ihnen. Dazu kommen gerade bei sehr engagierten Vätern der Frust und die Sorge, dass die Vater-Kind-Beziehung an Bedeutung verliert, weil nach der Trennung der alltägliche Kontakt abnimmt. Wohingegen eher wenig engagierte Väter an ihren Wochenenden mit den Kindern aufblühen oder sich nach der Trennung sogar noch stärker involvieren wollen. Einen hohen Einflussfaktor für den Kontaktabbruch erkennt die Forschung in der Beziehungsqualität zum anderen Elternteil: Offenbar brechen Väter dann häufiger den Kontakt zum Kind ab, wenn die Eltern in einem feindseligen Konflikt verstrickt sind – während konstruktive Streitgespräche nicht zum Kontaktabbruch führten.[53] Aber dafür braucht es ja wieder zwei, die den Konflikt auch wirklich lösen können.

Im Zweifelsfall kann die Auflösung des feindlichen Elternkonflikts über einen Kontaktabbruch für Kinder entlastender sein, als wenn der Kontakt in einer zerstörerischen Atmosphäre gehalten wird. So erzählt die Familienrichterin Silke Lindberg in einem NDR-Interview von einem Vater, der sich auf Wunsch seiner Tochter aus ihrem Leben zurückgezogen hat: »Das tut ihm bestimmt total weh. Der hätte gern den Kontakt. Er verzichtet aber, damit es ihr gut geht.« Die Tochter sagte, so Lindberg, dass sie ihren Vater liebe, aber der Streit zwischen ihren Eltern anstrengend sei und sie sich auf ihre Schule und ihre Freundinnen konzentrieren wolle. Ich frage mich: Wenn einer sein Kind so sehr liebt, dass er sogar den Kontakt zu diesem Kind abbricht, dann kann eine andere, bessere Lösung doch nicht weit sein, oder?

»Am Ende geht es immer nur um Geld«, singt die Punk-Rock-Band Adam Angst in ihrem gleichnamigen Song. Natürlich können wir nicht wissen, um welche vermeintlich unlösbaren Konflikte es sich in der erwähnten Familie handelte – aber es ist etwas Wahres dran: Wie viele dieser Konflikte zwischen getrennten Eltern basieren eigentlich auf zwei knappen Haushaltskassen und *können* schlicht nicht gelöst werden, weil nicht genug Ressourcen da sind? Ich meine damit etwa

Fragen wie: Warum kann sie sich das Wechselmodell nicht leisten? Warum zahlt er keinen Unterhalt? Warum hat sie sich nicht eine Wohnung in der Nähe genommen? Wer bezahlt das Benzingeld für die Fahrten zwischen den Wohnungen, um die Kinder abzuholen und zurückzubringen? Und so weiter. Was Allein- und Getrennterziehende wirklich brauchen, ist eine finanzielle Entlastung, sodass Familie auch getrennt lebbar gemacht werden kann und sich finanzielle Konflikte nicht im Privaten entzünden.

ERSTE HILFE: FAIR CARE

SORGERECHT

Eltern behalten auch nach der Trennung das gemeinsame Sorgerecht. Das heißt:

- Sie entscheiden gemeinsam, wo das Kind wohnt, wo es in die Kita/zur Schule gehen soll, ob geimpft werden soll etc.
- Du entscheidest allein über Medienkonsum, Schlafenszeiten oder sportliche Aktivitäten, weil das alltägliche Entscheidungen sind.

MERKE: Laut § 156 Abs. 1 soll ein Gericht »in jeder Lage des Verfahrens auf ein Einvernehmen der Beteiligten hinwirken«. Bleiben sich die Eltern uneinig, können sie die Entscheidungen vom Familiengericht fällen lassen.

BETREUUNGSMODELLE

Residenzmodell = Wenn die Kinder ihren Hauptwohnsitz bei einem Elternteil haben (und ggf. den anderen regelmäßig besuchen); Unterhalt nach Düsseldorfer Tabelle

Erweitertes Residenzmodell = Betreuung zwischen den Eltern aufgeteilt, zum Beispiel 70:30-Aufteilung; angepasster Unterhalt nach Düsseldorfer Tabelle

Wechselmodell = Wenn die Kinder genau gleich viel Zeit in den Elternhaushalten verbringen, indem sie beispielsweise wöchentlich oder alle paar Tage hin- und herpendeln; beide Eltern sind unterhaltspflichtig, je nach Einkommensverhältnissen

Wenn Ex keinen Unterhalt zahlt: Unterhaltsvorschuss beantragen!

MERKE: Nicht die Kontakthäufigkeit ist entscheidend für das Kindeswohl, sondern 1. die Qualität der Beziehung zum Kind und 2. dass Eltern ihre Konflikte konstruktiv klären!

»MARRIAGE STORY« MIT SCARLETT JOHANSSON UND ADAM DRIVER GUCKEN!

WAS ICH DIR NOCH SAGEN WILL: Es ist ganz normal, das eigene Kind zu vermissen, wenn es beim anderen Elternteil ist. Aber es wird besser, wenn du dir die Zeit so angenehm wie möglich machst: Sport treiben, Unternehmungen mit Freund*innen planen, im Club mit jemandem rumknutschen – was auch immer dir hilft, mach es!

ARBEIT UND GELD

Vier Monate nach der Trennung stand ich im Talar auf einer kleinen Bühne. Ein Talar ist ein langes Gewand, das Studierende tragen, wenn sie ihren Studienabschluss feiern. Auch meine Mitstudierenden trugen Talare, sie saßen mir gegenüber und neben ihnen, auf der linken Seite des Raumes, die Rektoren und die Lehrenden. Ich hatte mein Studium mit 1,0 abgeschlossen, als Jahrgangsbeste, und sollte nun die Abschlussrede halten, bevor sich unsere Wege bei Häppchen und Sekt trennen würden. Meine Haare waren nicht frisch gewaschen, aber gerade nur so fettig, dass sie nicht schmuddelig aussahen. Fluffig waren sie jedenfalls nicht, aber das wären sie auch nicht gewesen, wenn ich morgens noch die Zeit gehabt hätte, sie zu waschen. Ich war sowieso immer mit dem Fahrrad unterwegs. Und dadurch, dass ich mich und mein Kind morgens bergauf zur Kita strampelte und anschließend quer durch die Stadt zu meinem Job in der Redaktion hetzte, kam ich nie sonderlich gestylt irgendwo an. Aber wichtiger war mir, dass ich das Geld für die Fahrkarten sparte und täglich eine Stunde Sport bekam – wegen der Gesundheit, denn das Leben war mittlerweile deutlich stressiger geworden. Den normalen Stress war ich schon längst gewohnt: Mein Baby kam in der vorlesungsfreien Zeit zur Welt, vor meinem letzten Studiensemester. Danach nahm ich es mit in die Vorlesungen, seinen Vater für Notfälle im Schlepptau. Einmal fing es an zu weinen, während ich einen Vortrag hielt. Ich redete einfach weiter und band es währenddessen ins Tragetuch – alle waren entzückt; so kann man auch gute Noten kriegen.

Als mein Kind drei Monate alt war, hatte ich alle Kurse abgeschlossen, danach wurde mir eine Stelle bei einer Berliner Tageszeitung angeboten. Ich trat sie an, als mein Kind ein halbes Jahr alt war. Zwei bis drei Tage pro Woche fuhr ich nun also zum Alexanderplatz zur Arbeit. Abends und morgens und immer zwischendurch schrieb ich in den kommenden sechs Monaten meine Abschlussarbeit, die ich zum Glück in der kurzen Zeit zwischen dem ersten Geburtstag meines Kindes und unserer Trennung eingereicht hatte. Und einen Monat nach der Trennung musste ich sie nur noch verteidigen; die Ergebnisse präsentieren und kritische Nachfragen der Professor*innen beantworten. Obwohl mir nicht danach war, mich mit dem Studium zu beschäftigen, legte ich die beste Verteidigung überhaupt hin. Vor allem aus Wut und Trotz und persönlichem Stolz. Ich dachte: Die Trennung versaut mir nicht auch noch meine Noten!

Mein Ex war kein Hausmann. Auch er schrieb im Babyjahr seine Abschlussarbeit und hatte als Selbstständiger mehrere Auftraggeber, oft arbeitete er nachts. Wir machten etwas möglich, wovon wir annahmen, dass dies Vereinbarkeit wäre: Wir gaben uns ständig Kind und Klinke in die Hand oder organisierten alles um unser Kind herum. Und nein, wir waren beide keine Workaholics, wir fanden Arbeit nicht geil, sie gab uns nicht den Kick, den wir sonst nirgends finden konnten. Uns trieb etwas anderes an: Wir waren beide bei alleinerziehenden Müttern aufgewachsen, und wir wollten dringend ein besseres Leben. Wir wollten eine eigene Familie und so viel verdienen, dass uns Geld keine Sorgen macht, sondern Freude bringt. Und unser Privileg war, dass wir beide bei Müttern aufwuchsen, die uns an dieses bessere Leben durch Fleiß und Arbeit glauben ließen.

Leistung war ein wichtiger Wert in meiner Familie; egal, was du machst, mach es sehr gut! Nachdem meine Mutter als Arzthelferin gekündigt hatte, um in einem anderen Job mehr Geld zu verdienen, wurde sie eine der besten Busfahrerinnen bei Berlin Transport, der Tochtergesellschaft der BVG. Das wurde sie, weil sie nie krank war oder sich zumindest nie krankschreiben ließ. Weil sie über sechzig Buslinien in Berlin fahren konnte. Auch spontan einsprang, wenn Kolleg*innen ausfielen. Weil sie auch an Weihnachten arbeitete. Meine Mutter war eine loyale, immer verfügbare Angestellte. Und das wurde zumindest ein bisschen anerkannt. Irgendwann, ich war gerade in die Pubertät gekommen, flogen Politiker*innen aus aller Welt nach Berlin, und es waren Busfahrer*innen, die diese Politiker*innen in gemieteten schwarzen Autos zu ihren Terminen fuhren. Meine Mutter war eine dieser Busfahrer*innen – sogar die einzige Frau. Als Frau in einer eher männlichen Branche auserwählt zu werden, das war schon was! Eine Ehre. Sie bekam eine schusssichere Weste, und ihr wurde ein Politiker zugewiesen. Ich hatte keine Ahnung von Politik, weil wir zu Hause nie über Politik diskutierten und auch keine Nachrichten sahen, dafür hatte meine Mutter in ihrer Schichtarbeit keine Zeit. »Wenn jemand auf meinen Politiker schießt, muss ich mich vor ihn werfen«, sagte sie lachend, ehe sie zur Arbeit ging. Sie sagte es mit hochgezogener Augenbraue, als wäre ein Anschlag auf ihren Politiker eine Chance für sie. Als würde ein Schuss sie zur Ritterin schlagen. Aber meine Mutter war an diesem Tag stolz auf sich. Ich freute mich mit ihr und rief noch hinterher: »Mama, du haust ab, wenn jemand schießt, klar?«

Meine Mutter war selten stolz auf sich. Sie hatte nicht studiert, trug günstige Kleidung und verdiente wenig Geld, obwohl sie sich den Wolf schuftete. All ihre Arbeit schien nichts wert zu sein, jedenfalls erzählte ihr ihre Lebenssituation genau das, jeden Tag. Umso wichtiger war, dass mein Bruder und ich es besser machten. Alles andere kam gar nicht infrage. »Oder wollt ihr später so leben wie ich?«, sagte sie scherzhaft, aber eigentlich auch ernsthaft drohend. Und es schmerzte mich, wenn sie sich selbst als abschreckendes Beispiel nahm. Gleichzeitig wollte ich tatsächlich nicht mit ihr tauschen. Also war ich fleißig.

In der Grundschule saß ich immer ganz vorn, ich lernte viel und engagierte mich als Klassensprecherin. Und nach unserem Umzug ging ich aufs Gymnasium in Berlin-Tiergarten, wo manche Kinder zugekifft in den Unterricht platzten und sich in Winterjacke auf den Stuhl fläzten. Ich wurde gemobbt, eigentlich wurde jeder gemobbt, denn alle erwarteten ständig, von irgendwem angegriffen zu werden, und schlugen lieber zuerst zu. Die meisten von uns kamen aus prekären Haushalten, viele hatten einen migrantischen Hintergrund, trugen Kopftuch, waren Schwarz oder People of Colour. Ich merkte, dass auch ich zunehmend aggressiv wurde, dass auch ich in einer ständigen Abwehrhaltung angekommen war und lieber andere bedrohte, bevor sie mir zu nahekommen konnten. Aber ich realisierte auch, dass ich so nicht lernen und meinen Plan verfolgen konnte. Also folgte ich einem spontanen Impuls, suchte mir kurz vor den Winterferien eine gute Schule im wohlhabenderen Berliner Bezirk Köpenick raus und meldete mich an. Ich wechselte das Gymnasium mitten im Schuljahr der achten Klasse, meine Mutter musste nur unterschreiben – und das tat sie immer, wenn ihre Unterschrift kostenlos war. Meine Mutter stand mir nie im Weg, wenn ich versuchte, mich um mein Leben zu kümmern. Sie hielt sich einen Vormittag frei von der Arbeit, weil der Schulleiter der neuen Schule ihre Unterschriften vor Ort brauchte. Die Kinder in der neuen Schule waren eine irritierend homogene Masse; sie waren durchweg weiß, einige trugen Markenklamotten und wurden morgens von den Eltern zur Schule gefahren, was ich absurd fand in dem Alter, aber auch rührend.

Neben der Schule fing ich an zu arbeiten und hörte nie mehr damit auf: Ich sammelte Spenden. Ich gab Nachhilfeunterricht. Ich kassierte bei Kaiser's. Und telefonierte im Callcenter. Ich verteilte Flyer. Ich versuchte, Arbeit und Bildung zu vereinen, und kellnerte während der Ferien in Yorkshire, England. Und ich verkaufte Eis im Zoologischen Garten. Ich wurde Redaktionschefin unserer Schülerzeitung und interviewte Anne Will. Ich nahm mehrfach am Schüleraustauschprogramm unserer Schule teil, nach Frankreich und nach Russland, die Kosten übernahm ich selbst. In der elften Klasse, in der einige Mitschüler*innen für 10000 Euro oder mehr ihr Auslandsjahr in die USA buchten, fragte ich die Familie in Frankreich, ob ich noch einmal zwei Monate dort leben durfte, für 200 Euro. Es gab dafür keine Strukturen zwischen der französischen Privatschule, auf die meine Austauschpartnerin ging, und meiner Schule in Berlin. Also schaffte ich sie, übersetzte Anträge und Bewilligungen zwischen dem französischen und dem deutschen Schulleiter. Und als ich zurück war, ging ich in Hunderte Haushalte, um Menschen für den Zensus zu befragen, dafür gab es gutes Geld. Ich zapfte Bier hinter der Bar auf Abibällen. Ich organisierte unseren Abiball. Ich zog von zu Hause aus und studierte Journalismus, inklusive Auslandssemester in Dublin. Ich arbeitete neben dem Studium, zwanzig Stunden pro Woche. Der Traum vom sozialen Aufstieg brachte mich immer wieder an die Belastungsgrenze, aber ich hatte einen guten Grund. Ich wollte für meine Zukunft sorgen.

Erst im Studium realisierte ich, warum viele andere nicht auch so durchs Leben hetzten wie ich. Ihre Zukunft war durch das Vermögen ihrer Eltern längst gesichert. Sie hatten keine Angst, waren nicht von der Not getrieben. Sie schrieben in den Vorlesungen nicht so akribisch mit wie ich, sondern sahen sich in Online-Shops nach Klamotten um. Während ich weder Geld noch Gedanken dafür übrig hatte. Und ich denke, dass ich auf sie seltsam gewirkt haben muss, wie ich da in den Vorlesungen saß und strebte. Ich war wie eine freundliche, kleine Maschine. Es gab keinen Grund, mich nicht zu mögen. Ich war ein harmloser Fremdkörper. Aber darüber dachte ich nicht nach, ich lernte auch unter dem Druck meiner BAföG-Schulden, die ich bis heute nicht abbezahlt habe. Also, ich war immer fleißig. Nicht auf die gute Art, sondern so, wie ich es von meiner Mutter gelernt hatte; angstfleißig. Aufsteiger*innenfleißig. Reizdarmfleißig.

Und nun stand ich auf dieser Bühne und sollte mich feierlich und stolz fühlen. Ich wurde mit Redezeit geehrt. Mit einem Raum und vielen Ohren, die hören sollten, was ich sage. Ich hielt drei voll beschriebene Blätter in meiner Hand, und ich schwitzte unter meinem Talar, weil ich von der Arbeit losgewetzt war, um es rechtzeitig zur Abschlussfeier zu schaffen. Die Hälfte der Rede hatte ich noch nebenbei im Büro geschrieben. Ein weiteres Viertel schaffte ich in der U-Bahn, und das letzte Viertel schrieb ich in der Garderobe – es war eine gute Rede. Ich sprach ins Mikrofon, und niemand wusste, dass diese Stimme, die ihnen vom Träumen, vom eigenen Weg und von Willenskraft erzählte, die einer frisch getrennten, alleinerziehenden Mutter war. Einer, die unter Schock stand. Einer, die wütend war. Einer, die immer fleißig ackerte. Einer, für die das gute Leben zum Greifen nahe war, aber die es nun wohl doch nicht bekommen würde. Weil ein Mann sie nicht mehr liebte.

BALANCEAKT ENTLANG DER ARMUTSGRENZE

Immerhin: Meine finanzielle Situation war nach der Trennung zwar herausfordernd, aber nicht existenziell bedrohlich. Das lag auch an unserem vorher schon niedrigen Lebensstandard: Mein Ex, unser Kind und ich hatten zu dritt in einer Zweizimmerwohnung gelebt, für knapp 700 Euro warm. Das wäre uns auf Dauer zu eng geworden, wir hatten uns bereits nach größeren Wohnungen umgesehen. Aber wir fanden keine, zum Glück. Ich musste nicht umziehen, weil ich das Geld für die Zweizimmerwohnung nach seinem Auszug allein aufbringen konnte: Durch den Teilzeitjob in der Redaktion landeten jeden Monat 1350 Euro auf meinem Konto. Dazu kamen die 255 Euro Mindestunterhalt vom Vater meines Kindes und die Hälfte des Kindergeldes, das waren damals 80 Euro. Man muss nur grob überschlagen, um zu erkennen: Mit den Einnahmen hätte ich dieselbe Wohnung als Neubewerberin nicht bekommen. Die Regel, an der sich auch Vermieter*innen orientieren, lautet: Die Miete sollte nicht höher als ein Drittel des Einkommens sein. Viele Alleinerziehende finden unter diesen Bedingungen keine passende Wohnung für sich und ihre Kinder, sie brauchen womöglich eine Sozialwohnung. Die bekommt man aber nur mit einem Wohnberechtigungsschein (WBS), der beim Bezirks- oder Wohnungsamt beantragt werden muss. Trotzdem ist die Suche oft schwierig, denn auch WBS-Wohnungen sind hart umkämpft. Falls du auch gerade vor diesem Problem stehst, gibt es vielleicht noch eine andere Möglichkeit für dich: die Alleinerziehenden-WG. Aber Achtung! Um sich alle Ansprüche auf eventuelle Sozialleistungen oder Vergünstigen zu erhalten, muss eine getrennte Haushaltsführung klar ersichtlich sein, zum Beispiel durch einen Untermietsvertrag, statt gemeinsam zu mieten. Sonst geht der Gesetzgeber von einem normalen Paarhaushalt aus.[54]

Ich hatte also für alle Kosten wie Miete, Strom, Telefon und Internet, unser Essen, die Haftpflichtversicherung, Kleidung für mein Kind und mich, Spielzeug, Geburtstagsgeschenke für Freund*innen und so weiter monatlich 1685 Euro zur Verfügung. Und obwohl ich damit über die Runden kam, fand ich die Konsequenz meiner Familiensituation auch ungerecht: Denn der Vater meines Kindes konnte sich in seiner Vollzeitarbeit einrichten und hatte Zeit. Während meine Care-Arbeit mit seinen 255 Euro Mindestunterhalt, runtergerechnet auf einen Tag, mit 8,50 Euro abgegolten war. Acht Euro und fünfzig Cent! Dazu muss ich sagen, dass Alleinerziehende mit Kindern unter drei Jahren einen Anspruch auf Betreuungsunterhalt vom anderen Elternteil haben. Der berechnet sich aus der Differenz der beiden Einkommen, multipliziert mit dem Faktor aus 3/7.

> Ein Beispiel: Elternteil A verdient 4000 Euro, Elternteil B verdient 1000 Euro. Die Differenz zwischen den beiden Gehältern beträgt also 3000 Euro. Nun rechnet man wie folgt: 3000 Euro x (3/7) = 1285,71 Euro. Ein hübsches Sümmchen, oder? Jetzt das dicke Aber: Einen Betreuungsunterhalt bekommen Alleinerziehende nur dann, wenn der andere Elternteil zahlungsfähig ist. Heißt: Er hat einen Selbstbehalt von aktuell 1370 Euro und muss nicht darüber hinaus zahlen.

Ob ich Betreuungsunterhalt bekommen hätte? Vielleicht, vielleicht auch nicht. Ich hatte damals keine Ahnung, dass es so etwas gibt. Ich hatte mit der Beistandschaft beim Jugendamt genug zu tun, um einen Unterhaltstitel für den Mindestunterhalt zu erwirken. Heißt, ich musste mir schon die 255 Euro erkämpfen. Über mehr Ansprüche klärte mich niemand auf.

Also blieb es bei acht Euro, fünfzig Cent, und meine Tage sahen so aus: Weckalarm um halb sechs, das Haus mussten wir um spätestens sieben Uhr verlassen, damit ich um acht in der Arbeit sein konnte. Dort riss ich täglich fünf oder sechs Stunden im Büro runter. Wegen der Fahrzeit zwischen Kita und Arbeit war mein Kind demnach täglich sechs oder sieben Stunden in der Betreuung. Dann gingen wir noch auf den Spielplatz, einkaufen oder zu Terminen, oder mein Kind brauchte größere Kleidung. Zu Hause spielten wir, ich las ihm Bücher vor oder räumte die Wohnung auf, wechselte die Windeln, lud die Waschmaschine voll, hing die Wäsche auf und kochte das Abendessen, immer mit meinem Kind auf dem Arm oder in der Babytrage, denn es spielte in seinem Alter natürlich noch nicht allein.

Und neben der Hausarbeit und der körperlichen Kleinkindpflege musste und wollte ich natürlich auch auf die emotionalen Bedürfnisse meines Kindes eingehen: Kuscheln zum Beispiel, liebevolle Zuwendung, Geduld. Und Geduld brauchte ich unendlich viel. Besonders in den schweren Momenten, etwa wenn es durch all die neuen Viren im ersten Kitajahr mal wieder krank wurde, sich mitten in der Nacht über mich und unser Bettzeug übergab und ich, völlig übermüdet, nicht wusste, ob ich zuerst mein schreiendes Kleinkind beruhigen oder die Kotzsachen wechseln sollte. Denn ich war ja allein. Und es gab keinen dicken Scheck am Ende des Monats, der in Zahlen beschrieb, was ich da jeden Tag leistete.

Alleinerziehende müssen mit weniger Geld besser haushalten als andere. Vielleicht kommt es dir auch wie Hohn vor, wenn du auf Social Media, in Zeitschriften oder Buchläden vermeintlich motivierende Titel liest wie *Sei du selbst, werde reich!* oder *Mit kleinem Geld zum großen Traumhaus*. Da werden Superlative genutzt, die uns gnadenlos vermitteln, dass wir nicht die Zielgruppe sind. »Sei du selbst, bezahle die Reparatur deiner kaputten Waschmaschine in bar« hätte eher meine Sorgen angesprochen. Die Frage ist nicht »Wie werde ich reich?«, sondern »Was mache ich mit dem bisschen Geld am besten?«.

Darüber habe ich mit der Soziologin, Finanzexpertin und Autorin von *Auf Kosten der Mütter* **Dr. Birgit Happel** gesprochen. Sie stellte 2021 in einer qualitativen Studie für das Brandenburger Sozialministerium fest, dass Alleinerziehende für Geldthemen auch deswegen schwer zu erreichen sind, weil es an angemessenen Bildungs- und Beratungsangeboten fehlt, die sich auf diese besondere Lebenslage mit knappen Ressourcen beziehen.[55]

» ALLEINERZIEHENDE HABEN KEINE ZEIT FÜR DEN FINANZ-DSCHUNGEL

Auf Instagram stolpere ich ständig über Finanzberater*innen, warum bin ich eigentlich nicht schon längst reich?

Gute Frage, bei mir zeigt es auch noch keine Wirkung! Nein, ernsthaft: In sozialen Netzwerken ist gerade Goldgräberstimmung. Jeder denkt, er oder sie könne sich im Bereich der finanziellen Bildung selbstständig machen, aber die vorgefertigten Coachings, Seminare und Workshops sind teils sehr teuer und gehen nicht in die Tiefe. Zum Beispiel das sogenannte »Money Mindset«; es wird so getan, als wenn man nur eine Video-Session mit vierzig anderen Leuten buchen müsste, um gemeinsam schlechte Geldgefühle in Form einer alten Rechnung zu verbrennen, und dann könne man endlich reich werden. Aber man kann sich natürlich nicht durch zauberhafte Rituale von Armut heilen.

Dann gibt es das »Money Mindset« eigentlich gar nicht?

Doch. Aber das sind in Wahrheit jahrzehntelang eingeübte Verhaltensweisen, die wir nicht einfach so verändern können: Manche sind gerne großzügig, andere sparen jeden Cent. Es gibt Menschen, die sich einschränken müssten, sich aber durch Online-Shopping trösten – alte Hilfsmittel wie Haushaltsbücher nützen denen natürlich auch nichts. Die brauchen ein langfristiges Coaching oder eine Psychotherapie. Es gibt Mütter, die denken, sie müssten ihren Kindern im Sommer jeden Tag eine Kugel Eis kaufen oder ...

Moment! Ich fühle mich ertappt. Ich kaufe meinem Kind im Sommer jeden Tag die Kugel Eis, weil diese kleinen Freuden für mich zu einer schönen Kindheit dazugehören.

Schön, aber haben Sie auch einen Investmentsparplan? Für sich selbst oder für die Ausbildung oder den Führerschein Ihres Kindes?

Ich würde jetzt gerne Ja sagen ...

Das würden viele gerne, wenn ich sie so frage. Ich kenne das selbst: Man gönnt den eigenen Kindern alles und vielleicht sogar noch mehr, als man tatsächlich hat, weil man zu viel arbeitet und ein schlechtes Gewissen hat. Oder weil man die Trennung vom anderen Elternteil kompensieren will. Aber wir müssen auch lernen finanzielle Grenzen zu setzen. Damit die Kinder wiederum lernen, mit uns an einem Strang zu ziehen. Gerade Alleinerziehende mit knappen Ressourcen müssen noch mehr auf sich und ihre Finanzen aufpassen.

Und wie sieht das konkret aus?

Das Beispiel mit dem Eis, von dem ich eben gesprochen habe; das war eine alleinerziehende Mutter, die ich in einer meiner Studien kennengelernt habe. Sie kam aus prekären Verhältnissen. Sparen war in ihrer Kindheit ein großes Thema. Und als sie erwachsen war, wollte sie ihrem Kind die schönste Kindheit bescheren. Leider hat sie sich dabei stark verschuldet. Sie musste unter anderem ihre Vorstellungen von Mütterlichkeit überdenken. Sie musste sich fragen: Geht's vielleicht auch anders? Es bringt nichts, den Kindern etwas vorzumachen, und natürlich sollte man sie mit den eigenen Geldsorgen auch nicht überfordern. Ich plädiere für eine gesunde, kindgerechte Ehrlichkeit. Man muss ja das Eis nicht für immer streichen, aber vielleicht an einigen Tagen.

Nehmen wir also an, wir hätten ein bisschen Geld übrig. Was machen Alleinerziehende dann damit? Was ist klug?

Es gibt vier Schritte, die Alleinerziehende hartnäckig nacheinander ablaufen sollten. 1. Eine finanzielle Basis schaffen: Das heißt, sie schauen sich ihre Ein- und Ausgaben genau an und erstellen eine Übersicht über ihre laufenden Zahlungsverpflichtungen; von der

Miete bis zu eventuellen Ratenzahlungen. Dann der Check: Kommt genauso viel Geld rein, wie rausgeht? Sind alle existenziellen Risiken abgesichert? Gibt es zumindest eine Haftpflichtversicherung? 2. Notgroschen aufbauen: Zack, Eisgeld-Dauerauftrag einrichten und ab damit aufs Tagesgeld- oder Sparkonto. Am Ende sollten drei bis sechs Monatsgehälter drauf sein. 3. Investieren lernen: Mit breit streuenden Investmentfonds und kalkulierten Risiken können wir langfristig gute Renditen erzielen, die Erfahrung spricht von einer durchschnittlichen Rendite von 6 bis knapp 8 Prozent.

Entschuldigung, aber das war jetzt ganz schöner Finanzkauderwelsch. Erklären Sie es mir, als hätte ich in der Schule nie etwas über die Altersvorsorge gelernt – das trifft sogar zu.

Da sagen Sie was! Also kurz erklärt: Ein Fonds ist wie ein Topf, in den viele Anleger*innen Geld einzahlen. Breit gestreut bedeutet, dass in diesem Topf nicht nur in ein Unternehmen investiert wird, sondern in viele – das vermindert die Risiken. Und die Rendite ist das, was am meisten Spaß macht; der Gewinn aus dem Investment. Ganz wichtig: Wer klug investiert, muss unbedingt mit einem Anlagehorizont von mindestens acht, besser noch zehn Jahren rechnen – so lange sollte das Geld also im Topf bleiben. Und bitte die unabhängige Finanzberatung nicht auf Instagram allein suchen! Dafür empfehle ich Alleinerziehenden die Verbraucherzentrale. Nun zum vierten und letzten Schritt: die Rente sichern. Dazu sollten die Konten bei der Deutschen Rentenversicherung geklärt, also der Versicherungsverlauf auf Vollständigkeit überprüft, und eine private Altersvorsorge aufgebaut werden.

Da wird für Geringverdiener*innen immer wieder die Riesterrente empfohlen, weil es staatliche Zuschüsse gibt, ist das wirklich sinnvoll?

Die Zuschüsse sind leider nur die eine Seite der Medaille. Im Niedrigzinsniveau sind kostenintensive Versicherungen, wie Rentenversicherungen, nicht empfehlenswert für den Aufbau der Altersvorsorge. Es bleibt dann einfach zu wenig Rendite übrig. Die Riester-Rentenversicherung gehört dazu. Aber: Sollte der Riestervertrag schon bestehen, dann bitte ruhen lassen. Nicht auflösen, denn der Vertragsabschluss war teuer genug, das wäre verlorenes Geld. Und da sind wir bei einem besonders frustrierenden Punkt angekommen: Das Thema Altersvorsorge ist nicht nur sehr ins Private gerutscht, sondern auch unübersichtlich geworden. Alleinerziehende haben keine Zeit, um sich auch noch durch einen Finanzdschungel zu schlagen, um die Spreu vom Weizen zu trennen. Obendrauf kommen noch die Fehlanreize und Interessenkonflikte der provisionsbasierten Finanzberatung.

Das heißt, das ganze System Altersvorsorge sollte unbedingt vereinfacht werden?

Genau! Warum haben wir nicht dieses eine staatlich geförderte Altersvorsorgeprodukt, das transparent überprüft wird und einen guten Lebensstandard garantiert? Warum kriegen Alleinerziehende keine zusätzlichen Rentenpunkte, weil sie mehr Sorgearbeit übernehmen? Warum gibt es so unübersichtlich viele verschiedene Familienleistungen, die alle einzeln beantragt werden müssen? Dafür braucht es dringend andere politische Rahmenbedingungen und vor allem Menschen, die sie einfordern. «

Die Krux ist: Wer immerzu mit Überleben beschäftigt ist, kann nicht auf die Straße gehen und seine Rechte einfordern. Alleinerziehende arbeiten 24/7, erledigen das meiste ohne Gegenleistung. In Zahlen:

Alleinerziehende Mütter sind *öfter* und *länger* erwerbstätig als Mütter in Paarfamilien – erstere kommen pro Woche auf 31 und Letztere auf 26 Stunden.[56] Und der Vollständigkeit halber: Alleinerziehende Väter, die eher ältere Kinder betreuen, arbeiten 40 Stunden pro Woche, nur eine Stunde weniger als ihre verpartnerten Pendants. Trotzdem gilt jede zweite Einelternfamilie als einkommensarm – sie haben also weniger als 60 Prozent des durchschnittlichen Haushaltsnettoeinkommens zur Verfügung.[57] Was heißt das genau? Für Alleinerziehende mit einem Kind lag die Grenze zur Einkommensarmut zuletzt bei 1396 Euro, mit zwei Kindern bei 1718 Euro monatliches Netto.[58] Und faktisch balancieren vor allem alleinerziehende Mütter entlang dieser Beträge: Ihr durchschnittliches Einkommen liegt bei 1873 Euro – allerdings unabhängig davon, ob sie junge oder ältere Kinder versorgen, vier oder nur eines. Alleinerziehende Väter hingegen landen bei 2461 Euro. Zum Vergleich: Paarfamilien haben monatlich 4094 Euro zur Verfügung![59] Hier zeigt sich deutlich: Wer kleine Kinder betreut oder Kinder mit Behinderung(en) pflegt, hat das wenigste Geld. Jasmin schreibt mir:

> »Meine Tochter ist mehrfach behindert. Ich werde sie also mein Leben lang pflegen, daher mache ich mir große Sorgen um meine Rente. Zwischen meiner Erwerbsarbeit und der Pflege meiner Tochter habe ich so gut wie nie Pause. Trotzdem werde ich – wenn alles gut geht – nur gerade so an der Armutsgrenze vorbeischrammen.«

Ein Drittel der Alleinerziehenden sind auf Hartz IV angewiesen, obwohl sie arbeiten. Aber für die 40 Prozent der erwerbstätigen Alleinerziehenden mit Hartz-IV-Bezug reicht das Einkommen, auch wegen der Minijobs, zum Leben nicht aus. Diese Alleinerziehenden sind sogenannte Aufstocker*innen.

Armut grenzt Kinder aus Armut ist weiblich und alleinerziehend. Das Verheerende daran ist, dass die Armut der alleinerziehenden Mütter (und Väter) großen Einfluss auf die Entwicklung ihrer Kinder hat – unabhängig vom Bildungsstand oder der liebevollen Zuwendung ihrer Eltern.[60] Armut betrifft 2,8 Millionen Kinder in Deutschland. Sie ist der Grund dafür, dass Kinder zu Hause seltener einen Rückzugsort zum Lernen haben und dass ihnen häufiger ein Computer mit Internet fehlt. Kinder mit einem Mangel an Geld laden seltener Freund*innen nach Hause ein und schlagen die Einladungen bei Geburtstagen häufiger aus, weil sie kein Geld für Geschenke haben – Taschengeld ist in armen Familien nicht drin. Sie werden schlechter gefördert, betätigen sich seltener im Sportverein und lernen eher kein Musikinstrument. Sie haben geringere Bildungschancen. Kino mit der Clique können sie sich nicht leisten, und sie machen sich Sorgen um die finanzielle Situation ihrer Familie.[61] Hier haben wir es also noch einmal schwarz auf weiß: **Vielen Kindern mangelt es nicht an Liebe, aber an Geld.** Oder andersherum: Alleinerziehende sind gemessen an den allgemeinen Ansprüchen bessere Eltern, wenn ihre Geldbörsen gut gefüllt sind. Zaster. Moneten. Mäuse. Kohle. Schotter. Bares. Das wird gebraucht! Geld ist ein gewichtiger Grund dafür, dass es manchen Kindern schlechter geht als anderen. »Kinder von Alleinerziehenden werden benachteiligt, weil Alleinerziehende wesentlich häufiger arm sind als andere Eltern«, schreibt auch die Journalistin und Autorin Christine Finke in *Allein, alleiner, alleinerziehend*.[62] Und für die meisten Kinder in Deutschland ist Armut keine Phase, sondern ein Dauerzustand. Vielleicht geht es dir und deinen Kindern genauso, und du fragst dich, was ihr tun könntet? Das will ich dir gleich beantworten, aber die Missstände sind noch nicht alle aufgezählt.

STEUER(UN)GERECHTIGKEIT

Ich denke, es ist zunächst vernünftig, so richtig wütend zu werden! Verdammt, wie oft habe ich in den vergangenen Jahren an mir gezweifelt? Wie oft habe ich mich selbst für inkompetent oder womöglich nicht fleißig genug gehalten? Wie lange gedacht, dass mein geringes Einkommen meine eigene Schuld sei? Aber: Würde ich das Gleiche von jemandem denken, der gezwungen ist, einen Wasserfall hochzuschwimmen? Denn steuerrechtlich müssen Alleinerziehende genau das tun! Nur war mir das nicht klar – womöglich, weil ich nie verheiratet war? **Wie unfair Alleinerziehende besteuert werden, spüren geschiedene oder verwitwete Alleinerziehende spätestens mit dem Steuerbescheid.** Denn viele von ihnen haben zuvor vom Ehegattensplitting profitiert. Das Ehegattensplitting habe ich im ersten und zweiten Kapitel schon erwähnt. Und auch die Tatsache, dass das Ehegattensplitting verheiratete Paare steuerrechtlich begünstigt, wenn eine*r in Voll- und der*die andere in Teilzeit oder gar nicht arbeitet. Das ist also geschenktes Geld dafür, dass eine Person mehr Zeit für den Haushalt und die Kinder hat! Aber wie funktioniert das genau? Kurz und knackig erklärt: Das Einkommen der Eheleute wird in einen Topf geworfen und dann halbiert. Und für das halbierte Gesamtgehalt wird jeweils die Einkommenssteuer berechnet und mit zwei multipliziert. Die Faustregel: Je größer der Gehaltsunterschied zwischen den Eheleuten, desto dicker die steuerliche Ersparnis. So fördert das Ehegattensplitting das traditionelle Hausfrauenmodell; eine*r übernimmt die Lohnarbeit, eine*r die Care-Arbeit. Aber nach der Scheidung heißt es: Schade-Marmelade! Ohne Ehe keine steuerliche Entlastung durch das Ehegattensplitting.

Der Staat schützt Einelternfamilien nicht Auftritt Reina Becker, Steuerberaterin und alleinerziehende Mutter von zwei Töchtern: Vor dem Tod ihres Mannes ernährte vor allem sie die Familie, ihr Mann bezog eine kleine Rente. Dank des Ehegattensplittings zahlte die Familie vom Haushaltseinkommen 35 Prozent Steuern. Ihr Mann starb 2006, Reina Becker trat im Job kürzer und kümmerte sich um ihre Kinder. Bei der nächsten Steuererklärung der große Schreck: Die Alleinerziehende sollte nun 42 Prozent Steuern auf ihr Einkommen zahlen! Sie überprüfte die Zahlen, alles korrekt. Dann überlegte sie: Was, wenn sie nicht zwei Kinder hätte, sondern ein Kind und einen Ehemann? Der Splittingrechner brachte die Antwort: In dem Fall hätte sie auf den ersten Blick 7700 Euro an Steuern gespart! Unter Berücksichtigung des anzurechnenden Kindergeldes wären es immerhin noch 4000 Euro jährlich mehr in der Haushaltskasse gewesen.

Reina Becker zeigt nicht nur, wie gnadenlos der Staat Alleinerziehende und unverheiratete Familien abzockt. Sondern auch, wie vehement sich der Gesetzgeber wehrt, diesen Missstand zu ändern. Becker hat sich kurzerhand mit einem alleinerziehenden Witwer verbündet; als Team klagen sie sich seit Jahren durch alle Instanzen, bis zum Europäischen Gerichtshof für Menschenrechte.[63] Denn Artikel 6 des Grundgesetzes sagt, dass Ehe und Familie unter dem besonderen Schutze des Staates stehen sollen. Beckers Vorwurf: Faktisch schützt das Ehegattensplitting nicht die Familie, sondern nur die Ehe. Eigentlich würde Becker das Ehegattensplitting in seiner jetzigen Form abschaffen, sagt sie in Interviews. Aber juristisch bliebe ihr nur, für Gleichberechtigung zu streiten.[64] Bisher hatte sie keinen Erfolg mit ihren Klagen, aber die Verfahren sind auch noch nicht abgeschlossen. Das Gesetz zu verändern kann ewig dauern, wenn der gesellschaftliche Druck nicht groß genug ist. Für mehr Aufmerksamkeit hat Becker den Verein *Fair für Kinder* mitgegründet. Und trotzdem: Das Thema Steuern scheint nicht sexy genug zu sein. Offenbar sehen viele nicht, dass es hier um bares Geld geht, nicht nur für Alleinerziehende!

Die Steuerklasse II kann weg *Was erzählst du denn, Anne? Alleinerziehende werden doch durch die Steuerklasse II entlastet,* könnte man nun einwenden. Das dachte ich auch, aber wirklich ernst nehmen kann man die Steuerklasse II nicht. Zumindest nicht, wenn man alleinerziehend und Geringverdiener*in ist: Nach meiner Trennung konnte ich durch meinen Status als Alleinerziehende von der ganz normalen Steuerklasse I in die Steuerklasse II wechseln, das erhöhte mein Nettogehalt um gerade mal vierzig Euro. Also kam ich von 1685 Euro auf 1725 Euro Haushaltseinkommen. Ist das nicht etwas zu wenig dafür, dass ich mich um ein ganzes weiteres Leben kümmere? Ich sah noch mal nach: Der steuerliche Entlastungsbetrag betrug damals 1908 Euro jährlich! Ein hübsches Sümmchen. Aber wo war denn das versprochene Geld, warum landeten jährlich nur 480 Euro mehr auf meinem Konto? Nun, wie bei jedem Steuerfreibetrag bekommt man eben mehr Zaster, je höher das Gehalt ist. Wer weniger verdient, wird also auch weniger entlastet. Unfair oder? Mittlerweile wurde der Entlastungsbetrag auf 4008 Euro angehoben, und die Bertelsmann-Stiftung hat berechnet, dass dabei für Geringverdiener*innen natürlich immer noch nur ein niedriger zweistelliger Betrag abfällt – wer jedoch viel verdient, kriegt nun auch mehr zurück.[65] Die Erhöhung hilft also nur Alleinerziehenden, die entsprechend mehr verdienen. Und jetzt der Vergleich zum Ehegattensplitting: Wäre mein Kind ein erwerbsloser Mann, mit dem ich verheiratet wäre, hätte ich fast 200 mehr im Monat gehabt! Also nicht 1625 Euro, sondern 1810 Euro Gehalt! Ich habe die Zahlen natürlich von der Steuerberaterin Reina Becker selbst überprüfen lassen, und da sie mich schon am Telefon hatte, erzählte sie mir von noch einer Steuer-Sauerei. Bereit?

Der Entlastungsbetrag, also die heute 4008 Euro, gilt nur für »echte« Alleinerziehende. Was das heißt? Stellen wir uns eine Alleinerziehende mit drei Kindern im Alter von fünf, sechzehn und achtzehn Jahren vor: Wenn das achtzehnjährige Kind seine Ausbildung beendet hat und trotzdem weiter zu Hause wohnt, dann wird es steuerrechtlich wie eine zweite Versorgerperson gewertet. Ergo: Die Alleinerziehende wird plötzlich nicht mehr als »echte« Alleinerziehende gewertet und verliert ihren Anspruch. Ihr bleibt also nur übrig, ihr Kind zur Kasse zu bitten oder es aus dem Nest zu stoßen. Wow! Da kann man schon mal auf den Tisch hauen und sagen: In die Tonne mit der Steuerklasse II! Warum wird meine kleine Familie nicht genauso geschützt wie die Ehe?

Eine OECD-Studie hat bereits 2018 gezeigt, dass kaum ein anderes Land der 38 Mitgliedsstaaten Alleinerziehende so hoch besteuert wie Deutschland. Zum Vergleich: Die Durchschnittsbesteuerung der OECD-Länder für Einelternfamilien liegt bei 15,3 Prozent. Und in Deutschland: bei 31,5 Prozent.[66] Das heißt, ich als Alleinerziehende finanziere die Steuererleichterungen für verheiratete Paare und Familien?!

Atmen wir einmal durch und halten diese wichtigen Fakten fest: Alleinerziehende kümmern sich nicht nur um ihre Kinder und unsere künftigen Rentenzahler*innen. Nein, sie arbeiten auch noch relativ mehr als Eltern in Paarbeziehungen, um dann relativ mehr Steuern zu zahlen als kinderlose Ehepaare. Entschuldigung, aber: Was für ein Upfuck. Da kann ich eine Mutter aus Heilbronn gut verstehen, die 2007 ein Gewerbe zur »Aufzucht und Pflege von Säugetieren« beim Finanzamt angemeldet hatte, um ihre Kinder von der Steuer abzusetzen. Der Schwindel flog auf, als Experten der Arbeitsgruppe für Umwelt und Gewerbe sich die »Säugetiere« ansehen wollten.[67] Allein wegen der Idee hätte ich ihr das Geld gegönnt. Vielleicht war sie inspiriert vom Ökonomen Daniel Friedrich List, der 1841 gesagt haben soll: »Wer Schweine erzieht, ist ein produktives, wer Kinder erzieht, ein unproduktives Mitglied der Gesellschaft.«

Kinderzuschlag und Wohngeld Nun räumt das deutsche Steuergesetz die Konten von Alleinerziehenden also leer, und was dann?

Dann kommt das erste Sozialgesetzbuch mit Maske und Cape angeflogen und sagt: »Hey, ich hab hier ein paar schöne Leistungen für dich.« Der Kinderzuschlag, die Leistungen für Bildung und Teilhabe und das Wohngeld erscheinen mir in Anbetracht der Umstände wie Schweigegeld, aber man nimmt in der Not, was man kriegen kann. Insbesondere den Kinderzuschlag kennen viele Alleinerziehende nicht; sie können ihn bei der Familienkasse beantragen, wenn sie mindestens 600 Euro verdienen, ab 2023 sind bis zu 250 Euro pro Kind drin. Und das Gute ist: Er wird bei steigendem Verdienst abgeschmolzen, fällt also nicht plötzlich weg. Übrigens: Alle drei genannten Leistungen lassen sich kombinieren.

Ich weiß, ich weiß! Was für ein Wirrwarr an Leistungen! Ein Glück für alle frischgebackenen Alleinerziehenden, dass es seit 2022 ein Schutzschild gegen Ahnungslosigkeit gibt: Die zwei alleinerziehenden Mütter Annett-Katrin Wohlgemuth und Sigrid Egner haben das gemeinnützige Start-up *Amuvee* gegründet; eine Online-Plattform, die Alleinerziehenden alle wichtigen Informationen, nützliche Angebote und Vergünstigungen auf dem Silbertablett präsentiert. Die beiden Gründerinnen wurden mit dem Emotion-Award geehrt – zu Recht! Innerhalb von drei Minuten habe ich das Programm mit meinen Daten gefüttert (die nicht gespeichert werden, bravo!), und schon erfahre ich, dass ich unter Umständen vom Rundfunkbeitrag befreit werden könnte. Oder wo ich als Alleinerziehende mit Kind günstig Urlaub machen kann. Ich liebe es!

Trotzdem muss ich leider noch mal die Stimmung versauen: Erwerbstätige Alleinerziehende zahlen relativ mehr Steuern, um danach in einer Beschäftigungstherapie aus Anträgen das benötigte Geld wieder reinzuholen? Geht's noch? Als hätten wir nicht sowieso schon genug zu tun! *Atmen, Anne.*

Ein schwacher Trost ist die jahrelange Forderung der Bertelsmann-Stiftung nach einem sogenannten Teilhabegeld, das viele Leistungen vereint und unbürokratisch beantragt werden kann. Und etwas Ähnliches soll 2025 realisiert werden: Das Familienministerium hat im Januar 2023 die ersten Eckpunkte für eine Kindergrundsicherung vorgelegt. Die Idee: Ein großes Leistungspaket statt viele kleine, angepasst an das Einkommen der Eltern. Enttäuschend ist, dass es insgesamt trotzdem nicht mehr Geld gibt, denn im europäischen Vergleich ist das Armutsrisiko bei Einelternfamilien in Deutschland eines der höchsten.

Wohlstandspakete gegen die Inflation Herbst 2022, die Inflation steht bei knapp 8 Prozent. Viele Lebensmittel werden teurer, und in meiner Instagram-Community äußern Alleinerziehende ihre Angst vor der nächsten Strom- und Gasrechnung. Wie bereiten sie sich vor? Andrea schreibt mir:

> »Ich spende seit sechs Monaten mein Blutplasma. Dafür bekomme ich 250 Euro, steuerfrei.«

Und Bianca:

> »Meine größte Sorge ist, dass meine Miete stark erhöht wird und ich mir dann bald nicht mal mehr meine zwei Zimmer am Stadtrand leisten kann. Ich weine dann, wenn es so weit ist.«

Hier und da kommen die Stimmen von Alleinerziehenden auch in der Presse vor: Die Mutter Munique Ruck sagt in einem *Spiegel*-Interview, dass sie für Strom bald über 200 Euro statt 111 Euro bezahlen muss. Was das für ihren Alltag bedeutet? Ruck: »Es ist dann schon so, dass ich noch mehr bei mir verzichte. Dass ich dann halt nur das aufesse, was die Kinder nicht gegessen haben.«[68]

Dass das Jobcenter die Nebenkostenabrechnung im Notfall bezahlt, auch wenn vorher keine Sozialleistungen bezogen wurden, wissen viele nicht: Dafür muss ein Antrag auf Kostenübernahme gestellt werden. Vorausgesetzt wird, dass eine Hilfebedürftigkeit entsteht und nicht etwa verschwenderisch geheizt wurde.[69] Während ich diese Zeilen schreibe, sitze ich sicherheitshalber lieber trotzdem mit Wärmekissen und Tee am Schreibtisch, als die Heizung einzuschalten. Daran kann auch das dritte Entlastungspaket der Bundesregierung nichts ändern, das eigentlich nur den Wohlstand schützt – es ist ein Wohlstandspaket: Das Deutsche Institut für Wirtschaftsforschung (DIW) hatte im September 2022 für *Zeit Online* berechnet, wie gerecht die Maßnahmen des dritten Pakets wirklich sind; vom Inflationsausgleich bei der Einkommensteuer, über das höhere Kindergeld bis zur Senkung der Mehrwertsteuer auf Gas. Das Ergebnis: Geringverdienende Alleinerziehende erhalten im Durchschnitt 496 Euro jährlich durch das Entlastungspaket – das sind 41 Euro pro Monat. Kurios ist, dass reiche Menschen laut Berechnungen noch viel mehr ›entlastet‹ werden: »Eine Familie mit einem Einkommen von 155 104 Euro bekommt 2464 Euro vom Staat erstattet, muss aber nur 2440 zusätzlich für Energie aufwenden. Sie macht also ein Plus von 24 Euro«, schreiben die *Zeit*-Journalisten Marcus Gatzke und Mark Schieritz. Ihr Fazit: Steuersenkungen sind eben kein Mittel, um besonders stark belastete Menschen zu entlasten, im Gegenteil.[70] DIW-Finanzexperte Stefan Bach: »Um die Maßnahmen stärker auf die Mittelschicht zu konzentrieren, wäre zum Beispiel eine Erhöhung der Energiepauschale sinnvoll gewesen, die dann bei höheren Einkommen stärker abgeschmolzen wird als bisher.« Aber das sei politisch nicht durchsetzbar gewesen, weil dazu möglicherweise der Spitzensteuersatz hätte angehoben werden müssen, und dagegen hätte sich die FDP gewehrt. Während ich mit kalten Fingern schreibe, können die 200-Quadratmeter-Eigentumswohnungen beheizt werden wie immer, obendrauf gibt es für Spitzenverdiener*innen genug Geld für eine gute Flasche Wein, Prost auch an alle alleinerziehenden Steuerzahler*innen.

Ob die Erkenntnisse bei der im Winter beschlossenen Gaspreisbremse berücksichtigt wurden? Nö, gleiche Geschichte. Nur wurde dieses Mal der 300 Milliarden schwere »Doppel-Wumms« vom Internationalen Währungsfonds kritisiert: Die geplanten Preissubventionen und Senkungen der Kraftstoff- und Energiesteuer seien nicht das geeignete Mittel, um einkommensarme Menschen zu schützen, gezielte Geldtransfers seien sinnvoller. Auch hier gilt: Dafür müsste Deutschland an das Vermögen der Superreichen ran. Hallo, Politik?! Wie kann es sein, dass man Geringverdiener*innen dermaßen ausquetscht?

»Die Superreichen haben zu viel politischen Einfluss, und Alleinerziehende sind zu beschäftigt, um sich zu wehren«, antwortet meine Freundin Ciani Hoeder am Telefon. Auch ihre Mutter war alleinerziehend, zeitweise lebten sie von den Lebensmittelausgaben der Tafel. Heute ist Ciani Hoeder Journalistin und Autorin, 2021 hat sie ihr erstes Buch *Wut und Böse* veröffentlicht, und aktuell schreibt sie über die deutsche Klassengesellschaft. Sie erklärt mir: »Die reichsten 1 Prozent besitzen ein Drittel des Vermögens in Deutschland, und seit Jahrzehnten diskutieren wir über eine notwendige Umverteilung, weil die Arm-Reich-Schere immer weiter auseinandergeht. Aber jede dieser Debatten wurde irgendwann abgewürgt.« Der Kern des Problems sei, so Ciani Hoeder, dass wir immer noch an die Leistungsgesellschaft glauben. Dass alle die gleichen Chancen hätten und bekommen, was sie verdienten. Und dass nach dieser Definition Alleinerziehende am wenigsten für unsere Gesellschaft leisten. Bitter, oder?

WUT ZUR BETREUUNGSLÜCKE!

Alleinerziehende müssten langfristig in Vollzeit erwerbstätig sein, um der Armut zu entkommen – so ähnlich formuliert es die Bertelsmann-Stiftung.[71] Und verweist gleichzeitig darauf, dass das nicht für alle Menschen gilt. Die Bertelsmann-Stiftung rechnet: Wenn Alleinerziehende kein eigenes Geld verdienen, läge das Armutsrisiko für ihre Kinder bei 96 Prozent. Arbeiten sie in Teilzeit, machen 41 Prozent der Kinder Erfahrungen mit Armut. Gehen Alleinerziehende allerdings in Vollzeit einer Lohnarbeit nach, liegt das Armutsrisiko für ihre Kinder immer noch bei 2 Prozent. Mit zunehmender Erwerbstätigkeit sinkt also das Armutsrisiko für Einelternfamilien. Gleichzeitig ist die Vierzig-Stunden-Woche für die meisten von ihnen eine utopische Vorstellung.

Ohne Betreuung kein Einkommen Es gibt in Deutschland immer noch nicht ausreichend Betreuungsangebote. Ohne einen Kitaplatz oder die Nachmittagsbetreuung im Hort können gerade Alleinerziehende ihre Ausbildungen nicht abschließen und ihre Arbeitsstunden nicht hochschrauben. Manche können gar nicht arbeiten. Hatice berichtet mir auf Instagram:

> »Die deutsche Kitapolitik bremst mich aus! Ich bin promoviert, mein Sohn elf Monate alt und sein Vater seit der Schwangerschaft weg. In meiner Gegend nehmen Kitas zwar Kinder ab einem Jahr auf, aber faktisch kann mir erst in acht Monaten ein Platz angeboten werden, denn die Gruppen sind voll.«

Und selbst wenn Eltern für ihre Kinder dann einen Platz kriegen, können sie mit den kurzen Öffnungszeiten nicht viel anfangen. Besonders im Westen Deutschlands sind viele Kindergärten auf teilzeitarbeitende Mütter eingestellt. An Schulen fehlt die Nachmittagsbetreuung, in Kitas auch. Lin schreibt:

> »Ich wohne auf dem Land, es gibt also kaum Betreuungsangebote. Und der Kindergarten, in den meine Zwillinge gehen, macht jeden Tag um dreizehn Uhr zu. Ohne Mittagessen!«

Auch von Mittagsruhen der etwas anderen Art wird mir berichtet; von zwölf bis vierzehn Uhr sollen da die Muttis ihre Kinder abholen und mit Mittagessen versorgen. Nach dem anschließenden Nickerchen können sie die Kleinen noch mal für zwei Stunden zurück in die Kitabetreuung bringen. So sind viele Mütter den ganzen Tag beschäftigt, nur nicht bezahlt. Und das, obwohl der Bund von 2019 bis 2022 mit dem sogenannten Gute-KiTa-Gesetz die Betreuungsangebote ausbauen wollte und dafür über fünf Milliarden Euro investiert haben soll – nur ist davon nichts zu merken. Aktuell gehen nur 35 Prozent aller Kinder unter drei Jahren in eine Betreuungseinrichtung. Die Journalistin und getrennterziehende Mutter Teresa Bücker zeigt in einem Tweet auf, wie weit wir von der Idee entfernt sind, dass zeitnah alle Eltern erwerbstätig sein könnten: »Würden morgen alle Eltern von Kindern unter drei Vollzeit arbeiten wollen, bräuchte es über 1,5 Millionen neue Plätze. […] Im Zeitraum von 2015 bis 2020 wurden etwa 135 000 zusätzliche Plätze in Kitas und bei Tageseltern geschaffen. Bei dem Tempo bräuchte Deutschland für 1,5 Millionen neue Kitaplätze dann gut fünfzig Jahre.« Gemessen an den tatsächlichen Betreuungswünschen der Eltern werden 2023 wohl rund 380 000 Kitaplätze fehlen.[72] Aber mit dem vier Milliarden schweren KiTa-Qualitätsgesetz soll von 2023 bis 2024 lediglich die Qualität der frühkindlichen Bildung aufgebessert werden – nicht die Zahl der Plätze. Trotz dem 2013 eingeführten Rechtsanspruch auf eine Betreuung werden auch in den kommenden Jahren viele Familien vor vollen Kita- und Hortgruppen stehen. Für Alleinerziehende heißt es demnach: Denk dir was aus! Und sie finden sowieso ständig kreative Lösungen für alles, Natalie schreibt mir:

> »Ich habe das Kinderzimmer untervermietet und mit der Person einen Deal gemacht: Sie zahlt wenig Miete und hilft dafür mehr im Haushalt und bei der Kinderbetreuung. Das war anfangs eine Notlösung, aber jetzt überlege ich, ob wir nicht zusammen in eine größere Wohnung ziehen sollten, in der mein Kind sein eigenes Zimmer bekommt – denn unser Deal hat sich für mein Kind und mich richtig ausgezahlt.«

Ein weiterer Geheimtipp zum kurzfristigen Stopfen eines Betreuungslochs: In manchen Bundesländern können Alleinerziehende über das Jugendamt die dreimonatige Kostenerstattung eines Babysitters beantragen. Handlungsempfehlungen für Berlin finden sich zum Beispiel auf der Webseite der Initiative *Kitakrise Berlin*.[73] Aber eine nachhaltige Lösung ist auch das nicht – gerade auf dem Land scheint sie kaum umsetzbar.

Und was sollen Eltern mit behinderten Kindern sagen? Ich habe mehrere Freund*innen, deren Kinder ewig keinen Platz in einer inklusiven Kita bekommen haben, weil das Angebot hier nicht nur mau, sondern obermau aussieht. Und ich habe Freund*innen, deren Kinder eine Integrationskraft für die Schule und den Hort bräuchten, aber – und jetzt kommt die Pointe – weil die Zeit im Hort im Gegensatz zum Schulunterricht nicht als *notwendig* erachtet wird, gibt es die Integrationskraft nur fürs Klassenzimmer. Die Betreuung endet also zwischen zwölf und dreizehn Uhr. Das heißt für pflegende Eltern, sie dürfen von Erwerbsarbeit allerhöchstens träumen.

Wer dann doch einen Betreuungsplatz ergattert hat, muss in vielen Bundesländern ordentlich Geld auf den Tisch legen. Eine Freundin aus Stuttgart erzählte mir kürzlich, dass sie jeden Monat 500 Euro bezahlt, damit ihre beiden Kinder in die Kita und den Hort gehen dürfen. Ich bin beinahe vom Stuhl gefallen! Wie sollen sich Alleinerziehende die Betreuung leisten? Entweder sie werden durch die Betreuung arm, oder sie sind es schon und können finanzielle Zuschüsse beantragen: »Nach Paragraf 90 Abs. 2 SGB VIII kann das örtliche Jugendamt Ihre Kinderbetreuungskosten ganz oder teilweise übernehmen, falls die finanzielle Belastung durch Tages- oder Kitagebühren den Eltern nicht zuzumuten ist«, schreibt die Journalistin und Autorin Christine Finke im *Finanzplaner für Alleinerziehende* der Stiftung Warentest.[74] Bleibt nur noch die Preisfrage: Wenn ausreichend Betreuungsangebote da wären, würden wir dann wirklich Vollzeit arbeiten *wollen*? Erzieher*innen sagen, dass der Tag im Kindergarten für Kinder auch Arbeit ist. Wer bezahlt also, wenn Alleinerziehende mit kleinen Kindern Vollzeit arbeiten? Können wir kleinen Kindern ruhigen Gewissens die Fünfzig-Stunden-Woche zumuten, während Erwachsene schon mit vierzig Stunden am Ende der Woche kaputt auf die Couch fallen? Und abgesehen von den kindlichen Bedürfnissen: Was macht die Vollzeitarbeit mit Alleinerziehenden? Stefanie schreibt mir:

> »Ich arbeite an einer Uni – also einer stark männlich dominierten Institution. Hier darf man mir nicht anmerken, dass ich mit meinen Kindern, vier und sechs Jahre alt, allein bin. Aktuell bin ich im Bewerbungsverfahren für ein großes Projekt, und sollten sie meine familiäre Situation bemerken, könnte sich das negativ auswirken. Darum lass ich mich durch einen Babysitter und eine Haushaltshilfe unterstützen. Das kann ich mir nur leisten, weil ich gut verdiene.«

Bezeichnend, oder? Sorgeverpflichtungen sind im Berufsleben nicht eingeplant. Eltern sollen ihre Kinder auf zauberhafte Weise – Abrakadabra – verschwinden lassen. Vielleicht fragst du dich jetzt, wie du in Bewerbungsgesprächen mit entsprechenden Fragen umgehen sollst? »In Ihrer Bewerbung sollten Sie sich selbstbewusst präsentieren und nicht auf Ihren Familienstatus eingehen«, schreibt die Journalistin und Autorin Christine Finke. Der Arbeitgeber darf zwar im Bewerbungsgespräch nach der familiären Situation fragen, und Bewerber*innen müssen wahrheitsgemäß antworten. Aber, so Finke: »Es reicht die Auskunft, dass die Betreuung Ihrer Kinder selbstverständlich gesichert ist und es für Sie kein Problem darstellt, das Arbeitspensum, das in der Stellenausschreibung gefordert ist, zu leisten.« Aber wenn niemand fragt, muss auch nichts erzählt werden. Ergo: Alleinerziehende sollen pokern, ihre Karten verdeckt halten. Aber nicht alle können sich Unterstützung leisten.

NEW WORK AUS DER HÖLLE

Eine meiner Freundinnen hat als Pflegekraft in Vollzeit gearbeitet. Ihr Sohn war zwei Jahre alt und die Kita täglich von sechs bis achtzehn Uhr geöffnet – in Berlin keine Seltenheit, und durch die Kitagutscheine vom Jugendamt ist alles kostenlos. Die Erzieherinnen mussten allerdings jeden Tag ein Auge zudrücken, denn der Kitagutschein umfasst maximal neun Stunden täglich, während meine Freundin inklusive ihrer vorgeschriebenen Pause schon die kompletten neun Stunden für die Arbeit braucht. Dazu die An- und Abfahrt von und zur Kita; ihr Sohn war zwischen zehn und elf Stunden täglich in der Betreuung. Und das ging auch nur gut, weil er *besonders gerne* dort war und sich jeden Morgen um fünf wecken ließ. Wenn die Kita zu war oder ihr Kind nicht allzu krank, nahm sie ihn mit zur Arbeit, dann lief er den Tag über mit ihr mit. Und zu Hause, am späten Nachmittag, gab's nur noch Abendbrot für den Kleinen, Zähneputzen und ab ins Bett – denn er musste ja wieder früh aufstehen. Sie hatte gerade noch genug Zeit für die Hausarbeit und ging dann auch schlafen. Mit ihrer Vollzeitarbeit war meine Freundin nicht einkommensarm, dafür hatte sie nun aber keine Zeit mehr. Ihr Fehler?

Das ist nicht »mobiles Arbeiten« Apropos Kind krank! Viele erwerbstätige Eltern haben schon erlebt, dass Chef*innen die Möglichkeiten des Homeoffice missbrauchen. Sie sagen einem zwischen den Zeilen: »Wenn du gefördert werden willst, dann zeige dich gefälligst einsatzbereit, und wenn du einsatzbereit bist, dann holst du jetzt dein Kind ab und arbeitest von zu Hause aus weiter.« Sorry, falls das gerade böse Corona-Homeschooling-Erinnerungen wachgerüttelt hat! Aber wir müssen über dieses gängige Bild von Mama/Papa mit Kind auf dem Schoß und Laptop vor der Nase sprechen, denn das ist nicht wirklich »mobiles Arbeiten«. Das ist New Work aus der Hölle! Wer will schon mit Kind auf dem Schoß arbeiten? Und wer will so sein Kind betreuen? Oder überhaupt ein Familienleben führen? Zugegeben, ich kenne Alleinerziehende, die froh sind über die generelle Möglichkeit, den Computer am Nachmittag auf Stand-by zu stellen, die Kinder abzuholen und dann abends gegen neun Uhr den Laptop noch mal aufzuklappen. Sie sind froh im Sinne von: »So muss ich nicht bis achtzehn Uhr in der Arbeit bleiben.« Und es ist ja auch ein Privileg, denn nicht in allen Berufen kann die Arbeit mal eben nach Hause verlegt oder flexibel in den Abend verschoben werden – denken wir an Zahnarzthelfer*innen, Flugbegleiter*innen, Kassierer*innen und die meisten Handwerksberufe.

Zwar ist ›Flexibilität‹ ein hübsches Wort, aber sie hat auch gravierende Nachteile: »Das mobile Arbeiten wird zwar teils als Gewinn an Autonomie beschrieben, kann jedoch auch durch ständige Erreichbarkeit freie Zeiten einnehmen oder unterbrechen«, schreibt die Journalistin und Autorin Teresa Bücker in *Alle_Zeit. Eine Frage von Macht und Freiheit.*[75] Und das erzeugt Stress, kann sogar krank machen. Der Zeitforscher Karlheinz Geißler sagt in einem Interview mit dem Wirtschaftsmagazin *Brand eins*: »Die Zeitnatur des Menschen verlangt nach Abschlüssen und Anfängen, nach Übergängen, Innehalten und Abbremsen. [...] Das Wochenende, die Feiertage, die Pause, der Feierabend, fixe Zeiten für Mahlzeiten – alles das hatte früher die Funktion von Abstandhaltern.«[76]

Wenn wir uns Vereinbarkeit neu ausdenken könnten, würden wir dann morgen noch so arbeiten wie heute? Ein Blick in die aktuelle Zeitverwendungserhebung des Statistischen Bundesamts (Destatis) schreit uns ein lautes Nein entgegen. Hören wir mal hin: Destatis fragt Menschen in Deutschland, was sie wann und wie viel machen. Die Sparte »Haushaltsführung und Betreuung der Familie« zeigt, dass sowohl Paarfamilien als auch Alleinerziehende täglich viereinhalb bis fast fünf Stunden für Care-Arbeit benötigen.[77] Nun übertragen wir das mal in den Alltag einer Alleinerziehenden, die sich aus der Armut ackert: Nehmen wir kühn an, sie schliefe gesunde acht Stunden täglich und bräuchte nach dem Aufwachen eine Stunde zum Duschen, Anziehen, und Frühstücken. Dazu käme der Weg zwischen der Wohnung und der Kita/Schule und ein Arbeitsweg. Beide Wege hin und wieder zurück – sagen wir neunzig Minuten insgesamt? Dann verbrächte sie inklusive Pause neun Stunden mit Erwerbsarbeit und – um es einfach zu halten – kümmerte sich am Nachmittag und Abend auf einen Schlag viereinhalb Stunden um Hausarbeit und Kinder, die zweite Schicht eben. Schwupps, damit ist der Tag voll, 24 Stunden. Im Durchschnitt! Je jünger die Kinder, desto mehr Care-Arbeit fällt an. Arzttermine? Krankheit? Freund*innenbesuch? Sport? Neue Kleidung besorgen? All das hat in diesem Hamsterrad keinen Platz.

Wie Alleinerziehende im Job benachteiligt werden »Ich würde vorschlagen den Begriff ›Vereinbarkeit‹ zu vergessen«, sagte die Journalistin und Autorin Teresa Bücker in einem Vortrag. Nicht zuletzt, weil er die meisten Menschen nicht mitmeinen kann. Denn die Vierzig-Stunden-Woche ist auf einen veralteten Optimalfall ausgelegt: Auf den stereotypen Fünfzigerjahre-Familienvater. Auf einen Menschen, der stets verfügbar ist, auch für Überstunden oder spontane Einsätze, und der am Abend in ein sauberes Heim kommt, mit versorgten Kindern und warmem Essen auf dem Tisch. Und leider gilt in vielen Berufen immer noch: Wer nicht einen auf voll arbeitenden Ernährer machen kann, wird abgestraft!

Ich hätte mein Kind ebenso wie meine Freundin jeden Tag zehn oder elf Stunden in der Kita lassen können. Aber ich wollte nicht. Mein Weg war der Gegenentwurf zu meiner eigenen Kindheit, in der ich zu wenig Zeit mit meiner Mutter hatte. Immerhin hatte ich im Gegensatz zu ihr die Wahl, weil ich mit 24 Stunden genug zum Überleben verdiente.

Die Konsequenz meiner Teilzeit war, dass man mich aufs Abstellgleis schob. Ich schrieb die meiste Zeit keine Artikel, sondern versauerte in den Kommentarspalten als Social-Media-Managerin. Wobei der Titel spannender klingt als das, was ich die meiste Zeit wirklich tat: Ich postete die Artikel meiner Kolleg*innen auf Twitter, Facebook und Instagram, manche gingen durch mich über den WhatsApp-Newsletter raus. Dann las ich die Kommentare unserer Leser*innen und ›managte‹ die wichtige Entscheidung, ob sie öffentlich stehen bleiben durften oder nicht. Tagein, tagaus. Ich hasste meinen Job zunehmend. Dabei hatte ich viel Ahnung von Social Media und seinen Potenzialen! Ich hatte meine Abschlussarbeit über Youtube geschrieben und über die Frage, wie der öffentlich-rechtliche Rundfunk die Plattform nutzen könnte, um eine jüngere Zielgruppe zu erreichen, denn damals gab es dort nur zwei Angebote. Ein brandheißes

Zukunftsthema! Also: Ich war gut qualifiziert für den Job, aber es gab kein Budget für sinnvolle Projekte. Im Gegenteil: Überall wurde gekürzt. Damit war die Zeit, die ich in der Arbeit verbrachte, der perfekte Nährboden für ein Bore-out; ich hatte viel zu tun und war gleichzeitig ermüdend unterfordert. Auch das kann krank machen.

Aber, es liegt mir in der Natur: Wenn mich etwas stört, dann ändere ich es. Und ich kann sehr hartnäckig sein. Also verbrachte ich die nächsten zwei Jahre damit, meine Vorgesetzten um andere Aufgaben zu bitten. Ich wollte schreiben. »Ich gehe hier ein«, sagte ich irgendwann zu einer mir vorgesetzten Person, die Antwort: »Gib dein Kind zum Vater und steig in Vollzeit ein, dann kriegst du auch die spannenden Aufgaben.«

Harter Tobak, oder? Ein solcher Satz fällt unter die Kategorie »Caregiver Discrimination«, auch Elterndiskriminierung genannt. Dagegen könnte man rechtlich vorgehen, nur gibt es diese Diskriminierungsform noch gar nicht im deutschen Gesetz, und das sicherlich auch, weil es bis 2022 noch keine handfesten Zahlen dafür gab. Erstmals belegt die Antidiskriminierungsstelle des Bundes mit einer im Mai veröffentlichten Studie das gesamte Ausmaß von Elterndiskriminierung, das sich bei Alleinerziehenden und pflegenden Eltern zuspitzt. Die Studie zeigt, dass knapp 70 Prozent der Mütter im Job diskriminierende Erfahrungen machen, die mit ihren Aufgaben als Eltern zusammenhängen. Sie werden vermehrt gemobbt, versetzt, sollen plötzlich nur noch Azubi-Aufgaben übernehmen oder werden sogar gekündigt. Das ist auch der Rechtsanwältin Sandra Runge passiert: Ihr wurde direkt nach der Elternzeit gekündigt. Zwar werden Mütter und Väter in der Schwangerschaft und der Elternzeit rechtlich geschützt, aber danach nicht mehr. Das will Sandra Runge ändern. Sie fordert, dass die Diskriminierung von Fürsorgeleistenden ins Allgemeine Gleichbehandlungsgesetz (AGG) aufgenommen wird. Das besagt nämlich bisher nur, dass Menschen aufgrund ihrer Religion,

Herkunft oder Sexualität, ihres Geschlechtes oder Alters oder einer Behinderung nicht benachteiligt werden dürfen. Was fehlt: das Merkmal Fürsorgeverantwortung. Das gibt es beispielsweise bereits in Finnland, wo Männer und Frauen 2021 erstmals gleich viel Zeit mit Erwerbs- und Sorgearbeit verbracht haben. Um das auch in Deutschland zu erreichen, hat **Sandra Runge** zusammen mit der Journalistin Karline Wenzel die Initiative #proparents gegründet und ein Buch mit dem eingängigen Titel *Glückwunsch zum Baby, Sie sind gefeuert!* geschrieben. Wir wollen sie fragen: Was tun bei diskriminierenden Erfahrungen im Job?

» ALLEINERZIEHENDEN IM JOB DEN RÜCKEN STÄRKEN

Du beschäftigst dich seit zehn Jahren mit dem Thema der Elterndiskriminierung im Job. Womit haben Alleinerziehende besonders zu kämpfen?

Für Alleinerziehende ist der Arbeitsmarkt schwer zugänglich. Das beginnt schon im Lebenslauf: Soll man die familiäre Situation angeben oder weglassen? Schreibt man die Info offen rein, könnte man direkt aussortiert werden. Studien belegen, dass Mütter dreimal so viele Bewerbungen schreiben müssen wie kinderlose Frauen. Bei Vätern machen Kinder im Lebenslauf keinen Unterschied. Und dann hatte ich mal den Fall einer alleinerziehenden Mutter, die beim Bewerbungsgespräch mit Fragen über die Kinderbetreuung gelöchert wurde, wie sie das bitte hinkriegen würde. Sie bekam den Job nicht. Leider war hier die Diskriminierung schwer zu beweisen.

Und wenn Alleinerziehende den Job doch bekommen …

… werden sie häufiger als andere nur befristet angestellt. Mir scheint, Arbeitgeber*innen sind skeptisch, ob sie die Arbeit auch wirklich schaffen. Und nicht nur das: Obwohl die Zusammenarbeit gut war, werden manche einfach wieder und wieder befristet. Aber: Arbeitgeber dürfen Verträge grundlos nur zwei Jahre befristen, danach muss ein unbefristeter Vertrag her!

Nur scheint der unbefristete Vertrag nicht vor Benachteiligung zu schützen. Wie sieht Caregiver Discrimination hier konkret aus?

Zum Beispiel: Eine frisch getrennte Alleinerziehende, die ihre Arbeitszeit auf Teilzeit runterschrauben muss, weil sie nun mehr Sorgeverantwortung trägt, muss unbedingt mitdenken, dass sie später kein Recht darauf hat, ihre Arbeitszeit wieder zu erhöhen. Hier schnappt die Teilzeitfalle zu. Darum: Vereinbaren Sie Teilzeit in Elternzeit oder eine sogenannte Brückenteilzeit, also einen begrenzten Zeitraum für die Teilzeit. Dann weiß man sicher: In zwei Jahren habe ich wieder ein Recht auf Vollzeit. Und dann kann man wieder neu verhandeln.

Kann die Teilzeit in Elternzeit auch abgelehnt werden?

Ja, nämlich aus »dringenden betrieblichen Gründen«. Aktuell begleite ich solch einen Fall: Eine alleinerziehende Mutter in Schichtarbeit will die Arbeitszeit reduzieren. Ihr Arbeitgeber sagt, er könne keine Teilzeit anbieten, das sei im Schichtplan nicht möglich. Eine seiner Aussagen: »Teilzeit ist ein Fehler im System.« Da weiß man schon Bescheid. Die Mutter sagt, sie kenne den Schichtplan und wüsste, dass Teilzeit in ihrem Betrieb möglich sei.

Das nächste Problem: Vorgesetzte, die sich rächen. Man kennt Geschichten von Eltern, die aus dem Job gemobbt werden …

Ich habe kürzlich einen Vater vertreten, der nach der Elternzeit plötzlich Aufgaben bekommen hat, die mit seinem Job vor der Elternzeit nichts mehr zutun hatten. Also haben wir in seinen Arbeitsvertrag geschaut und konnten anhand seiner Jobbeschreibung beweisen, dass seine neuen Aufgaben nicht gleichwertig waren. Darauf konnten wir uns berufen, denn Unternehmen dürfen nur im Einvernehmen mit ihren Angestellten den Arbeitsvertrag anpassen. Man kann also auf vertragsgemäße Beschäftigung klagen. Es ist leider so: Chef*innen verhalten sich manchmal unprofessionell oder kennen die rechtliche Lage nicht.

Umso schlimmer für Alleinerziehende, die moderne Arbeitsbedingungen einfordern *müssen*. Wer oder was stärkt ihnen den Rücken?

Der Betriebsrat oder, noch besser, die Frauen-/Gleichstellungsbeauftragte im Unternehmen. Ich empfehle allen Arbeitnehmer*innen zudem, Allianzen zu bilden, sich zu vernetzen und offen über Probleme zu sprechen – sie betreffen meist nicht nur die eine Person. Alleinerziehende sollten zudem eine Rechtsschutzversicherung haben, damit sie ihre Rechte einklagen können. Beispiel Kündigung: Gegen eine Kündigung, die ausgesprochen wurde, muss man innerhalb von drei Wochen klagen, sonst ist sie wirksam – ob gerechtfertigt oder nicht. Wer auf sein Einkommen angewiesen ist, muss also reagieren. Ohne Rechtsschutzversicherung kann es schnell teuer werden. Bei dem durchschnittlichen Gehalt einer alleinerziehenden Mutter kommen schnell Anwaltskosten von tausend Euro zusammen. Bei höheren Gehältern wird's noch teurer.

Was, wenn man sich die Rechtsschutzversicherung nicht leisten kann?

Dafür gibt es Prozesskostenhilfe! Die kann man beantragen, wenn das Geld nicht reicht. Was außerdem viele nicht wissen: Vom Amtsgericht kriegen Geringverdiener*innen Beratungsscheine – das sind quasi Gutscheine, mit denen man sich eine Rechtsberatung aussuchen kann. Und auch die Antidiskriminierungsstelle des Bundes hilft in solchen Fällen, oder die Antidiskriminierungsstellen auf Landesebene. Ich kenne eine Alleinerziehende, die sich an eine solche Stelle gewendet hat, weil sie aufgrund ihrer Schwangerschaft einen geringeren Gehaltsbonus als ihre Kolleg*innen bekommen hat. Die

Antidiskriminierungsstelle hat sich in den Fall eingeschaltet, und der Arbeitgeber musste einlenken.

Was genau bringt es Eltern, sich zu wehren? Wollen sie denn noch in einer Firma arbeiten, in der sie schlecht behandelt werden?

Nein, viele wollen das nicht. Und genau das führt auch in 90 Prozent der Fälle zu einem sogenannten Vergleich. Meistens ist es so: Eltern klagen, der Arbeitgeber erkennt, dass er den Fall verlieren wird, und bietet neben der Kündigung eine Abfindung an. Dass Arbeitnehmer*innen dieses Angebot meist annehmen, ist menschlich absolut verständlich. Aber rechtlich ist es schade, denn dadurch gibt es kein Urteil. Und mit einem Urteil hätte man eine Rechtssprechung, auf die ich als Anwältin beim nächsten Mal vor Gericht verweisen könnte oder die Eltern im Internet raussuchen und direkt ihren Chef*innen unter die Nase halten könnten. So versandet alles im Privaten. Das fällt auf Alleinerziehende zurück, die weniger Ressourcen haben, um sich zu wehren. Darum kriegt kriegen alle Eltern, die ein richtungsweisendes Urteil erstreiten, einen Orden von mir.

How to: Kündigen Ich habe 2019 die Kündigung eingereicht. Nach all der Quälerei war das eine Befreiung für mich. Wie einatmen, nachdem ich lange die Luft angehalten hatte. Überlastung, veraltete Arbeitsstrukturen, zu wenig Wertschätzung, all diese Faktoren haben sich während der Pandemie nicht nur für Alleinerziehende, sondern für Arbeitnehmer*innen generell noch deutlicher gezeigt, sodass Wirtschaftswissenschaftler*innen mittlerweile von einer »Great Resignation«, einer großen Kündigungswelle sprechen. Laut einer weltweiten Befragung in 146 Ländern fühlt sich jede*r zweite Arbeitnehmer*in im Job so gestresst wie nie zuvor.[78] Und seit Beginn der Pandemie wird immer häufiger gekündigt, obwohl die Arbeitslosenquote hoch ist – normalerweise halten Arbeitnehmer*innen nämlich genau dann am Job fest, um nicht zu viel arbeitssuchende Konkurrenz zu haben. Aber die Angst, keinen neuen Job zu finden, überwog auch bei mir nicht die Belastung, die von meiner Arbeit ausging.

Ich knallte die Kündigung nicht spontan auf den Tisch, auch wenn das schön theatralisch gewesen wäre. Ich prüfte meine Entscheidung, schlief drüber, wog ab. Und dann planten mein Hausarzt und ich meine Kündigung sorgfältig. Denn wenn man ohne »triftigen Grund« kündigt, dann hat man in den ersten drei Monaten nach der Kündigung keinen Anspruch auf Arbeitslosengeld 1 (ALG I). Anders ist es, wenn man aus gesundheitlichen Gründen kündigt, zum Beispiel weil die Arbeit einem die Lust am Leben nimmt: Dann können Hausärzt*innen ein Formular mit dem Titel »Beendigung des Beschäftigungsverhältnisses auf ärztlichen Rat« ausfüllen. Der Ablauf muss unbedingt stimmen, dazu sollte man sich vom Jobcenter beraten lassen. Bei mir hieß es: Erst das Formular ärztlich ausfüllen lassen, dann kündigen und anschließend innerhalb von drei Werktagen die Kündigung beim Jobcenter bekannt geben. Ich überreichte meinem Chef also die Kündigung, und dann ging ich zum Jobcenter und meldete mich arbeitslos. Mein ALG I wurde auf ein Jahr festgesetzt, mit Kind bekam ich 67 Prozent des vorherigen Nettolohns. Ich hatte also monatlich 938 Euro zur Verfügung und keinen Plan, wie es weitergehen würde. Aber vor mir stand ein freier Sommer. Und ich dachte: Erst der Sommer, dann die restliche Zukunft.

WANTED: MODERNE CARE- UND ARBEITSKULTUR

Ich kenne viele alleinerziehende Mütter und auch Mütter in Paarbeziehungen, die sich mit ihren Ideen und Talenten selbstständig gemacht haben, manche von ihnen führen heute eigene, etablierte Unternehmen oder Start-ups. Und auch für mich ging es mit der Selbstständigkeit weiter. Und das per Zufall: Als ich wenige Tage nach der Kündigung auf Instagram über weibliche Wut geschrieben hatte, bekam ich eine E-Mail von der *Brigitte*-Redaktion: Sie beauftragten mich mit einer Titelgeschichte zum Thema, für 1200 Euro! Die freien Journalist*innen aus meinem Netzwerk ackerten sich an derselben totgesparten Zeitung ab, aus der ich gerade gekommen war, und verdienten pro Artikel zwischen 200 und 300 Euro. Für gut eine Woche Arbeit! Wie hätte ich als Alleinverdienerin so überleben können? Darum bemühte ich mich gar nicht erst um einen Auftrag bei einer der Berliner Zeitungen. Aber nun, nach dem Angebot der *Brigitte*, tat sich für mich ein neuer beruflicher Weg auf. Also machte ich einen Deal mit mir selbst und gab mir zwei Jahre zum Ausprobieren – und gerade die waren besonders hart, weil ich nach dem ersten Jahr direkt in eine Pandemie hineinschlitterte. So musste ich im Anschluss an das ALG I noch mal von April 2020 bis Oktober 2020 Hartz IV beziehen, weil in den Redaktionen zunächst ein Auftragsstopp verhängt wurde. Ich war also eine der Aufstocker*innen, die ich eingangs erwähnt habe, bekam 700 Euro monatlich, dazu das Kindergeld und einberechnete Einnahmen von 200 Euro monatlich. Und ehrlich: Diese Phase mit Hartz IV hat mir am meisten Angst gemacht, weil ich fürchtete, mich irgendwo zu verrechnen und am Ende Schulden beim Jobcenter zu machen. Ich dachte, sie prüfen nach den sechs Monaten meiner Bewilligung alle meine Einnahmen und würden dann Geld von mir zurückfordern, das ich nicht mehr hatte. Aber am Ende passte alles, die Aufträge aus den Redaktionen liefen wieder an, und ich hoffte, nie wieder Hartz IV beziehen und in dieser Angst leben zu müssen. Die Armut begleitete mich trotzdem noch eine Weile. Anstatt während eines Engpasses vier Monate später doch wieder Hartz IV zu beantragen, ging ich im Februar 2021 lieber zum An- und Verkauf, um mein bisschen Erbschmuck gegen 200 Euro einzutauschen, die mir für den nächsten Monat in der Geldbörse fehlten.

Nein, die Selbstständigkeit ist, im Gegensatz zum Angestelltenverhältnis, auch keine Oase am Schreibtisch – obwohl Travel-Influencer*innen, die laut ihrer Instagram-Feeds mit Laptop am Strand sitzen, diesen Eindruck verkörpern. Also kurz Tacheles: Selbstständigkeit bedeutet, dass man besser nicht krank werden sollte, weil Ausfälle den Verlust von Kund*innen oder Aufträgen nach sich ziehen können. Krankenkassenbeiträge müssen selbst abgeführt werden, und viele Alleinerziehende haben am Ende nicht mehr genug Geld übrig, um für ihre Rente zu sparen. Etwas anders läuft es in der Künstlersozialkasse, über die sich Künstler*innen und Publizist*innen versichern lassen können: Hier zahlt der Bund so etwas wie den Arbeitnehmeranteil an Kranken-, Pflege- und Rentenversicherung, sodass man selbst oft recht günstig versichert ist. Außerdem gibt es keinen bezahlten Urlaub, keine bezahlten Krankheitstage und keinen Mutterschutz. Selbstständige Alleinerziehende arbeiten also im wahrsten Sinne **solo, selbst & ständig**. Immerhin: Einen Hoffnungsschimmer beim Thema Mutterschutz schenkt uns die Tischlermeisterin Johanna Röh, die sich für mehr Gerechtigkeit einsetzt: Sie hat 2022 mit einer Petition im Bundestag einen bezahlten Mutterschutz für selbstständige Schwangere gefordert. Über 100 000 Menschen haben unterzeichnet, so durfte Röh ihr Anliegen persönlich im Bundestag vortragen. Das Ergebnis steht noch aus.[79] Nun ist die Selbstständigkeit aber keine Lösung für alle. Daher die Frage: Woran erkennen Alleinerziehende familienfreundliche Arbeitgeber*innen?

Was ist familienfreundlich? Nico war achtzehn Jahre alt, als er seinen Sohn Finn bekam, die Mutter verließ beide. Danach musste Nico nicht nur dem Jugendamt beweisen, dass er ein guter Vater für Finn sein konnte, sondern auch ohne Job eine Wohnung ergattern, für Finn einen Kitaplatz finden und jede Menge Anträge stellen, etwa auf Sozialhilfe und die Erstausstattung der Wohnung – dafür zahlt das Jobcenter. Und schließlich stand auch eine Ausbildung für Nico an. »Ohne Kind hätte ich mehr Chancen, ich könnte mehr Flexibilität anbieten und längere Arbeitszeiten«, erzählt der alleinerziehende Vater in einem Videobeitrag des Funk-Formats *Tru Doku*. »Ich könnte auch an Samstagen arbeiten. Ich könnte Überstunden scheffeln, alles kein Problem. Aber mit Kind kann ich das nicht bieten.« Nico bewirbt sich über ein Jahr auf Ausbildungsplätze, aber nur ein Unternehmen antwortet. Und dort arbeitet er nun. »Ich habe eine 28-Stunden-Woche, und mein Chef sagte zu mir, dass wenn mein Kleiner krank wird und ich einen Anruf von der Kita bekomme, ich ihn sofort holen soll, denn Familie ist das Wichtigste. […] Das erwartet man vom eigenen Chef gar nicht. Das fand ich stark.«

Aber, nur zur Info, bevor wir unseren neuen Arbeitgeber*innen die Füße küssen: Unternehmen tun sich mit mehr Flexibilität auch selbst einen Gefallen! Maßnahmen zur Vereinbarkeit rechnen sich, je nach Betriebsstruktur sogar mit einer Rendite von 25 Prozent.[80] Denn durch eine gute Bindung der Mitarbeiter*innen müssen nicht ständig neue Bewerbungsgespräche geführt und Menschen eingearbeitet werden. Das kostet jedes Mal Tausende von Euros.

Ciao, alte Vollzeit! Im Herbst 2022 war ich auf einer Fachtagung von *Zukunftsforum Familie e.V.* – einem Verein, der sich für eine moderne Arbeitskultur einsetzt. Hier stellte die Projektleiterin Kirsten Frohnert fest, dass der Fachkräftemangel in Deutschland Arbeitnehmer*innen in eine vorteilhafte Position bringt: Sie können sich

Arbeitsplätze bewusster aussuchen! »Unternehmen müssen sich daher fragen, was sie überhaupt noch attraktiv macht für Arbeitssuchende.« Wer gute, familienfreundliche Jobangebote mache, bekomme bessere Bewerbungen und motiviertere Mitarbeiter*innen – auch in Führungspositionen. Beispiel: Bianca ist Teamleiterin im Kundenservice und schreibt mir:

> »Damit die Teamleitung in Teilzeit funktioniert, müssen alle mitziehen. Ich lege meine Arbeitszeit so, dass ich alle Kolleg*innen einmal pro Woche sehe. Meistens bin ich von acht bis vierzehn Uhr auf Arbeit, zweimal die Woche arbeite ich später – also zehn bis sechzehn Uhr –, um auch die Spätschichten mal länger zu sehen. So merkt auch mein Team, dass ich nahe an ihnen dran bin.«

Zurück zur Fachtagung, denn die hat mir richtig Hoffnung gemacht: Kirsten Frohnert arbeitet bei *Erfolgsfaktor Familie*, einem vom Familienministerium geförderten Netzwerkbüro, das Unternehmen hilft, sich familienfreundlicher auszurichten. Unternehmen könnten sich nicht länger nur auf Homeoffice-Angebote oder Betriebskitas konzentrieren. Denn die Erfahrung zeige, dass vor allem Mütter trotzdem nur in Teilzeit arbeiten. Gleichzeitig könnten diese Mütter die Lösung für den Fachkräftemangel sein – wenn sie die Arbeitsstunden erhöhen. »Viele Unternehmen müssen sich fragen, wie sie ihre Angestellten mit Kindern aus der 15- oder 25-Stunden-Woche herauslocken können«, sagt Frohnert. Besonders makaber: Ein Unternehmen habe diesen teilzeitarbeitenden Müttern eine kostenlose Rentenberatung angeboten, damit sie sich schnell in die Vollzeit begeben. Gebracht hat es aber wenig. Frohnert: **»Wer Frauen fördern will, muss Männern Angebote machen.«** Denn die fehlten zu Hause bei der Kinderbetreuung und im Haushalt. Sobald Väter mehr Care-Arbeit übernähmen, könnten Mütter auch mehr arbeiten. Man ist sich einig auf der Fachtagung: Unternehmen müssen sich von der vollen Verfügbarkeit der Arbeitskraft von Männern verabschieden. Das Ziel lautet: Dreißig Stunden als neue Vollzeit. Und das ist auch eine gute Nachricht für Alleinerziehende, die durch die Vierzig-Stunden-Woche abgehängt werden!

Tipp: Auf der Webseite von *Erfolgsfaktor Familie* finden Alleinerziehende familienfreundliche Unternehmen, praktisch per Suche nach Postleitzahl. Weitere Siegel bringen noch mehr Ergebnisse; Alleinerziehende können nach *audit berufundfamilie* suchen, *ausgezeichnet familienfreundlich* oder *Familienfreundlicher Arbeitgeber* von der Bertelsmann-Stiftung. Und der Wechsel kann sich lohnen, schreibt mir Johanna, die als Teamleiterin bei einem IT-Dienstleister arbeitet:

> »Ich würde immer wieder bewusst in einem mittelständischen Unternehmen anfangen, gerade Quereinsteiger*innen sind gern gesehen, und man bekommt sehr früh die Möglichkeit, Rollen zu übernehmen, die außerhalb des eigenen Tellerrandes liegen. Mein Tipp ist außerdem, Positionen und Rollen zu wechseln. Immer ins kalte Wasser springen!«

Aber auch immer mehr Start-ups ohne Siegel gestalten Arbeit neu: Die Berliner Mutter Katharina Florian hat beispielsweise in Berlin den Reinigungsdienst Kehrwork gegründet – mit einer Vollzeit von dreißig Stunden pro Woche und Hilfestellungen für Angestellte bei Anträgen für Sprachkurse oder bei Behörden. Katharina Florian erzählt mir bei einem persönlichen Kennenlernen, dass ihr Unternehmen viel schneller wächst, als sie es erwartet hätte. Arbeitsbedingungen wie ihre sind eben gefragt.

ERSTE HILFE: ARBEIT UND GELD

AUF WOHNUNGSSUCHE

- Sozialwohnungen mit Wohnberechtigungsschein (WBS) sind günstiger!
- Falls du eine WG gründest, bitte beachte: getrennte Haushaltsführung, zum Beispiel durch Untermietvertrag, um Sozialleistungen und Vergünstigungen nicht zu verlieren.

CHECK: SO KOMMT GELD IN DIE KASSE

1. ANSPRUCH AUF BETREUUNGSUNTERHALT vom anderen Elternteil haben Alleinerziehende mit Kindern unter drei Jahren – egal, ob sie verheiratet waren oder nicht. (Achtung: auch hier gilt ein Selbstbehalt für den unterhaltspflichtigen Elternteil!)
2. IN STEUERKLASSE II (die Steuerklasse für Alleinerziehende) wechseln, das bringt je nach Einkommen monatlich zumindest einen zweistelligen Betrag in die Kasse.
3. SOZIALLEISTUNGEN: Kindergeldzuschlag & Leistungen für Bildung und Teilhabe bei der Familienkasse beantragen, Wohngeld beim Wohnungs- und Bürgeramt. Ab 2025 greift die Kindergrundsicherung.

MERKE: Überblick über individuell passende Leistungen auf der Webseite von www.amuvee.de!

BEI BETREUUNGSENGPÄSSEN IN DER KITA: Beim Jugendamt die (maximal) dreimonatige Kostenerstattung eines Babysitters beantragen.

GELD SPAREN: Das Jugendamt übernimmt Kitakosten ganz oder teilweise, falls die finanzielle Belastung durch Tages- oder Kitagebühren nicht zuzumuten ist.

WORK, WORK, WORK

- Vereinbare eine Brückenteilzeit mit deinem Arbeitgeber, damit du nach dem festgelegten Zeitraum wieder Anspruch auf mehr Arbeitsstunden hast.
- Diskriminierung auf Arbeit? Prozesskostenhilfe beantragen, dafür gibt es Beratungsscheine vom Amtsgericht für die anwaltliche Beratung.
- Familienfreundliche Arbeitgeber finden: bei Erfolgsfaktor Familie, audit berufundfamilie, ausgezeichnet familienfreundlich, Familienfreundlicher Arbeitgeber ...

WAS ICH DIR NOCH SAGEN WILL: Ich bin heute der Vergangenheits-Anne sehr dankbar dafür, dass sie ihre sichere Festanstellung gekündigt hat. Darum will ich dich ermutigen: Das Leben ist zu kurz, um in einem Job zu versauern, bei dem du nicht wertgeschätzt wirst!

KOPF UND KÖRPER

Ich habe fünf Jahre nicht richtig geschlafen. Das fing ein paar Monate nach der Trennung an; damals brauchte ich abends noch dringend Zeit für mich, nachdem ich mein Kind schlafen gelegt hatte. Aber müde wie ich war, schlief ich oft mit ihm ein und wurde erst gegen Mitternacht oder zwei Uhr morgens wieder wach. Dann stand ich auf und ging ins Wohnzimmer, sah ein paar Folgen meiner Lieblingsserie und legte mich ein, zwei oder drei Stunden später wieder hin. Nachträglich kann ich sagen: Schlechte Idee! Denn ein paar Jahre später konnte ich von Tiefschlaf nur noch träumen. Erholsamer Schlaf hatte sich schleichend zu meiner größten Sehnsucht entwickelt. Und im November 2020 war es am schlimmsten, damals fühlte ich mich so weit weg von stark wie noch nie in meinem Leben: Meine Schlafstörung hielt mich jeden Abend stundenlang wach, ließ mich nach ewigem Herumliegen und Herumwälzen gegen zwei Uhr in einen Halbschlaf sickern und holte mich gegen vier oder fünf Uhr wieder zurück. Ich probierte Schlaftabletten aus, aber wachte am nächsten Morgen nicht nur müde, sondern auch duselig im Kopf auf. Dann las ich, dass Schlaftabletten den Tiefschlaf unterdrücken. Also warf ich sie weg und holte mir echte Hilfe. Denn da war noch so viel mehr als nur die Schlafstörung. Mehr, als ich allein bewältigen konnte.

Ich betrat das Zimmer von Frau M. an einem nebeligen Novembermorgen. Es war spärlich eingerichtet: grauer Fußbodenteppich, weiße Wände, keine Bilder oder anderer Schnickschnack. Auch keine Aussicht, denn der Nebel drängte ans Fenster, sodass ich den Glockenturm, der etwa fünfzig Meter entfernt stand und gerade zehnmal geschlagen hatte, nur erahnen konnte. Eine Art Massageliege stand links neben der Tür, aber ohne Loch fürs Gesicht, dafür mit einer Auflage aus Schafswolle. Ich ging an der Liege vorbei und ließ mich in einen der roten Sessel sinken, Frau M. setzte sich gegenüber. Sie war etwa siebzig Jahre alt, hatte kurze bordeauxrote Haare, der Körper zierlich, ihr Blick zuversichtlich. Sie nahm Notizblock und Stift von der Fensterbank neben sich und fragte: »Was führt Sie zu mir, Frau Dittmann?« Ich hatte mit der Frage gerechnet, weil Psychotherapien bekanntlich so beginnen. Aber ich hatte trotzdem keine Antwort parat. Zumindest keine, die in einen Satz passte. Meine Antwort war, halb nervös, halb verlegen an meinem Schal zu fummeln und dann loszuheulen. Ich konnte nicht anders. Weil die ganze Misere nur noch zum Heulen war. Was sagt man, wenn man nicht mehr weiß, wie man richtig schläft? Wie man sich ein Brot schmiert, ohne danach völlig fertig zu sein? Wie leben geht? Ja, da war noch so viel mehr als nur der Schlaf – und alles davon war schwer auszusprechen, weil ich mich schämte.

Die große Misere war, dass ich den ganzen Tag im Bett lag, schon seit zwei Monaten. Ich konnte mich nicht mehr aufraffen. Das heißt, ich stand morgens noch auf, zog mir irgendwelche Sachen über, brachte mein Kind in die Kita und ging wieder nach Hause. Dann bemühte ich mich, in der Aufrechten zu bleiben, mich nicht wieder hinzulegen. Die Aufgaben wurden schließlich immer drängender: Ich musste endlich die Wohnung putzen, Briefe öffnen, Mahnungen bezahlen, arbeiten. Aber mein Körper fühlte sich an wie ein Stein, der ins Meer geplumpst war. Nur sank er ins Bett.

Wenn ich nicht im Bett lag, war das Leben nicht auszuhalten. Dann hielt ich es nicht aus, den Geschirrspüler auszuräumen oder das Katzenklo zu säubern oder mir selbst etwas zu kochen. Jeder Handgriff war unendlich mühsam. In der Küche zu stehen war mühsam. Atmen war mühsam. In mir schien es weder Muskeln noch Antrieb zu geben. Jede Bewegung war schwerfällig. Also fiel ich trotz größter Anstrengungen jeden Tag aufs Neue in mich zusammen. Ich konnte nicht anders. Und wenn ich dann in meinem Bett lag, bemühte ich mich, den Laptop nicht einzuschalten und nicht auf Netflix zu gehen. Aber ich schaltete ihn doch ein und ging auf Netflix – nicht aus Freude, sondern aus einem Leid heraus, das ich zu betäuben versuchte.

Ich sah immerzu die *Gilmore Girls* – eine Serie über das familiäre Kleinstadtleben der alleinerziehenden Mutter Lorelai Gilmore und ihrer Teenager-Tochter Rory. Ich wollte sehen, wie sie gemeinsam lachten und weinten, Geheimnisse teilten und einander auffingen. Und nach der letzten Folge der siebten Staffel fing ich wieder mit der ersten Folge aus der ersten Staffel an. Ich hatte die Serie schon mehrmals gesehen. Ich wusste längst, dass Lorelai am Ende mit dem gutherzigen und treuen Café-Besitzer Luke zusammenkommen und Rory den Heiratsantrag des Millionärssohns Logan ablehnen würde, um ihren eigenen Weg zu gehen. Es ging mir nicht darum, überrascht oder unterhalten zu werden. Die *Gilmore Girls* sollten nur da sein, mehr nicht – Comfort Binge nennt sich das. Selbst wenn ich Kopfschmerzen hatte, guckte ich *Gilmore Girls.* Die Serie war mein Fenster zum Leben und zu einem Gemeinschaftsgefühl, das mir nach den vielen schlechten Nachrichten, den Lockdowns und der Isolation der vergangenen Monate so sehr fehlte. Aber es war nicht nur 2020, das mir so zugesetzt hatte. Eine Freundin hatte es im Frühling treffend formuliert: »Jetzt hocke ich nicht mehr als Einzige jeden Abend zu Hause herum. Jetzt sind wir gemeinsam einsam.« Sie meinte die Art von Isolation, die es schon vor 2020 gab.

Aber offenbar nicht für Lorelai Gilmore. Ich fing irgendwann an, ihr Leben zu analysieren. Ich fragte mich, wie sie das hinkriegte; das Stehen und Gehen und gute Kleidung anziehen und gut gelaunt sein. Warum sank ihr Körper nicht schwerfällig ins Bett, so wie meiner? Vermutlich, weil sie in einer Kleinstadt lebt, in der alle aufeinander aufpassen, auch wenn sie sich gegenseitig auf die Nerven gehen. Rory ist die meiste Zeit in diesem berüchtigten Dorf aufgewachsen. Und es ist sicher kein Zufall, dass die Geschichte der *Gilmore Girls* erst beginnt, als Rory schon sechzehn Jahre alt ist; die Zeit davor hätte vermutlich nicht ins harmlos-freundliche Nachmittagsprogramm für die ganze Familie gepasst. In der gesamten Serie gibt es nur eine kurze Szene, in der Rory ihrer Großmutter den Ort zeigt, an dem sie und ihre Mutter gelebt hatten, bevor sie in ihr Haus gezogen sind: in einem einzigen Raum, dessen Ecken den Wohn- vom Badezimmerbereich und den Schlaf- vom Essbereich trennten. Wir erfahren auch, dass Lorelai ihr Geld als Zimmermädchen in einem Hotel verdient hatte, dass sie also gerade genug zum Überleben gehabt haben musste. Und offenbar hat Lorelai sich bemüht, ihrer Tochter Rory ein warmes Zuhause zu schenken, denn Rory erzählt ihrer Großmutter voller Frohsinn, beinahe überromantisiert, von ihrer frühen Kindheit – eine Zeit, in der Lorelai den Kontakt zu ihrer Mutter abgebrochen hatte.

Aber in *Gilmore Girls* geht es nicht um die bittere, oft einsame Realität von Alleinerziehenden mit kleinen Kindern. Es geht um eine amerikanische Einelternfamilie, in der Care nicht Kochen, Putzen, Erziehen bedeutet, sondern flotte Sprüche, Spaß und Essen beim Chinesen bestellen. Um Frauen, die ihren eigenen Weg gehen und dabei blendend aussehen. Ganz anders als ich im Jahr 2020, wenn ich ungeduscht im Bett lag und Chipskrümel von meinem Pullover sammelte. Nein, meine Realität konnte nicht mithalten mit der Welt der *Gilmore Girls*. Aber um den Vergleich ging es mir nicht. Es ging mir darum, möglichst oft und lange aus meiner Einsamkeit zu flüchten. Und nach dem täglichen Comfort Binging raffte ich mich auf, stieg aus dem Bett, holte mein Kind aus der Kita ab und machte zumindest ihm eine schöne Zeit. Immerhin wusste ich, was es brauchte und mochte. Ich selbst beschränkte mich aufs Aushalten.

Zusammengefasst war also nicht nur Schlafen ein großes Thema für mich, sondern auch das Aufstehen. Und für Letzteres schämte ich mich doppelt. Weil ich faktisch aufstehen konnte. Hätte mich jemand medizinisch untersucht und mich gebeten aufzustehen, dann wäre ich aufgestanden. Ich hätte sogar Springseil springen können, wenn es darauf angekommen wäre oder eine gewisse Zeit auf einem Bein stehen. Warum schaffte ich es dann nicht, mich zusammenzureißen, wie andere auch, und mich nützlich zu machen? Das hatte ich mir immer wieder selbst vorgeworfen. Ich war frustriert von meinem eigenen Verhalten und beschimpfte mich selbst als faul und wehleidig. Aber Druck half nicht. Ich kam nicht aus dem Bett, ich schaffte es nicht.

Darüber heulte ich, als ich bei Frau M. im Sessel saß. Bis mir ein noch schlimmerer Gedanke kam: *Scheiße, jetzt denkt sie bestimmt, dass meine Geschichte unfassbar grausam und schrecklich sein muss.* Also sagte ich doch endlich etwas: »Tut mir leid« und »Entschuldigung«, und dann lachte ich beim Weinen, um meine Therapeutin zu beruhigen – sie sollte sich keine Sorgen um mich machen. Ich schaffte es, die Tränen einzusperren. Mich wieder zu beherrschen und einen Menschen zu mimen, der sich im Griff hat. Frau M. sah mich weiter aufmerksam an. Ich räusperte mich, atmete durch, überlegte. »Früher war es leicht zu leben«, sagte ich endlich. »Das will ich wiederhaben.«

YOGI-TEE IST KEIN THERAPIE-ERSATZ

Es mag auf der Hand liegen, aber weil zu viele Menschen nicht danach handeln, sage ich es trotzdem deutlich: **Man muss keine Horrorgeschichten erzählen können, um eine Psychotherapie anfangen zu dürfen – moderate Probleme reichen schon aus.** Ich bin schließlich drei Jahre jede Woche zu Frau M. gegangen. Und im Nachhinein würde ich früher gehen! Ich habe mir zu lange eingeredet, dass ich es allein schaffen würde. Ich dachte auch: Wenn *ich* selbst keine Ahnung hatte, was ich brauchte oder was eigentlich mit mir los war, dann würde eine *fremde* Person erst recht ratlos auf mich und meine Situation blicken. Warum? Vermutlich, weil ich mich für informiert hielt. Denn Themen rund um die mentale Gesundheit wurden schon im Jahr meiner Trennung in den sozialen Netzwerken durchgekaut. Me-Time, Selbstfürsorge, Meditation, auf die eigenen Gedanken achten – ja, ja, ja. Ich habe alles gemacht, auf alles geachtet! Ich hatte mir direkt nach der Trennung abends noch Zeit für mich genommen, wenn ich nicht gerade mit meinem Kind eingeschlafen war. Ich hatte mir brav auf die Schulter geklopft, mir einen Tee gemacht, die Nägel lackiert und noch ein paar Seiten in einem Roman gelesen. Ich hatte meine Wohnung mit meiner sturen Jetzt-erst-recht-Einstellung renoviert und mir eingeredet, mir könne nichts und niemand die Lust am Leben nehmen – schon aus Prinzip nicht. Das ließ ich gar nicht zu, ha!

Gleichzeitig kannte ich das Risiko; auf keinen Fall wollte ich meinem Kind nach der Trennung seiner Eltern auch noch eine ausgebrannte Mutter zumuten. Darum versuchte ich, achtsam mit mir umzugehen. Wie oft stand ich abends im Wohnzimmer und habe nachgeahmt, was ich im Internet bei irgendwelchen Coaches und achtsamen Blogger*innen als Entspannungsübung gesehen hatte; Arme ausschütteln oder wild zur Musik tanzen, ruhig und tief atmen mit Hand auf der Brust, mir mild lächelnd das Gesicht mit teuren Kosmetikprodukten zuklatschen – nur das mit dem Schaumbad ging nicht, weil ich keine Badewanne hatte. Aber wie oft hatte ich gedacht, ich würde alles richtig machen. Und wie oft habe ich Posts geliket mit Sprüchen wie »Es ist okay, wenn du dich erschöpft fühlst« – und ja, natürlich ist das okay, aber verdammt, nein, es ist auch *nicht* okay! Ich wollte nicht mehr erschöpft sein! Ich fragte mich: Wann ist das endlich vorbei?!

Was brauchst du wirklich? Meine Freund*innen schienen den Ernst der Lage nicht zu verstehen. Vielleicht machst du diese Erfahrungen auch gerade, dass man dir lediglich die Hand tätschelt und dir sagt »Das wird schon wieder. In zehn Jahren lachst du drüber«. Ich glaube, wir sind dermaßen an das Bild der übermüdeten Mutter gewöhnt, dass wir die Erschöpfung in dieser Lebenssituation – erst recht als Alleinerziehende – für normal halten. Vielleicht stand mein Umfeld meinem Unwohlsein aber auch nur genauso hilflos gegenüber wie ich. Jedenfalls scheinen viele Alleinerziehende diese Erfahrung zu machen, Mina erzählt mir etwa auf Instagram:

> »Ich habe vor ein paar Jahren einer Freundin geschrieben, dass ich erschöpft bin und nicht weiterweiß. Mein Chef war ein Choleriker, schrie mich auf der Arbeit an, und zu Hause schrien die Kinder. Sie empfahl mir daraufhin einen ›Frauen-Power‹-Tee – völlig absurd.«

Warum reagieren Freund*innen und Familie so? Ich frage eine, die es wissen muss: Dr. Daniela Blickhan, Psychologin und Vorsitzende des Deutschsprachigen Dachverbands für Positive Psychologie erklärt mir am Telefon, dass viele Menschen auf eingeübte Reaktionsmuster zurückgreifen, wenn sie mit Problemen konfrontiert werden. Sie versuchen dann oft, sich selbst oder andere mit einer positiven Nachricht möglichst schnell wieder aufzumuntern à la »Schau mal, alles gar nicht so schlimm« – Krise abgewendet. Das mag zwar bei Problemen, die sowieso von allein wieder vergehen, nicht weiter schaden, etwa bei einem aufgeschlagenen Knie oder einem versauten Kuchen. Im Falle eines kratzenden Halses ist Tee sicherlich eine gute Idee. Aber bei dauerhafter Überlastung? Dem ständigen Gefühl von Einsamkeit? Wenn man nicht mehr aus dem Bett kommt? Da werden Aussagen à la »Aber du hast so ein süßes Kind, freu dich doch darüber« dem Leid nicht gerecht. Dr. Daniela Blickhan sagt, diese Art von »Trost« könne eher dazu führen, dass Alleinerziehende sich noch mehr zurückziehen, sich nicht gesehen fühlen – so, als ob man ihnen ihre negativen Gefühle absprechen würde. Besser sei zu sagen: Ich sehe, dass du traurig bist, wütend, frustriert. Was brauchst du, was könnte dir jetzt helfen?

Ich wusste, was mich direkt nach der Trennung traurig, wütend und auch frustriert gemacht hatte. Meine Freundinnen hatten mich zurückgelassen. Da war zum Beispiel der Geburtstag meiner besten Freundin: Ich hatte keinen Babysitter und schlug vor, ihn bei mir in der Wohnung zu feiern, zusammen mit der ganzen Clique. Wir waren sieben Frauen, die während der gesamten Schulzeit alle Höhen und Tiefen miteinander gemeistert hatten. Meine Freundinnen waren für mich das, was man als selbst gewählte Familie bezeichnen würde. Jedenfalls fand meine beste Freundin die Idee klasse; wir sollten bei mir zu Hause einen Wein öffnen, etwas kochen und einfach zusammen sein. Aber zwei Freundinnen waren dagegen, sie wollten lieber in eine Bar. »Dann kann ich aber nicht dabei sein«, schrieb ich in unseren Gruppen-Chat. Sie gingen schließlich in die Bar, und ich war baff und tief verletzt.

Wie geht man mit solchen Enttäuschungen um? Blickhan: »Wenn ich wütend bin, sollte ich mich vielleicht lieber nicht beruhigen, sondern schauen, wer womöglich über meine Grenzen gegangen ist.

Und wenn ich traurig bin, sollte ich mir vielleicht kein Schaumbad einlassen, und mich stattdessen fragen, ob ich etwas verloren habe oder ob mir etwas weggenommen wurde.« Heute hätte ich mit meinen Freundinnen einen Streit angefangen und wäre für mich eingestanden, aber damals zog ich mich beleidigt aus den Freundschaften zurück. Ich konnte mit der Verletzung und der Enttäuschung nicht gut umgehen, fühlte mich ausgeschlossen und schloss wiederum sie aus meinem Leben aus.

Ich will mich nicht zum Lachen zwingen Meine beste Freundin wusste, dass es mir nicht gut ging und schenkte mir den Bestseller *Jetzt! Die Kraft der Gegenwart* von einem bekannten spirituellen Autor namens Eckhart Tolle. Darin stand, dass all meine Verletzungen in meinem emotionalen »Schmerzkörper« gesammelt würden, und den solle ich nicht weiter nähren. Der »Schmerzkörper« wachse, wenn ich die Dinge in meinem Leben negativ bewerte. Um also nicht zu verbittern und immer unglücklicher zu werden, müsse ich die Dinge bewusst positiv deuten. Nur so könnte ich mich besser fühlen. Eine Methode à la »Wer in den Spiegel lacht, bekommt ein Lächeln zurück«. Nebenbei: Auch das habe ich ausprobiert, Glückshormone durch beabsichtigtes Lachen – es war befremdlich, also hab ich's gelassen. Aber zurück zum Thema: Die übermotivierte Streberin in mir setzte alles daran, das Negative in meinem Leben umzudeuten; Unzufriedenheit im Job? Ich wollte nur zu viel! Stattdessen sollte ich dankbar über mein regelmäßiges Einkommen sein. Schlaflosigkeit? Fokussiere dich auf das, was du ändern kannst, und mach dir ein leckeres Mittagessen! Einsamkeit? Äh, klopf, klopf, du hast doch dein Kind! Und du findest Freundinnen, die dich wertschätzen! Kurz: Ich redete mir ein, dass ich in Wirklichkeit ein gutes Leben hätte, und was nicht gut war, würde mit der richtigen Haltung gut werden, also don't worry, be happy! Nur einmal mehr *Shake It Off* von Taylor Swift spielen und den »Schmerzkörper« durch die Küche tanzend abschütteln, dann kommt das Gute von allein zu mir!

Man kann es sich schon denken: Alles wurde nur noch schlimmer! Ein Jahr nach der Trennung wollte ich mir die Haare schneiden lassen und heulte urplötzlich los, als der Friseur mir beim Haarewaschen den Kopf massierte – das hatte ich selbst nicht kommen sehen! Wenn ich daran denke, kann ich immer noch spüren, wie mein ganzer Körper plötzlich zu kribbeln begann, mein Herz schneller pochte, alles weich wurde. Irgendwas in mir begann da wieder zu fließen. Und das war nicht nur schön, sondern auch erschreckend: Entgegen meiner Überzeugung, dass ich schon klarkommen würde, zeigte mir mein Körper genau das Gegenteil. Ich hatte ihn zu lange dazu gezwungen, die Starke zu spielen – sicher auch, weil es fürs Fallenlassen keinen Raum gab. Und wie ich ja dachte, um etwas für mich zu tun, indem ich alles ins Positive verdrehte! Anderen Alleinerziehenden scheint es genauso zu gehen, sie schreiben mir Nachrichten wie diese: »Wie sehr ich mich danach sehne, dass mich mal jemand in den Arm nimmt« – »Es macht so einsam, nicht berührt zu werden« – »Mir fehlt die Umarmung, die länger als fünf Sekunden dauert, und eine Hand, die festhält« – »Das Gespräch, das auf die Schulterntätscheln«. Sich wie ein Cheerleader auf Speed immerzu selbst anzufeuern, obwohl das Spiel schlecht läuft, kann auf Dauer nicht gut gehen. Es zehrt nur noch mehr an den eigenen Kräften.

Übrigens: Das Phänomen der positiven Umdeutung hat einen Namen und wird zunehmend Thema in der Psychologie: Toxic Positivity. Es hat etwas von Gaslighting, wenn die Probleme von Menschen heruntergespielt werden und andere ihnen vorzuschreiben versuchen, wie sie sich fühlen *sollten*. Im Alleinerziehenden-Kosmos sind es auch Sprüche wie »Trennungen mit Kindern sind doch heutzutage kein Problem mehr« oder »Ich habe mich damals auch nicht beschwert und meine Kinder allein großgezogen«. Toxic Positivity führt am Ende immer dazu, dass wir an unseren eigenen Ansprüchen scheitern, uns noch schlechter und schuldiger fühlen. Denn wenn Alleinerziehende unglücklich sind und trotz aller Umdeutungen unglücklich bleiben, dann müssen sie wohl selbst schuld sein, irgendetwas falsch machen oder es nicht wirklich wollen – denn sie sind der Logik nach jederzeit nur ein herzhaftes Ja vom guten Leben entfernt! Ergo: Wir schaden unserem Selbstwertgefühl, geraten in eine Abwärtsspirale, die zu Depressionen oder Suizidgedanken führen kann.[81] Trotzdem stolpere ich auf Social Media und in Dating-Apps immer wieder über »Good vibes only«-Phrasen.

Übrigens ist »Good vibes only« kein schlauer Spruch, weil man schlicht nicht nur gute Gefühle haben kann. Entweder fühlt man Gefühle, oder man fühlt sie nicht mehr – Rosinenpicken gibt es hier nicht. »Ich stelle mir Gefühle gerne wie Farben vor«, schreibt die Journalistin und Autorin Barbara Vorsamer in *Mein schmerzhaft schönes Trotzdem*. »Davon gibt es unendlich viele, doch alle lassen sich aus dem Primärfarben Rot, Blau und Gelb mischen. Ein reiches, gesundes Gefühlsleben wäre dann wie ein Regenbogen, in dem jede Farbe ihren Platz hat, jede Mischung, jede Schattierung.« Manche Menschen fühlen stärker, andere ganz sanft. Aber wer die Wut unterdrückt, wird auch die Freude nicht mehr richtig spüren. Und auf Dauer kann das krank machen. Barbara Vorsamer: »Eine Depression ist in diesem Bild aber keine Farbe, sondern die dicke Wolke, die sich drüberschiebt, bis alles schwarz aussieht.«[82]

Der geballte Glückskapitalismus Spiritualität, Life-Coaching und Selbsthilfe sind ein boomendes Geschäft, das viel Geld abwirft: Alle können sofort mitmachen, und wer mehr will als ein paar Sprüche auf Instagram, kann für 19,95 Euro ein Buch kaufen – oder Freund*innen in Not ein solches Buch schenken, so wie meine Freundin mir Tolles Buch geschenkt hatte. Um eine leise Ahnung zu bekommen: Allein

Bücher, die im Titel das Wort »Glück« enthalten, brachten 2018 laut Coppenrath Verlag einen jährlichen Umsatz von dreizehn Millionen Euro.[83] Dazu kommen die unzähligen Videos, Blogbeiträge und Instagram-Storys im Internet. Eine der größten und erfolgreichsten deutschen Happyness-Influencer*innen ist die Life-Coachin Laura Malina Seiler. Auch sie verkauft Bücher mit Titeln wie *Mögest du glücklich sein*, betreibt den Podcast *happy, holy & confident* und postet auf Instagram für über 330 000 Follower Sprüche wie »Wenn du dich auf das Gute fokussierst, wird das Gute noch besser« oder »Life ist 10 % what happens to you and 90 % how you react to it«. Daneben Werbung für Workshop-Pakete mit voraufgezeichneten Videos, Workbooks, Armreifen und Pullovern – der geballte Glückskapitalismus für etwas mehr als 400 Euro. Oh, und für Alleinerziehende gibt's Rabatt, yay.

Ich frage mich: Wie qualifiziert muss man sein, um im Internet als Life-Coachin ungezielte Ratschläge an Menschen zu verkaufen, die ganz individuelle Belastungen und Probleme erfahren? Laura Malina Seiler ist keine ausgebildete Ärztin oder Psychologin. Sie hat nach ihrem Master in Interkultureller Kommunikation als Artist Managerin für Musiker wie Tim Bendzko gearbeitet. Danach hat sie eine Ausbildung zum Life Coach an der Dr. Bock Coaching Akademie in Berlin begonnen und arbeitet seit März 2016 als Coachin – eigentlich vor allem als Unternehmerin. Worauf ich hinauswill: Auf der Internetseite der Akademie steht, dass die Ausbildung in der Regel nach 186 Ausbildungsstunden innerhalb von einem Jahr abgeschlossen wird. Das wären etwa 23 Arbeitstage zu je acht Stunden. Mal ernsthaft: Würden wir uns von einem lieben Nachbarn, der gerade seinen ersten Monat im Medizin-Studium rumgebracht hat, auch nur am kleinen Zeh operieren lassen? Wie wohl fühlen wir uns im Friseursalon, wenn die Azubine schneiden soll? Dabei wachsen Haare nach! Und wie sehr würden wir uns Ratschläge von Fremden zu Herzen nehmen, die uns keine Sekunde zugehört haben? Auch der spirituelle

Guru und Bestseller-Autor Eckhard Tolle ist kein Psychotherapeut oder Arzt. Er ist ein weißer Mann, der meditiert und Bücher schreibt.

Ein fürsorglicher Disclaimer Und ich? Ich bin eine weiße Frau, getrennte Mutter und Journalistin. Ich kann also meine eigenen Erfahrungen schildern und Informationen zusammensammeln. Ich kann Tipps geben und Mut machen, aber ich bin weder Ärztin noch Therapeutin. Und während ich dieses Buch schreibe, mache ich mir zwar eine Vorstellung von dir als Leser*in, aber ich kenne dich und deine Situation nicht. Ich setze dich hier also Informationen aus, ohne zu wissen, was du mit ihnen anstellen wirst. Ohne zu wissen, welche Art von Brille auf deiner Nase sitzt. Wenn ich schreibe »Du darfst zu deinem Kind auch mal liebevoll Nein sagen und dir Zeit für dich einräumen«, dann weiß ich nicht, wie du diesen Satz interpretieren wirst und ob das für dich womöglich die Freikarte ist, dein Kind ständig sich selbst zu überlassen. Wenn ich schreibe »Dein Kind braucht dich«, dann weiß ich nicht, ob du sowieso denkst, dass die Trennung deinem Kind schadet und ob dich solch ein Satz nicht noch mehr in Panik versetzt, weshalb du immerzu an deinem Kind kleben und ihm jeden Wunsch von den Lippen ablesen wirst. Zugegeben, das mögen extreme Beispiele gewesen sein. Aber ich möchte mit ihnen verdeutlichen, was in der Psychologie als Confirmation Bias bezeichnet wird: die menschliche Neigung, Informationen so auszuwählen oder zu interpretieren, dass sie eigene Erwartungen erfüllen. Also: Wer passt auf dich auf und reflektiert mit dir zusammen deine (vielleicht unbewussten) Erwartungen oder Glaubenssätze? Wer gibt dir erneutes Feedback, und mit wem tauschst du dich regelmäßig aus? Wer kennt dich? Laura Malina Seiler nicht. Eckhard Tolle nicht. Und ich auch nicht. Sei dir bewusst, dass du dich mit dem Kauf eines Buches nicht in professionellen Händen befindest! Und das schreibe ich hier nicht wie eine fürsorgebefreite Person, ich schreibe es aus Sorge um dich.

Laura Malina Seiler schreibt im FAQ ihrer Webseite, sie übernehme keine Verantwortung für Schäden, die entstehen können. Und ich finde, das stimmt. Denn es gibt sonst an prominenteren Stellen keine Warnungen, die Konsument*innen dafür sensibilisieren, wo Seilers Kompetenz endet. Dadurch entsteht der Eindruck, dass sie allen bei allem helfen könnte. Und tatsächlich hat es sich damals *zunächst* gut angefühlt, Eckhard Tolle zu lesen und meine Wohnung zu renovieren. Warum, wenn es eigentlich nichts nützt?

»Oberflächlicher Rat und Instagram-Weisheiten sind leicht verdaulich und bieten ein Konzept, um sich wieder handlungsfähig zu fühlen«, erklärt mir die Soziologin Dr. Stefanie Graefe. Kontrolle ist gerade in Krisenzeiten ein attraktives Versprechen. Aber: Im schlimmsten Fall sind wir gedanklich mit »Denke gut, dann passiert dir Gutes« mental vollkommen ausgelastet und unterlassen die nötigen Handlungen, um wirklich etwas zu verändern. Frei nach dem Motto: Die Strukturen kannst du eh nicht ändern, ändere doch lieber dich selbst! »Das ist nicht nur toxisch, sondern führt auch zu einer Form von Entpolitisierung«, sagt Graefe. Dabei ist die mentale Gesundheit von Einelternfamilien durchaus politisch!

Gesundheit und Geld Das Risiko, an Depressionen zu erkranken, ist für Alleinerziehende laut Robert-Koch-Institut (RKI) dreimal höher als für Eltern in Paarfamilien.[84] Auch schätzen sie ihr allgemeines Wohlbefinden schlechter ein als Eltern in Paarfamilien, haben häufiger Rückenschmerzen und greifen öfter zu Schlaftabletten. Die zwei Hauptgründe dafür formuliert das RKI schon 2017 klar und deutlich: Alleinerziehenden fehlen Geld und soziale Unterstützung. Je mehr soziale und finanzielle Ressourcen Alleinerziehende haben, desto besser geht es ihnen gesundheitlich. Beispiel: Wer Geld hat, kann sich vielleicht eine Putzkraft leisten, eine*n Kindersitter*in, einen Staubsaugerroboter. Was kaputtgeht, kauft man eben neu, wenn man Geld hat. Andersherum: Mir ist mal die berüchtigte Waschmaschine kaputtgegangen, und ich hatte kein Geld für eine neue. Das hieß: Im Internet nach einem günstigen Reparaturservice suchen, anrufen, einen Termin vereinbaren, zu dem Zeitpunkt auch anwesend sein und danach hoffen, dass die Maschine den Geist nicht wieder aufgibt. Und wenn genau das doch passiert, dann muss man schauen, ob man eine gute Waschmaschine gebraucht bekommt, wie man die alte loswird und die gebrauchte in die Wohnung kriegt, anschließt und so weiter. Sorgen über Sorgen!

Und wenn die soziale Unterstützung fehlt, hilft einem ja auch keiner. Umso wichtiger ist es, dass Alleinerziehende doch mit ein paar anderen Eltern eine Art Pakt für gegenseitigen Support in allen Lebenslagen schließen: Warum nicht eine Messenger-Gruppe gründen, in der man die benötigte Unterstützung direkt an alle rausschicken kann? Ich habe zum Beispiel immer gern andere Kinder von der Kita mit abgeholt – so hatte mein Kind eine*n Spielpartner*in zu Hause, und ich habe einfach die doppelte Portion gekocht. Das war kein großer Mehraufwand. Im Gegenzug hat mir der Vater des Kindes etwa dabei geholfen, eine neue Deckenlampe anzubringen – ein guter Tausch! Zugegeben, man braucht auch ein bisschen Glück mit der eigenen Nachbarschaft.

Allgemein gilt: Je mehr Geld Eltern zur Verfügung haben, desto geringer ist für ihre Kinder das Risiko für psychische Erkrankungen.[85] Wo Geld fehlt, entsteht Scham, da fehlt die gesellschaftliche Teilhabe, da ziehen sich Menschen unauffällig und leise zurück; etwa, wenn man als Einzige*r aus einer Freundesclique kein Kinoticket kaufen kann, nicht mit auf Klassenfahrt gehen kann oder bestimmte Spielzeuge nicht hat. Wie all diese Erfahrungen des Mangels Kinder und Jugendliche prägen, beschreibt der Autor und Journalist Oliver David in seinem Buch *Keine Aufstiegsgeschichte. Warum Armut psychisch krank macht.*[86] David spürt schon früh eine Wut im Bauch, die er nicht zuordnen kann und die ihn manchmal auf Abwege bringt. Seine alleinerziehende Mutter ist psychisch instabil und kann ihn kaum auffangen. »Die Verhältnisse und Hierarchien reproduzieren sich von selbst: Geld geht zu Geld, Not geht zu Not. […] Mit ihrer Schwester hatte meine Mutter sich zerstritten, und auch zu ihrer eigenen Mutter brach der Kontakt irgendwann ab. Erst heute verstehe ich, dass die Isolation unserer Mutter innerhalb ihrer Familie weniger mit ihr selbst als mit einem gesellschaftlichen Phänomen zu tun hat«, schreibt David.[87] Wo wenig Ressourcen sind, spitzen sich Konflikte zu. So erleben Familien, die wenig Geld haben, auch zu Hause mehr Stress, stellt das RKI fest.[88] Demnach sind eine nachhaltige Familienpolitik und beispielsweise die Idee einer Kindergrundsicherung, die jedem Kind ein gutes Leben ermöglicht, wichtige Elemente zur Gesundheitsförderung, insbesondere auf der mentalen Ebene. David: »Das Leben ist nun mal kein Disneyfilm, in dem die Armen zwar Geld, dafür aber ein reiches und gütiges Herz haben und andauernd voller Harmonie und Verständnis sind.«

Ich will es noch mal betonen, in der Hoffnung, dass wir die Botschaft zusammen in die Politik tragen: **Für die mentale Gesundheit von Alleinerziehenden und ihren Kindern sind eine (nicht zu niedrig angesetzte) Kindergrundsicherung, eine moderne Arbeitskultur und soziale Teilhabe unverzichtbar!** Das müssen wir im Hinterkopf behalten; als übergeordnetes Ziel, als politische Forderung. Gleichzeitig können wir uns selbst und einander unterstützen, um diesen politischen Missstand einigermaßen abzupuffern.

EIN BLUMENSTRAUSS AN THERAPIEMÖGLICHKEITEN

Das Dringlichste zuerst: Gibt es ein Leid? Wenn ja, dann sollten sich Alleinerziehende ärztlich oder therapeutisch behandeln lassen, statt in den Buchladen zu rennen und irgendeinen spirituellen Wegweiser zu kaufen. Auch im Interesse ihrer Kinder! Die meisten von uns lassen schließlich auch eine Erkältung ärztlich abklären, dann sollte der professionelle Check für die Psyche selbstverständlich sein, oder? Manchen fällt es schwer, die Psyche als Teil des Körpers zu betrachten, also stellen wir uns vor, das Leben verteilt Kopfnüsse! Manche sind besonders hart und sollten abgeklärt werden: Etwa, wenn man nicht mehr aus dem Bett kommt, antriebslos ist, Schlafstörungen hat, schon länger nichts mehr fühlt. Wenn man ständig Rücken- oder Kopfschmerzen hat, keinen Appetit mehr hat oder immerzu essen will, erschöpft und kraftlos oder dauerhaft gereizt ist, sich für nichts mehr interessiert, immerzu weint, sich langfristig einsam fühlt, sich aus sozialen Beziehungen zurückzieht, generell misstrauisch in zwischenmenschlichen Beziehungen ist, sich selbst gering schätzt. Wenn man glaubt, nichts gut zu können und keinen Sinn im eigenen Leben sieht. Wenn Körperteile taub sind oder immer wieder kribbeln, wenn man sich nicht mehr konzentrieren kann, über den Tod nachdenkt, Suizidgedanken, Panikattacken oder viele Ängste und Sorgen hat. »Psychische Krankheiten können sich hinter so gut wie jedem vorstellbaren Symptom verstecken«, schreibt die Journalistin und Autorin Barbara Vorsamer, die seit Jahrzehnten mit chronischen Depressionen lebt, in *Mein schmerzhaft schönes Trotzdem*.[89] Aber keine Panik: Nur weil man alleinerziehend ist, bedeutet das noch lange nicht, dass man nun depressiv wird oder ein Burn-out erleidet. Meine Mutter zum Beispiel hat den Stress zwar oft mit Essen kompensiert, aber nie ihren Lebensmut oder ihren Antrieb verloren. Das konnte ich lange nicht verstehen, weil es mir ganz anders erging. Ich habe sie mehrfach gefragt, wie es sein kann, dass sie Depressionen oder Burn-out nicht kennt, denn ihr Leben war über Jahre hinweg sehr anstrengend und von Armut begleitet. Ich wollte, dass sie mit ihrem Geheimnis herausrückt. Aber sie bleibt dabei: Sie kann es nicht erklären. Sie sagt, sie sei »einfach nicht der Typ dafür«.

Psychische Krankheiten sind multifaktoriell Und vielleicht liegt meine Mutter gar nicht so daneben mit ihrer Einschätzung: Denn psychische Krankheiten sind immer multifaktoriell, darin sind sich Expert*innen einig. Das heißt, wenn Menschen psychisch erkranken, treffen offenbar immer mehrere Faktoren zeitgleich zusammen: biologische Auslöser wie Gene und Hormone, psychologische Faktoren wie Gedanken und Einstellungen, soziale Bedingungen wie etwa die aktuelle Lebenssituation, Beziehungen, ein belastender Job. Was nun genau der Grund dafür ist, dass eine Person psychisch krank wird, lässt sich so gut wie nie exakt herausfinden, schreibt Barbara Vorsamer in ihrem Buch. Ob man anfällig für psychische Erkrankungen ist oder nicht, erkennen viele Menschen nach der ersten Diagnose, wenn sie in die eigene Biografie schauen und die Wiederholungen sehen: Ach, ich war ja schon früher öfter beim Arzt/bei der Ärztin wegen ominöser Schmerzen, die sich niemand erklären konnte.

Bei mir begann es mit acht Jahren mit »Herzschmerzen«, dann ging es mit der Essstörung im frühen Teenageralter weiter, und als ich die loswurde, kamen die krampfartigen Bauchschmerzen, die mich über fünf Jahre mehrmals täglich begleitet haben. Danach waren die Schlafstörungen dran, dann ein Burn-out, Angststörungen und depressive Phasen. Ja, ich habe schon mein Leben lang wandernde Schmerzen, und ich schätze, dass ich unter anderem so spät mit der Psychotherapie begonnen habe, weil ein gewisses Unwohlsein, Ängste, Stress, körperliche Symptome zu meiner Normalität gehörten.

Wichtig ist zu wissen: Es gibt keine stärkeren und schwächeren Alleinerziehenden. Ich habe lange gedacht, wenn meine Mutter mit zwei Kindern und einem Vollzeitjob durchs Leben gekommen ist, ohne den psychischen Notstand auszurufen, dann *muss* ich das mit nur einem Kind und der Teilzeitstelle – oder während der Pandemie ganz ohne Job – erst recht hinkriegen. Aber das ist unterkomplex gedacht; Menschen lassen sich nicht anhand ihrer Arbeitsstunden und der Anzahl ihrer Kinder vergleichen. Denn neben all den zeitlichen, örtlichen, kulturellen, finanziellen, sozialen Unterschieden scheint bei manchen Menschen das mentale Fass auch einfach schneller voll zu sein als bei anderen. Das kann daran liegen, dass sie bereits mit psychischen Erkrankungen leben – manchmal ohne es zu wissen – und dadurch sowieso schon mehr Kraft aufwenden müssen, um den Alltag zu meistern. Wenn sie dann auch noch alleinerziehend werden in einer Gesellschaft, die auf traditionelle Familien ausgelegt ist, können aus den Herausforderungen schnell unlösbare Aufgaben werden. Oder: Du hast gewollt und voller Vorfreude allein das ruhigste Kind der Welt bekommen, hast genug Geld und jede Unterstützung, die du dir vorstellen kannst, und wirst trotzdem krank – das kann passieren. »Manche Menschen haben eine psychische Krankheit einfach so, ohne irgendwelche versteckten dramatischen Auslöser in ihrer Vergangenheit oder Gegenwart«[90], schreibt Barbara Vorsamer.

Wie finde ich einen Therapieplatz? In einer idealen Welt müsste ich nur eine SMS mit meiner Postleitzahl an eine bestimmte Therapieplatz-Telefonnummer schicken, und dann würde ich direkt drei Terminangebote für Sprechstunden bei Psychotherapeut*innen in meiner Nähe bekommen – so einfach sollte die Sache ablaufen. Die Realität sieht für viele anders aus, wie mir Marcos auf Instagram beschreibt:

»Ich habe zwei Monate lang Therapeut*innen zu ihren unterschiedlichen Sprechzeiten angerufen, manchen musste ich eine E-Mail schreiben. Am Ende konnte mir jemand einen Platz anbieten. Für in fünf Monaten.«

Alleinerziehende mit Depressionen oder Burn-out, die nicht eben den Motivationsschub ihres Lebens bekommen, haben es da schwer, einen Therapieplatz zu ergattern. Ich kenne das selbst: Ich hatte in den Jahren nach der Trennung immer wieder die Idee, endlich eine Psychotherapie zu machen. Aber die ständig gleichen Absagen – »Kein Platz mehr frei« – demotivieren, laugen aus und killen jede Hoffnung, sodass ich mir lieber wieder einredete, es allein schaffen zu können.

Als es mir dann aber so richtig schlecht ging, habe ich aufgehört zu telefonieren und bin ins Internet gegangen. Hier gibt es verschiedene übersichtliche Angebote: Sowohl auf der Webseite von *Doctolib* als auch beim Patientenservice der Kassenärztlichen Bundesvereinigung, der über die Webseite *116 117* (wenn du doch telefonieren willst, kannst du diese Nummer auch anrufen) zu erreichen ist, kann man zeitnahe Termine in der Nähe finden. So habe auch ich damals innerhalb einer Woche meinen Therapieplatz gefunden. Allerdings kenne ich aus persönlicher Erfahrung nur die Verhältnisse in Berlin. Deutschlandweit gibt es einen Therapieplatzmangel – zumindest für Kassenpatient*innen. »Nur für Privatpatienten und Selbstzahler« steht unter den meisten Terminen, die ich online finden kann, während ich diese Zeilen schreibe. Das liegt nicht daran, dass Therapeut*innen das Geld aus der eigenen Tasche lieber mögen als die Abrechnung über die Krankenkasse. Sondern an den Kassensitzen, also einer Genehmigung von der Kassenärztlichen Vereinigung, die es Therapeut*innen überhaupt ermöglichen, über die Krankenkassen abzurechnen. Seit 1999 wurde die Anzahl der Kassensitze nicht erhöht, obwohl es eigentlich einen höheren Bedarf gäbe – und auch Therapeut*innen gibt es genug!

Überbrückung mit Therapie-Apps Was also tun, wenn der Therapieplatz in monateweiter Entfernung liegt? Eine Methode zur Überbrückung ist die Therapie per App. Ich weiß, das klingt erst einmal wenig einladend und wieder nur nach Daddeln am Smartphone. Aber bestimmte Apps wie *HelloBetter* und *Selfapy* sind erwiesenermaßen wirksam und können das Leid leichter bis mittlerer Depressionen innerhalb von drei Monaten um bis zu 40 Prozent reduzieren.[91] Achtung: Bitte nicht einfach im App-Store »Depressionen« eingeben und das nächstbeste kostenlose Angebot herunterladen! Das kann alles nur noch schlimmer machen. *HelloBetter* und *Selfapy* unterliegen Datenschutzrichtlinien und den Qualitätskriterien des Bundesinstituts für Arzneimittel und Medizinprodukte. Aber manchmal sind selbst die seriösen Apps nicht zu empfehlen, etwa wenn eine soziale Angststörung vorliegt oder eine Essstörung – darum sollte ein Psychotherapeut oder die Hausärztin zunächst eine Diagnose stellen. Danach bekommen Patient*innen ein Rezept, mit dem sie die sogenannte digitale Gesundheitsanwendung (DiGA) wie *Selfapy* oder *HelloBetter* bei der Krankenkasse abrechnen lassen können. DiGAs unterscheiden sich von Daddel-Apps, psychologischen Ratgebern und voraufgezeichneten Online-Videos auch insofern, als die Kursteilnehmer*innen von Psycholog*innen betreut werden, normalerweise via Chat. Auch sonst ist die DiGA interaktiv gestaltet, sie reagiert also auf die Nutzer*innen und macht Fortschritte sichtbar – also kein passiver Konsum, man wird nicht allein gelassen.

Im Notfall Was machen Alleinerziehende, die nicht mehr können? Eine App hilft in dringenden Notfällen nicht. Rebecca hat sich im Sommer 2019 selbst in eine psychiatrische Klinik eingewiesen und will von ihrer Erfahrung berichten, um andere Eltern zu ermutigen, diesen Schritt zumindest in Betracht zu ziehen:

TRIGGERWARNUNG: SUIZIDGEDANKEN

Mein Kind war zwei Jahre alt, als sein Vater sich von mir getrennt hat. Da steckte ich gerade mitten in meiner Promotion – und meine Betreuerin machte mir Druck. Aber meine Leistungen ließen seit der Trennung immer mehr nach. Ich konnte mich schlecht konzentrieren, war ständig müde, arbeitete langsam. Obendrein weinte ich manchmal vor meinem Kind, wofür ich mich selbst hasste. Ich dachte: Was bist du nur für eine Mutter?! Was bist du für eine Wissenschaftlerin?!

Irgendwann dachte ich, dass ohne mich alle besser dran wären, da kamen die Suizidgedanken. Und anfangs sprach ich mit niemandem darüber, weil ich überzeugt war, dass ich an allem selbst schuld sei. Und wenn ich das heute so erzähle, dann denke ich nur: Wahnsinn! Zum Glück ist es so weit nie gekommen, weil ja alles wieder besser werden kann! Aber damals konnte ich daran nicht glauben.

Der Wendepunkt kam, als ich mich endlich einer Freundin anvertraut habe. Sie hatte eine ähnliche Phase schon hinter sich. Sie verstand mich und riet mir dazu, mich in eine Klinik einzuweisen, denn das hätte auch ihr damals geholfen. Die Vorstellung, mich komplett rauszunehmen aus meinem Alltag, fühlte sich befreiend an. Allerdings rang ich auch mit ein paar unschönen Fragen: Wo sollte mein Kind so lange bleiben? Würde ich ihm schaden, wenn ich ihm plötzlich über Wochen seine Mutter entzog? Wobei: Besser für Wochen als für immer, oder?

Ich hätte zwar in eine Tagesklinik gehen können, aber das hätte mir nicht gereicht. Dann hätte ich mein Kind trotzdem jeden Tag zur Kita bringen, es wieder abholen und mich an den Nachmittagen und Nächten um es kümmern müssen. Ich kannte Mütter aus meinem Umfeld, die zu Mutter-Kind-Kuren gingen und nach wenigen Tagen die Zelte wieder abbrachen, weil alles zu anstrengend war. Sie konnten nicht abschalten, mussten sich weiterhin um ihre Kinder kümmern. Nein, ich musste dringend die Stopp-Taste drücken. Raus aus allem!

Ich weihte also meine Eltern ein, die erst erschrocken waren, aber mir dann auch anboten, sich um meinen Sohn zu kümmern. Das konnten sie, weil sie bereits in Rente waren. Und ich hatte noch mehr Glück: Meine Cousine arbeitete als Ärztin in einer psychiatrischen Klinik, sie konnte sich um einen Platz für mich kümmern. Wartezeit: Vier Wochen, das ist wenig. Dafür musste ich mich nur noch um eine Überweisung von meinem Hausarzt kümmern und eine Zuzahlung von 280 Euro leisten. Nebenbei: Man kann sich auch jederzeit als Notfall in Kliniken einweisen lassen, auch Mutter-Kind-Kliniken sind möglich. Allerdings muss man dann auch sofort ein Bett beziehen und kann nicht eben noch mal nach Hause oder den Arbeitgeber vorher in Ruhe einweihen. Apropos: Überraschend war, dass meine Chefin sogar sehr verständnisvoll mit meiner Lage umgegangen ist. Vermutlich, weil sie meine Leistungen in den Monaten davor besser einordnen konnte. Der Kita meines Sohnes erzählte ich nur, dass wir sechs Wochen zu meinen Eltern fahren würden.

Und dann ging es los: In der Klinik lernte ich andere alleinerziehende Mütter in ähnlichen Situationen kennen und fand eine tolle Gruppe, mit der ich mich wohlfühlte. Mir half der geregelte Tagesablauf; ich musste zu einer bestimmten Zeit aufstehen, aber Frühstück, Mittag und Abendbrot nie selbst zubereiten. Ich musste mich um nichts und niemand anderen kümmern, nichts leisten, sondern konnte nur für mich da

sein. Ich habe gelernt zu meditieren, habe Yoga, Sport und Gesprächstherapien gemacht. Ich habe gelernt, wie sehr es mir hilft, mich zu bestimmten Zeiten nur um mich und mein Wohlbefinden zu kümmern. Das macht einen Unterschied: Ob ich nur *weiß*, dass Sport oder Therapien mir guttun *würden*, oder ob ich die Erfahrung *mache* und entdecke, was es bedeutet, wenn ich mich wirklich besser *fühle*. Übrigens: Mein Sohn hat die Zeit sehr gut weggesteckt. Wir haben ihm altersgerecht erklärt, warum ich in der Klinik bin, haben viel telefoniert und uns am Wochenende in der Nähe meiner Klinik getroffen.
Vier Jahre später zehre ich immer noch von den sechs Wochen in der Klinik; regelmäßig Sport machen und nachsichtig mit mir selbst sein – das habe ich beibehalten. Ich habe verstanden, dass ich mehr bin als das, was ich leiste. Dass ich als Mensch auch noch einen anderen Wert habe. Und mit weniger Druck habe ich meine Promotion auch geschafft! Heute arbeite ich das erste Mal wieder in einer Vollzeitstelle, mein Kind ist in seiner Berliner Schule auch nachmittags gut betreut. Und ich gehe einmal pro Woche zur Gesprächstherapie, sodass ich selbst mit schlechteren Tagen mittlerweile ganz gut umgehen kann.

Was, wenn man keine lieben Großeltern hat, die einem bei der Kinderbetreuung helfen? Eine andere alleinerziehende Mutter hat mir mal erzählt, dass sie in ihrer Not weder Freund*innen noch Familie hatte, die sie um Hilfe bitten konnte. Daher hat sie das Jugendamt angerufen, eine Mitarbeiterin hat schließlich die Betreuung für ihren siebenjährigen Sohn organisiert. Er kam vorübergehend in eine Pflegefamilie, bis seine Mutter einige Wochen später aus der Klinik entlassen wurde. Die Pflegefamilie sei sehr liebevoll mit dem Jungen umgegangen, sodass er die Zeit gut überstanden hat. Aber: Was

Alleinerziehende wirklich brauchen, sind nicht noch mehr Notruftasten, sondern regelmäßige, echte Entspannung – ohne Luxus und instagramablen Kladderadatsch. Wie geht das?

WIE MAN SICH ENTSPANNT

Das war und ist bis heute eine meiner wichtigsten Erkenntnisse: Mein Körper und meine Psyche haben bestimmte Ansprüche, um gesund zu bleiben, und die sind langfristig nicht verhandelbar. Punkt. Solange ich das nicht verinnerlicht hatte, war mein Körper nicht mehr als ein Werkzeug, mit dem ich die Ansprüche und Erwartungen meiner Umwelt, meines Arbeitgebers, meiner Auftraggeber, meines Kindes, meiner Familie und Freund*innen erfüllt habe. Ich betrachtete die Signale meines Körpers lange Zeit nur als Störfaktoren. Schwindel, Bauchschmerzen, Antriebslosigkeit hielt ich so lange wie nötig aus, oder ich beseitigte sie eben mit ein bisschen Hinlegen und einem Wärmekissen, und dann ging es weiter wie gehabt. Die Richtschnur für das Genug an Leistung lag komplett im Außen, wie bei vielen anderen Menschen auch. Barbara Vorsamer schreibt: »Viele Frauen in meiner Generation haben vor der Geburt ihres ersten Kindes Jahre in ihre Ausbildung investiert. Wir haben uns im Beruf reingehängt und uns an die Gleichung ›große Anstrengung = gutes Ergebnis‹ gewöhnt. Genauso gingen viele von uns dann das Kapitel Familie an. Einfach alles richtig machen, dann wird schon alles klappen.«[92] Nur, mit Kind und insbesondere als Alleinerziehende geht die Rechnung nicht mehr auf – oder wann hast du dich zuletzt so richtig schön selbstzufrieden auf einem guten Ergebnis ausgeruht? Vielmehr entsteht für viele Alleinerziehende der Eindruck, dass sie den Anforderungen weder im Job noch zu Hause wirklich gerecht werden (können). Ihr Leben ist ein ständiges Löschen kleiner und großer Brände. Und das stresst.

Was ist Stress? Stress entsteht, wenn wir äußere Reize (Stressoren) als Belastung wahrnehmen. Damit ist Stress auch immer ein individuelles Thema, es hat mit unseren Interpretationen und Gedanken zu tun: Mich stresst es zum Beispiel überhaupt nicht, wenn ich meinen Reisekoffer erst ein paar Stunden vor Urlaubsbeginn packe – andere würden längst die Krise kriegen. Was mich aber kurz nach Beginn meiner Selbstständigkeit gestresst hat, war das Schreiben. Ich hatte irgendwo auf dem Weg dahin meinen Selbstwert verloren und dachte die ganze Zeit beim Schreiben »Das ist nicht gut genug, das musst du überarbeiten.« In meinem schlimmsten Moment führte das dazu, dass ich zehn Seiten voll Einleitungen für einen Artikel geschrieben hatte – ich hatte also eine ordentliche Blockade. Gleichzeitig rückte der Abgabetermin immer näher, und es stresst mich, wenn ich auf andere Menschen unzuverlässig wirke. Ich habe eine Weile also unwirtschaftlich lange an meinen Artikeln gesessen und sie stets ein bisschen zu spät abgegeben. Und dadurch, dass ich tief in die Nächte hineinarbeiten musste, um meine Artikel nicht noch später zu liefern, war ich tagsüber müde und ausgelaugt und konnte nicht so für mein Kind da sein, wie ich es von mir erwartet hatte. Das war der pure Stress für mich – zeitlich, finanziell und sozial.

Dazu kamen die normalen Aufgaben, die man als Alleinerziehende so bewältigen muss. Ich erinnere mich an eine Zeit, in der ich mir in meinem Handy nicht nur notiert habe, *worüber* ich mir Gedanken machen will, sondern auch *wann*. Das sah dann etwa so aus: »Auf dem Weg von der Kita zum Supermarkt Einkaufsliste schreiben.« »Auf dem Nachhauseweg Kostüm für Kinderfasching online einkaufen.« »In der Mittagspause über Artikel-Themen für nächsten Pitch nachdenken.« »Nach der Arbeit auf dem Weg zur Kita festlegen, wann wir die Oma besuchen – sie fragt schon andauernd!« »Abends private Nachrichten beantworten«, und so weiter. Das war der pure Überlebensinstinkt, weil ich dachte, mein Kopf würde sonst bald explodieren! Und sicher ist das abhängig vom Beruf, denn meine Mutter hatte im Bus je nach Verkehrslage auch mal viel Zeit für alle möglichen Gedanken, während ich am Schreibtisch sowieso berufsbedingt meine mentalen Ressourcen ausquetschte wie eine saftige Orange.

Aber viel Zeit für Gedanken bedeutet nicht gleich weniger Stress. Entscheidend ist die Qualität der Gedanken; Sorgen stressen. In Familien mit einem Mangel an Geld erleben schon Kinder finanzielle Sorgen. Und laut Familienministerium macht sich fast die Hälfte aller Alleinerziehenden öfter Sorgen, dass das Einkommen in den nächsten Jahren nicht reicht.[93] Knapp 40 Prozent haben Sorge, dass sie nicht genügend Geld haben, um dem eigenen Kind Dinge zu kaufen, die es eigentlich braucht. Jeder fünfte alleinerziehende Elternteil sorgt sich um seine berufliche Situation, vor allem geht es um den Verlust des Arbeitsplatzes und berufliche Stagnation. Fast jeder zweite hat Angst davor, den Belastungen insgesamt nicht mehr standhalten zu können.

Was macht Stress im Körper? Meine Therapeutin hat mir erklärt, was in meinem Körper passiert, wenn ich gestresst bin: Die Stresshormone Cortisol und Adrenalin werden ausgeschüttet, Blutdruck und Puls steigen und hemmen das Schmerzempfinden, die Muskeln spannen sich an, die Atmung wird flach. Der Körper rüstet sich für eine anstehende Bedrohung, indem er die Verdauung und die sexuellen Funktionen hemmt. Viele kennen den Zustand als »Fight- oder Flight-Modus« – wir müssen also schnell entscheiden, ob wir die Gefahr bekämpfen können oder lieber fliehen sollten. Der Körper ist – so ist es vorgesehen – in einem absoluten Ausnahmezustand, um sein Überleben akut zu sichern. Erst wenn die Gefahr gebannt und die Bedrohung vorüber ist, kann sich der Körper wieder entspannen. Der Wechsel aus Anspannung und Entspannung ist normal und gesund.

Aber: Wenn das Leben dauerhaft stresst, wie es bei vielen Alleinerziehenden der Fall ist, dann bleibt die Entspannung aus, und der Körper läuft die ganze Zeit in Alarmbereitschaft – und das wiederum unterdrückt die Funktionen wichtiger Organe länger, als es gesund wäre. So werden das Immunsystem geschwächt und Entzündungen im Körper befördert. Es kann zu Sodbrennen kommen, Magenkrämpfen, Verstopfungen, Schlafstörungen und einer mentalen und körperlichen Minderung der Leistungsfähigkeit. Alles sehr unschön.

Infolge dieser körperlichen und mentalen Beschwerden ziehen wir uns langfristig auch häufiger sozial zurück, fühlen uns hilflos, einsam, überfordert und depressiv. So hängt alles miteinander zusammen, von den ersten Geldsorgen bis zur Isolation und schließlich der verzweifelten Suche nach einem Therapieplatz. Jetzt die gute Nachricht, die Entspannung nach der Anspannung: Wir können dem Stress und seinen Auswirkungen schon früh entgegenwirken!

Mental Load Es gibt einen Begriff für all die Sorgen, die Eltern sich den ganzen Tag um Geld, Haushalt, Kinder, Einkäufe, Geburtstagsgeschenke und Arzttermine machen: Mental Load, mentale Belastung auf deutsch. Dass wir seit 2017 über die vielen kleinen und großen Feuer sprechen, die vor allem Mütter ständig löschen, haben wir der feministischen Illustratorin Emma zu verdanken, die sie in ihren Comics sichtbar gemacht hat. In *You should've asked* (übersetzt: *Du hättest fragen können*) skizziert sie Alltagssituationen zwischen hetero Pärchen, bei denen Frauen die Aufgaben im Haushalt managen und die Kinder versorgen. Und wenn etwas schiefläuft – etwa der Suppentopf explodiert, weil die Mutter ihr Kind gerade davon abgehalten hat, die Wände mit Katzenfutter zu beschmieren –, steht da der Mann mit hochgezogenen Schultern und wirft ihr vor, dass sie doch nach Hilfe hätte fragen können. Es ist immer wieder die gleiche Pointe. In Deutschland hat die Psychologin und Autorin von *Raus aus der Mental Load-Falle* **Patricia Cammarata** die Debatte vorangebracht und den Begriff des Mental Loads etabliert. In Büchern, Podcasts und Artikeln geht es meist darum, wie hetero Paare die mentale Belastung gerechter aufteilen können. Dabei kennt Cammarata die Perspektive einer Alleinerziehenden aus ihrem eigenen Leben. Also: Was können Alleinerziehende tun, um sich mental zu entlasten? Darüber sprechen wir jetzt!

» **WENN DU KEINE ZEIT FÜR EINE PAUSE HAST, DANN MACH ZWEI!**

Was ist dein heißester Tipp für Alleinerziehende, die sich entlasten wollen?

Was immer geht: Routinen und Rituale pflegen! Veränderungen müssen geplant werden, gleichbleibende Abläufe nicht: Nudel-Montag, Pinguinspielplatz-Dienstag, Müslifrühstück, einen schönen Kuchen zum Geburtstag, den es aber jedes Jahr gibt: DER Geburtstagskuchen eben. Was auch wichtig ist: Stresstagebuch führen – also jeden Tag notieren, wann man sich mehr oder weniger gestresst fühlt!

Macht das nicht extra Arbeit?

Erst schon, aber dann sorgt es für Entlastung! Es ist wichtig, die Themen zu kennen, die besonders viel Stress machen. Erst wenn ich die Stresspunkte kenne, kann ich mir Gedanken machen, wie ich entsprechend zu einer Entlastung kommen kann. Ein Beispiel: Stresst es mich am Abend zu kochen, während die Kinder rumturnen, oder kostet mich das meine einzigen zwanzig Minuten Freizeit, weil die Kinder da fernsehen? Hilft mir deswegen vielleicht, dass wir abends nicht warm essen, sondern Brotzeit machen und ich die Fernsehzeit deswegen für mich nutzen kann? Oder will ich lieber mit Tiefkühlkost arbeiten? Am Wochenende ein paar Mahlzeiten vorkochen? Anderes Beispiel: Ist es für mich besonders stressig, nachmittags um Punkt vier Uhr von der Arbeit loszukommen, um das Kind vom Kindergarten abzuholen? Gibt es vielleicht einen anderen Elternteil, der nach der Kita immer gleich auf den Spielplatz geht und mein Kind mitnehmen kann? Ist es wirklich ein Verlust, wenn ich dann im Fall der Fälle mal eine halbe Stunde später, dafür aber entspannt dort ankomme?

Mir fiel es immer schwer, um Hilfe zu bitten, weil ich dann dachte: Das kannst du nicht zurückgeben.

Ich weiß. Es heißt, dass man zum Kindererziehen ein ganzes Dorf braucht. Nur woher soll man dieses Dorf bitte zaubern? Es ist natürlich sinnvoll, die eigenen Eltern, Geschwister, die Nachbar*innen, andere Kitaeltern, aber auch Freund*innen einzuspannen. Jemanden zur Patentante oder zum Patenonkel zu ernennen, um dann gezielt die On-Top-Themen des Alltags zu delegieren: Planung der Geburtstagsfeier, die Schultüte, der Adventskalender. Aber wenn sich das nicht gut anfühlt, dann würde ich auf eine*n Sparring-Partner*in setzen! Die Suche kann ganz pragmatisch sein. Es ist nicht mal nötig, dass man dafür befreundet ist. Es genügt, dass die andere Person auch alleinerziehend ist oder einfach einen ähnlichen Bedarf hat, sich gegenseitig und vor allem regelmäßig zu entlasten. Dann holt jede*r die Kinder zweimal pro Woche ab, und beide schmeißen einmal pro Monat eine Pyjamaparty.

... weil regelmäßig einen Abend oder einen Nachmittag frei zu haben wichtig für die Gesundheit ist!

Regelmäßige Entspannung ist das A und O! Wenn man wie ein Automat nur noch auf Anspannung läuft und sich immer zum Weitermachen zwingt, holt sich der Körper am Ende selbst auf sehr unangenehme Art und Weise seine Pausen. Also lieber mal eine Wartungspause machen, als ins Notaus zu rutschen.

An freien Abenden habe ich mich oft nur noch lethargisch auf die Couch geschmissen, aber mich danach nicht entspannt gefühlt. Wie macht man's denn richtig?

Was beim Runterkommen und Ausruhen hilft, ist bei jedem Menschen anders. Manchen hilft es zu meditieren, Sport zu machen oder eben auch so etwas wie Serien zu schauen. Beim Entspannen muss man nicht effizient sein. Wenn Baden und dabei Musik hören hilft, dann das. Wenn Backen hilft, dann das. Man beschäftigt sich mal mit was anderem, setzt mal einen Stopp-Punkt ans Ende der unendlichen To-do-Liste. Übrigens muss man nicht immer auf den einen freien Abend warten! Wenn es für das Seelenheil wichtig ist, genau jetzt eine Pause zu machen, dann ist alles legitim, was diese Pause möglich macht. Dann schaut das Kind eben mal eine zweite Folge einer Serie, oder es gibt zum dritten Mal hintereinander Nudeln mit Soße. Man muss großzügig mit sich selbst sein. Es ist ja keine andere Person da, die das mit einem sein kann.

Du kennst es sicher auch: Kaum macht man sich mal locker, kriechen Rabenmutter-Schuldgefühle in einem hoch …

Und ob! Der Druck, nicht zu sehr aus der Schablone zu fallen, ist für Alleinerziehende besonders groß. Alleinerziehend wird von der Gesellschaft oft als Mangel kategorisiert. Das Kind hat zwei verschiedene Socken an? Klarer Fall von überforderter Mutter! Bei einem Elternpaar würde man eher denken: Ah, Autonomiephase! Klar, bevor man morgens ein Drama erlebt, lässt man das Kind eben zwei verschiedene Socken anziehen … Alleinerziehende müssen also noch mehr als nicht alleinerziehende Mütter alles perfekt machen. Bloß nicht gereizt erscheinen, bloß nicht den 0815-Geburtstagskuchen …

die »armen Kinder« haben es ja schon schwer genug ohne einen zweiten Elternteil. Es braucht einen starken Willen, um sich davon nicht verunsichern zu lassen – oder ein lockeres Umfeld, das auch mal einen Kuchen kauft, statt ihn selbst zu backen!

Und abgesehen vom schlechten Gewissen gibt es noch einen zweiten Gedanken, der mir die Pausen versaut: »Jetzt könnte ich noch schnell die Wäsche ...«

Ich glaube, der Spruch »Wenn du keine Zeit hast, fünfzehn Minuten Pause zu machen, dann mach dreißig« ist schmerzhaft, aber wahr! Pausen müssen sein. Deswegen sollte man die auch in die Tages- und Wochenstruktur fest einplanen! Pausen sehen unterschiedlich aus: Eine Pause kann sein, dass man das Multitasking bewusst mal eine halbe Stunde abstellt und einer Tätigkeit, die vielleicht ohnehin zu tun ist, wirklich nachgeht. Also zum Beispiel *nur* kochen, ohne dabei die nächsten einhundert Sachen zu planen. Seine Gedanken immer wieder aufs Gemüse richtet und weg von: Was lese ich nachher vor? Hatte ich schon nach den Hausaufgaben gefragt? Ich muss gleich noch Wäsche waschen ... Oder: So paradox es klingt, ich bin damals als Morgenmensch mit kleinen Kindern extra noch früher aufgestanden, als es ohnehin nötig war, um wirklich den einen Kaffee ganz allein für mich zu haben, bevor der Alltag beginnt. Aber weißt du, was noch entlastend wirkt? Ein aufgeklärtes Umfeld!

Erzähl mal: Wie können Erzieher*innen, Lehrer*innen, Nachbar*innen, Familie und Freund*innen unterstützen?

In Kitas und Schulen sollte klar sein: Wer alleinerziehend ist, muss keine Zusatzaufgaben übernehmen. Punkt. Keinen Putzdienst, keine Buffet-Beiträge, keine Elterndienste. Wer nicht alleinerziehend ist und ein bisschen Empathie für die Situation von Alleinerziehenden hat, sollte das gleich zum Jahresanfang vorschlagen! Alleinerziehende sollten darum nicht bitten müssen. Lehrer*innen und Erzieher*innen können das auch zum Grundsatz erheben. Ansonsten gilt: Mental Load kann man nur abnehmen, wenn man Verantwortung für einen ganzen Prozess übernimmt – von der Planung bis zur Umsetzung. Das geht dann so: »Ich bestelle heute Abend die Schulbücher, soll ich gleich alles zweimal bestellen?« – »Du, ich besorge morgen einen Laternenstab für den Umzug, brauchst du einen? Dann bring ich dir einen mit.« – »Ich muss nächste Woche mal wegen der Turnschuhe mit den weißen Sohlen für die Halle schauen, soll ich dein Kind gleich mitnehmen?« Dieser Kleinkram entlastet und sollte besser verteilt werden. «

Stress abbauen Mir geht es heute wieder gut – keine Depressionen, kein Burn-out. Ich könnte nun behaupten, dass ich mir das alles selbst erarbeitet und so toll Therapie gemacht habe. Dass ich meine Glaubenssätze in gutmütige Cheerleader verwandelt habe und mein Selbstwertgefühl Zumba tanzt. Aber das wäre gelogen und ganz ehrlich: Mir stinken solche Happy Ends zu sehr nach Hollywood. Wie wäre es stattdessen damit: Mir geht es gut, und ich habe Selbstzweifel. Mir geht es gut, und ich habe Rückenschmerzen, weil ich in den letzten Wochen zu viel auf meinem Hintern gesessen habe, um dieses Buch zu schreiben. Mir geht es gut, aber manchmal doch nicht. Manchmal finde ich mich hässlich und manchmal supersexy. Und während ich diese Zeilen schreibe, bin ich müde, weil ich schon wieder zu wenig geschlafen habe, um die Deadline nicht einzureißen. Ja, ich bin immer noch das lebende Chaos, aber ich weiß inzwischen zumindest ein paar wichtige Dinge: dreimal die Woche ins Fitnessstudio zu gehen und mich mit knackigen Beats auf dem Crosstrainer auszutoben, hilft mir dabei, die Stresshormone Cortisol und Adrenalin abzubauen. Es ist wissenschaftlich erwiesen, dass Bewegung nach der

Arbeit den Stress mindert – das kann auch ein Spaziergang sein oder meinetwegen Tanzen in der Küche! Ich spüre auch, dass ein täglicher »Bodyscan«, also das gedankliche Abtasten/Nachfühlen aller Körperteile, gemischt mit etwas Meditation meine Gedanken zur Ruhe kommen lässt – übrigens ist auch hier die Wirkung wissenschaftlich erwiesen. Und ich lerne, dass ich meine eigenen Gedanken manchmal entlarven muss, statt sie unhinterfragt zu glauben. Wenn ich wieder eine Schreibblockade habe, dann will ein sehr ängstlicher Teil in mir dafür sorgen, dass ich den perfektesten Text der Welt schreibe (was es nicht gibt, darum ja die Blockade), um bloß nicht zurückgewiesen zu werden. Dann sage ich mir selbst: Ich weiß, du hast Angst, aber das hilft mir jetzt nicht. Ich bin erwachsen und werde jetzt mein Bestes geben. So bin ich immerhin bis hierhin gekommen. Siehst du? Ein Buch! Und trotzdem: Ich bin nicht geheilt. Nicht erleuchtet. Sondern ein Mensch mit Schwierigkeiten und Fähigkeiten und auf dem Weg voran. Mit Zuversicht im Rucksack, immerhin!

»Diese Therapiegläubigkeit suggeriert eine Kontrolle über den eigenen Geist, die eigenen Gedanken und Gefühle, die komplett unrealistisch ist«, schreibt Barbara Vorsamer. »Wie soll man sich denn bitte Selbstvertrauen, Liebe, Kraft und Zuversicht in Kopf und Herz hexen? Es ist ein langer Weg, die eigenen Glaubenssätze zu hinterfragen und womöglich zu verändern. Manches aber kann man gar nicht verändern, weil es zur eigenen Persönlichkeit gehört.«[94]

Nein aus Selbstrespekt Am Ende denke ich noch an dieses eine kleine, aber wichtige Erlebnis, das für mich alles verändert hat: Das allererste Mal, dass ich wieder Lebensfreude und genug Energie gespürt habe, um einen ersten Schritt aus dem Bett und einen Termin bei der Therapie zu machen, war eine Situation, in der ich Nein gesagt habe. Ein Gewicht, das meine mentale Gesundheit offenbar belastet hatte, war die Sorge, dass mein Kind auf keinen Fall in einer zerstrittenen Familie großwerden sollte. Darum bin ich ständig über meine Grenzen hinausgegangen, um die Harmonie zwischen meinem Ex und mir nicht zu gefährden. Wenn wir doch stritten, machte ich einen Scherz und lenkte ein – bloß schnell wieder Harmonie herstellen. Aber an einem Tag während dieser Zeit, in der ich nur im Bett lag, motivierte mich eine Freundin dazu, meine Grenze zu wahren und Nein zu sagen. Ich weiß schon gar nicht mehr, worum es ging, aber ich erinnere mich daran, dass mein Nein mich dazu befähigte, aus dem Bett zu steigen und mir die Zähne putzen zu können. Ich sah mich im Spiegel an und fühlte so etwas wie Liebe für mich selbst – klingt pathetisch, aber so war es! Zwischen mir und meinem Ex knirschte es etwa sechs Monate lang, bis sich eine neue Balance einstellte. Aber sie stellte sich ein, denn ich war nicht gegen ihn! Ich stellte also nicht mehr die Harmonie zwischen meinem Ex und mir an erste Stelle – die sowieso nur eine leere Hülle war, weil sie mich überhaupt nicht einbezog –, sondern meine Gesundheit. Ich wollte endlich auf mich selbst aufpassen, und ich glaube, das ist ein wichtiger Unterschied, den der*die andere auch bemerkt. Ich habe zu keinem Zeitpunkt aus einem Überlegenheitswunsch heraus Nein gesagt, nach dem Motto: »Dann kann er mal sehen, was er davon hat!« Sondern aus dem Bedürfnis heraus, mich selbst nicht zu übergehen »Die Basis, um Energie, Selbstvertrauen und Mut zu gewinnen, ist die eigene Bereitschaft, zu 100 Prozent Eigenverantwortung für alle weiteren Handlungen, Gedanken und somit die Zukunft zu übernehmen«, schreibt die Psychologin und ehemals Alleinerziehende Alexandra Widmer in ihrem Ratgeber *Stark und alleinerziehend* – and I think it's beautiful! Ich wollte nach der Trennung nur mein Kind beschützen, aber habe dabei vergessen, mich selbst auch zu beschützen. Und es ist im Grunde doch, wie Alexandra Widmer schreibt: »Nur wenn es dir gut geht, geht es deinem Kind gut.«[95]

ERSTE HILFE: KOPF UND KÖRPER

Gibt es ein Leid? Dann mach einen Termin für die Therapie!

→ Auf www.doctolib.de findest du freie Therapieplätze in deiner Nähe, ebenso über den Patientenservice der Kassenärztlichen Bundesvereinigung, den du über die Webseite www.116117.de und unter der gleichen Telefonnummer (116 117) erreichst.

Bis zum ersten Therapietermin kannst du die Zeit mit einem Digitalen Gesundheitsangebot (DiGA), etwa *HelloBetter* oder *Selfapy, überbrücken:*

1. Diagnose bei Hausarzt/Hausärztin stellen lassen
2. Entscheiden, ob DiGA die passende Maßnahme wäre
3. Hausarzt/-ärztin stellt Rezept aus
4. Krankenkasse übernimmt Kosten für DiGA

PRÄVENTIV FÜR KINDER

Aumio, App für Achtsamkeit und Meditation, die Geschichten zum Entspannen und Stressabbau erzählt (einige Krankenkassen übernehmen die Kosten)

GEGEN MENTAL LOAD UND STRESS

- Routinen und Rituale pflegen
- Stresstagebuch führen
- Sparring-Partner*in suchen
- Regelmäßig Sport machen, meditieren oder was auch immer dich entspannt …

MERKE: Keine Zeit für eine Pause? Dann mach zwei Pausen!

ÜBE, NEIN ZU SAGEN!

WAS ICH DIR NOCH SAGEN WILL: Ich treffe bessere Entscheidungen für mich selbst, seitdem ich mir vorstelle, meine eigene Mutter zu sein: Wenn ich denke »Heute habe ich keine Zeit für die Therapiestunde«, dann schicke ich mich selbst erst recht zur Therapiestunde. Wenn ich mich »down« fühle und nur noch im Bett verkriechen will, dann versuche ich es mit einem Spaziergang oder gehe zum Sport oder in die Sauna. Sei dir selbst eine gute Mutter! Und: Lass dich von »Der letzte Song (Alles wird gut)« von Felix Kummer umarmen.

LIEBE

Als mir im Dezember 2021 klar geworden war, dass mein Kind und ich Weihnachten – das Fest der Liebe und der Familie – wohl nur zu zweit feiern würden, rief ich eine Freundin an und heulte Rotz und Wasser. Es war nämlich so: Meine Mutter und meine Großeltern wollte ich in dieser Viren-Hochphase nicht besuchen, und mein Ex hatte bereits andere Pläne gemacht. Ich sah den 24. Dezember schon vor mir: Mein Kind und ich würden einsam am Küchentisch sitzen, wie an jedem anderen Tag mit Lego spielen oder einen Weihnachtsfilm sehen und dann stimmungsleer ins Bett wandern. Dabei wollte ich mein Kind doch nicht enttäuschen! Es hatte das schönste Weihnachten verdient. Ein Weihnachten, wie ich es als Kind bekommen hatte!

Wir sind damals jedes Jahr zu meinen Großeltern gefahren. Sie wohnten in einem Haus am See und hatten genug Platz für alle, sodass auch meine Tanten, ihre Partner und Kinder kamen. Wir waren viele, ein wundervolles Gewusel aus Verwandten! Abends funkelten die Lichter am Haus, von drinnen glänzte ein geschmückter Tannenbaum. Auf den Vitrinen und dem Kamin standen Kerzen, Spieluhren und Schneekugeln. Wir Kinder bauten Schneemänner im Garten, liefen auf Schlittschuhen über den zugefrorenen See und schleckten an den Eiszapfen, die vom Dach hingen. Um sechs Uhr dampfte das Abendbrot auf dem Tisch: Lachs, Würstchen, Klöße, Kraut, Kartoffelsalat, Tagliatelle und Soßen. Sobald unsere Bäuche voll waren, verschwand entweder meine Oma oder mein Opa. Dann stapfte draußen vor der Tür plötzlich ein Weihnachtsmann durch den weißen Garten – in der einen Hand hielt er einen Leinensack, mit der anderen schwang er eine Messingglocke. Er tauschte Geschenke gegen Gedichte und Weihnachtslieder, eine meiner Tanten spielte Klavier. Alles lud zum Träumen ein, und gleichzeitig zum Verweilen. Für mich gab es kein wärmeres Zuhause und keinen Ort, an dem ich mich so geborgen gefühlt habe wie im Haus meiner Großeltern an Heiligabend.

Und nun, da ich diese Schatzkiste an warmen Erinnerungen in meinem Hinterstübchen hatte, wollte ich sie unbedingt mit meinem Kind teilen. Aber wie sollte das gehen, wenn wir Weihnachten zu zweit in unserer kleinen Wohnung in Berlin verbringen würden? »Mein Kind und ich sind eine ganze Familie, wir sind genug«, das war für mich leicht zu sagen, aber schwer zu glauben. Kein Wunder, denn gerade die kleinste Familie der Welt, die lediglich aus einem Elternteil und einem Kind besteht, wird immer noch häufig abgewertet: Wenn ich von »meiner Familie« spreche, dann kommt vielen nicht in den Sinn, dass ich damit mein Kind und mich meinen könnte. Und wenn ich ein Familienticket für den Tierpark kaufen will, dann gibt es das für meine Familienform nicht – ich muss immer ein Kinder- und ein Erwachsenenticket kaufen. Tief in mir habe ich daher lange geglaubt, dass ich eine*n Partner*in bräuchte, dazu am besten eine große, geschmackvoll eingerichtete Erwachsenenwohnung und Sonntage zu dritt – erst dann wären wir wirklich eine Familie. Und nun sollten wir zu zweit ein Familienfest feiern? Das schien mir unmöglich, deswegen heulte ich meine Freundin am Telefon voll. Aber dann sagte sie etwas, das meinen Blick auf die Sache veränderte: »Weihnachten ist auch nur ein Gefühl. Das kriegst du hin.« Und sie sagte es nicht weich und tröstend, sondern in festem und leicht wütendem Ton. Als wäre ich auf Heldinnenreise und stünde vor dem Endgegner, den ich nun bezwingen müsste, um die Welt zu retten – ein heroischer Ton. Er klingt wie: »Du musst das jetzt schaffen! Für dich! Für uns alle.« Zugegeben, das ist etwas überdramatisch, aber ich hörte auf zu weinen und fühlte mich der Situation wieder gewachsen. Ich dachte: Verdammt, sie hat recht! Ich mache es uns so richtig schön, und dafür braucht es kein volles Haus an einem zugefrorenen See! Wärme und Geborgenheit kann es überall geben, auch in der kleinsten Familie der Welt. Zwei ist 'ne Party!

Ein paar Dinge brauchten wir dafür allerdings doch: Ich beschloss, zum ersten Mal einen eigenen kleinen Tannenbaum zu kaufen, dazu den Ständer, eine Lichterkette, Weihnachtskugeln und den Stern für die Baumspitze – bekamen wir alles im Baumarkt. Mein Kind und ich schleppten unsere Ausbeute gemeinsam nach Hause und trafen dabei auf Freund*innen, die sagten »Ihr könnt doch bei uns feiern«, aber wir winkten unbeschwert ab, steckten schon tief drin in unseren eigenen festlichen Plänen. Wir trugen gemeinsam den Baum in unsere Wohnung, und während John Lennon im Radio sang »A very merry christmas – and a happy new year – let's hope it's a good one – without any fear«, stellten wir die Nordtanne auf, drehten die beste Seite nach vorn, behängten sie stundenlang mit unserem Baumschmuck, klippten die Lichter an die Äste, und schließlich durfte mein Kind den Stern auf die Spitze setzen. Dann standen wir stolz, froh und müde vor den funkelnden Lichtern. Es sah prachtvoll aus! Zumindest in unseren Augen. Es war *unser* Baum, und wir liebten ihn.

Und unter all den Weihnachtsvorbereitungen stand schon bald der 24. Dezember vor der Tür. Unser Programm war beschlossen: Wir fuhren gegen sechzehn Uhr, als es dunkel geworden war, zum Ku'damm und sahen uns an der Gedächtniskirche die weihnachtlichen Lichtinstallationen an, denn mein Kind und ich, ach was, meine Familie liebt Weihnachtslichter! Es gab einen riesigen Tannenbaum und Geschenke, in die wir uns hineinstellen und Fotos machen konnten. Und dann gab es noch eine lange Straße mit riesigen weihnachtlichen Figuren – einen Schneemann, einen Nussknacker und so weiter. Wir stiegen in einen Doppeldeckerbus, setzten uns oben ganz nach vorn und ließen uns von einer Lichtinstallation zur nächsten kutschieren, ehe wir wieder nach Hause fuhren und das Abendessen kochten: Bei meinen Großeltern hatte es jedes Jahr an Heiligabend unter verschiedenen Gerichten immer auch dieses eine traditionelle Gericht gegeben; Lachs mit Himbeer-Sahne-Sauce und Tagliatelle-Nudeln. Das kochten wir, dazu gab es Glühwein und Kinderpunsch. Ich erzählte meinem Kind, dass der Weihnachtsmann dieses Jahr wohl erst spät bei uns sein würde, dass wir dann schon schlafen würden. Also sahen wir mit vollen Bäuchen und warmen Herzen einen Weihnachtsfilm, stellten dem Weihnachtsmann einen Teller mit unseren Plätzchen und ein Glas mit Hafermilch in die Küche und gingen zufrieden ins Bett. Und am nächsten Morgen lagen da die Geschenke unter unserer Tanne, daneben drängte der Schnee ans Fenster. Das Schöne war: Freundinnen und meine Familie hatten mir Pakete und Weihnachtskarten geschickt, sodass auch ich ein paar Geschenke öffnen und liebe Worte lesen konnte. Und wie wir da in unseren Pyjamas auf dem Küchenfußboden saßen und ich mein Kind beobachtete, das nicht zufriedener mit sich und der Welt hätte sein können, dachte ich: Du hast es geschafft! Du bist zur Weihnachtsfrau höchstpersönlich geworden, mit Zauberkräften und einem Sack voll Freude. Ja, Weihnachten 2021 war zu zweit rundherum so schön gewesen, dass ich es jederzeit wieder machen würde. Mit dieser Erfahrung brannte sich in mir eine profunde Erkenntnis ein: Wir sind genug. Ich bin genug. Ich kann allein für mein Kind und mich sorgen. Ich kann es ihm schön machen, und ich kann es mir selbst schön machen. Sogar an Weihnachten, dem Fest der Liebe und der Familie. Und ich dachte: Wenn ich *das* geschafft habe, dann schaffe ich alles.

LUST AUF EIN DATE?

Nur das mit der festen Beziehung, das habe ich bisher nicht geschafft. Ich bin seit sieben Jahren vom Vater meines Kindes getrennt und immer noch Single. »Wo habt ihr eure neuen Partner*innen kennengelernt?«, habe ich meine Instagram-Community gefragt. Und die häufigste Antwort, direkt vor »bei der Arbeit« (Platz 2), »über Bekannte« (Platz 3) und »beim Tanzen/im Club« (Platz 4) lautete: auf einer Dating-App. Wen wundert's: Online-Dating ist gerade für Alleinerziehende die praktischste, weil zeitsparende Variante. Und schließlich treibt man sich gerade mit kleinen Kindern nicht groß auf Partys herum, im Gegenteil: Mein Radius beschränkte sich etwa auf die Wege zwischen unserer Wohnung, der Kita, der Arbeit, dem Spielplatz und der Kaufhalle. Immer mit kleinem Kind an der Hand oder auf dem Arm. Das sind flirttechnisch eher schlechte Bedingungen. Also ab zur Dating-App! Tinder, Bumble und Co sind längst im Alltag vieler Singles angekommen; mehr als jede*r Vierte nutzt in Deutschland eine App, um potenzielle Partner*innen kennenzulernen. Außerdem haben in Heterokonstellationen gerade Frauen gute Karten, weil beim Online-Dating offenbar zwei Männer auf eine Frau kommen. Vielversprechend klingen auch die Ergebnisse einer Umfrage von 2020, nach der fast 50 Prozent der Befragten angaben, auf den Plattformen einen festen Partner oder eine feste Partnerin gefunden zu haben, wie die Psychologin Pia Kabitzsch in *It's a date* schreibt.[96] Am Online-Dating scheint also tatsächlich mehr dran zu sein als nur eine schnelle Nummer.

Kind erwähnen oder verschweigen? Nach der Trennung vom Vater meines Kindes probierte ich als erstes Tinder aus. Aber bei der Profilbeschreibung stockte ich: Kind erwähnen oder erst mal verschweigen? Wenn es beim Dating nur um Sex gehen soll, ist die Sache klar: Infos zum Kind weglassen. Denn warum sollte die Elternrolle auch eine Rolle im Bett spielen? Das Kind ist ausquartiert, schläft beim anderen Elternteil oder bei Freund*innen, und die*der Lover kann direkt ins Schlafzimmer geführt werden – da braucht es keine Gespräche über Autonomiephasen oder Papa-/Mama-Wochenenden, richtig? Aber wie ist es, wenn ich eine feste Beziehung will? Sollte ich dann schon in meinem Profil erwähnen, dass ich ein Kind habe?

Mein Kind zu verschweigen fühlte sich nicht gut an, als würde ich es verstecken. Und das wollte ich nicht, denn mein Kind ist ein toller Mensch, und ich bin eine stolze Mutter. Also schrieb ich es immer mit rein, zuerst »Mit Kind«, dann »getrennterziehend« und später »Mit total coolem Fünfjährigen an der Seite«. Und ich hatte ein paar merkwürdige Matches, eines begann mit einer raffinierten Begrüßung: »Du hast ein Kind?« Dabei hatte ich die Frage doch schon auf meinem Profil beantwortet, also schrieb ich ihm locker ein »Japp« zurück und las auf seinem Profil, dass er irgendwann gerne Kinder hätte – ob es seine »eigenen« sein mussten? Sein Profilfoto zeigte ihn an einer Kletterwand. »Ich gehe auch gerne bouldern, in welche Halle gehst du?«, schrieb ich. Er ging gar nicht auf meine Frage ein, sondern schrieb stattdessen: »Suchst du einen Vater für dein Kind? Klingt leicht ›werblich‹, wie du es auf deinem Profil beschreibst.« Ich dachte, ich hätte nicht richtig gelesen! Was will man da noch sagen oder erklären? Ja klar, ich jubele ihm ein Kind unter, weil ich als alleinstehende Frau schon ganz verzweifelt bin und das Kind dringend einen Vater braucht! Entschuldigung, aber etwas anderes als Sarkasmus fiel mir dazu nicht ein, also löste ich das Match wieder auf.

»Tatsächlich ist Kinder zu haben ein Dealbreaker«, sagt die Journalistin und Autorin Michèle Loetzner in einem Interview mit dem Elternmagazin *Littleyears*.[97] Das empfinde ich ähnlich. Und man könnte daraus schließen, das eigene Kind besser nicht zu erwähnen. Aber das wiederum könnte zu Dialogen führen wie »Warum hast du mir das nicht früher erzählt?« – »Weil ich nicht wusste, ob aus uns etwas wird« – »Tja, aber jetzt frage ich mich, was du mir noch alles verschweigst« und so weiter. Und ich habe keine Lust, mich zu rechtfertigen.

In einem Tedx Talk erzählt die Psychologin Pia Kabitzsch, warum es so wichtig ist, dass wir uns in unseren Dating-Profilen authentisch zeigen: Wenn unser Online-Bild zu sehr von unserem Offline-Bild abweicht, wir beispielsweise fünfzehn Jahre älter oder jünger aussehen oder wir plötzlich von unseren Kindern erzählen, die vorher nirgends erwähnt wurden, dann könne das zu einem Vertrauensbruch führen – keine gute Basis für eine junge Beziehung.[98] Allerdings frage ich mich: Wenn ich jemandem in einem Café oder im Club kennenlerne, wann würde ich dann mit meiner Mutterschaft rausrücken? Ganz bestimmt nicht in den ersten paar Minuten, das wäre in den allermeisten Fällen eher unpassend. Meistens ergibt sich irgendwann ein Moment, in dem man auf sein Kind zu sprechen kommt. Aber bis dahin konnte sich eine*r schon einen ersten Eindruck von mir und meiner Persönlichkeit machen, die eben nicht nur aus Mutterschaft besteht – daraus ergibt sich ein vollständigeres Bild. Darum handhaben Alleinerziehende die Sache ganz verschieden: Manche schreiben ins Profil, dass sie Kinder haben, andere nicht. Am Ende ist wichtig, dass man sich mit dem eigenen Profil wohlfühlt.

Boundaries, Baby! Mein erstes Date hatte ich mit Jim. Sein Profil war beeindruckend: Er sprach sechs Sprachen und arbeitete für die Vereinten Nationen. Entsprechend hatte er wenig Zeit, aber das störte mich nicht, denn ich hatte schließlich selbst genug zu tun. Wir trafen uns an einem meiner freien Abende. Jim bestellte mich zu einem Café in Kreuzberg, weil er direkt darüber wohnte – das war schön bequem für Jim. Es regnete an diesem Tag, und ich hatte keinen Schirm dabei, also stieg ich aus dem Bus und rannte, um nicht wie ein nasser Hund bei meinem Date anzukommen. Aber als ich pünktlich vor dem Café stand, war kein Jim zu sehen. Stattdessen eine Nachricht auf meinem Handy: »Ich bin gleich da« – »Gut, ich warte draußen«, antwortete ich. Und nach fünf Minuten noch eine Nachricht: »Ich komme gleich«, das Gleiche nach zehn Minuten. Und nach fünfzehn Minuten hatte ich die Nase voll, ich ging kommentarlos. Ich war erst ein paar Meter gelaufen, da rief er plötzlich an und fragte, wo ich denn sei. »Auf dem Weg nach Hause«, sagte ich. Er: »Bitte, bitte komm noch mal zurück. Ich lade dich auf einen Kaffee ein.« Na gut, dachte ich, könnte ja noch eine romantische Geschichte werden. Also ging ich zurück. Und da war er: Jim sah längst nicht mehr so aus wie auf den Fotos, jung und strahlend. Jim hatte Augenringe bis zu den Knien, hatte nur zehn Minuten Zeit für einen Kaffee mit mir und ließ mich dann sitzen. Am gleichen Abend schickte er mir eine Anfrage für lockeren Sex aufs Handy. Aber es war nicht nur Jim, mit dem ich solche Erfahrungen gemacht habe. Insbesondere wenn ich Männer kennengelernt habe, war schnell klar, was *sie* wollten, suchten, brauchten. Aber nicht, was *ich* wollte. Ich versuchte mich anzupassen. Ich war diejenige, die überlegte, ob sie ihr Kind im Profil erwähnt und ob sie zu verkrampft war, weil sie keinen lockeren Sex mit Wem-auch-immer wollte. Ein klares Nein fiel mir damals schwer, weshalb ich erst mit mir rang und schließlich Jim gar nicht mehr antwortete, statt ihm zu sagen: »Sorry, kein Interesse.«

Studien zeigen, »dass Männer sozialisiert werden, den Fokus auf sich selbst und die eigenen Bedürfnisse zu legen, während Frauen so sozialisiert werden, dass sie diese häufiger in den Hintergrund stellen«, schreibt Pia Kabitzsch in *It's a date.*[99] Und als alleinerziehende Mutter scheint sich der Sexismus sogar noch zuzuspitzen – sodass gewisse Erwartungen sogar von außen herangetragen werden. Lara schrieb mir auf Instagram:

> »Wenn ich jemanden gedatet und mich anschließend bei Freundinnen über den Mann beschwert habe, musste ich mir oft anhören, dass der Typ es aber auch nicht leicht habe, im Sinne von: mich, eine Alleinerziehende über dreißig zu daten.«

Ähnliche Nachrichten habe ich von anderen Alleinerziehenden bekommen: »Als Alleinerziehende sollst du möglichst dankbar sein und keine Ansprüche stellen« – »Es ist immer die Grundhaltung, dass der Typ irgendwie ›ein Guter‹ sein müsse, wenn er sich überhaupt auf mich einlässt« – »Ich bin 25 und alleinerziehend. Mir wurde schon mehrmals unterschwellig vermittelt, dass ich von Anfang an in einer Bringschuld bin, um ›mein Manko‹, alleinerziehend zu sein, zu kompensieren« – »Ich merke, dass ich die Schuld immer bei mir suche und denke: Du bist zu anspruchsvoll« – »Besonders beliebt bei uns ist jetzt die Frage, wann denn endlich das zweite Kind kommt, mein Partner würde doch sicher noch mal ›richtig‹ Papa werden wollen.« **Sexismus drängt Alleinerziehende beim Dating in das patriarchale Narrativ vom Retter in der Not.** Erinnerst du dich an die jahrtausendealte »Theorie« der Patrilinearität aus dem ersten Kapitel? Es sind ja nicht »seine« Gene, »seine« Kinder, die er da großzieht und in die er seine Zeit und sein Geld steckt. Er ist also entweder heldenhaft selbstlos oder komplett naiv – solche Erzählungen scheinen immer noch tief in uns verankert.

Die unschönen Dynamiken beim Online-Dating führten dazu, dass die Apps und ich in einer On-off-Beziehung lebten. Ich installierte sie, wenn ich mich nach Leichtigkeit, Unterstützung, Geborgenheit sehnte – meistens hatte ich davor zu viele romantische Komödien gesehen. Und ich löschte sie, wenn ich merkte, dass sie unterm Strich nur meine wertvolle Zeit fraßen. Dating-Apps lockten mich in sensiblen Momenten aber auch, zugegeben, mit handfesten Referenzen: Einige Patchworkfamilien in meinem Umfeld haben sich auf Dating-Apps kennengelernt. Lag es also doch an mir? Machte ich etwas falsch?

Ich sprach mit der Berliner Psychologin und Paartherapeutin Julia Bellabarba, die mir einen wertvollen Tipp gab: »Mit Ihnen ist alles in Ordnung. Aber wenn Sie herausgefunden haben, was Sie nicht wollen, fehlt Ihnen nun noch ein deutlicheres Nein.« Ich sollte ruhig schreiben: »Suche familiären Menschen. Keinen Macker, nichts Lockeres«, sagt Bellabarba. Statt meine persönlichen Grenzen zu hinterfragen, sollte ich sie also ganz offen kommunizieren. Also: One-Night-Stands? Nicht mein Ding! Polyamouröse Beziehungen? Will ich nicht. Das sage ich heute klar und selbstbewusst. Und siehe da: Ich treffe seitdem eher auf Menschen, die ticken wie ich und die an einer ernsthaften Beziehung interessiert sind. Auch deshalb, weil ich Profile, auf denen »Ich weiß noch nicht, was ich suche« steht, direkt aussortiere.

Unabhängige Frauen, die auf Dates starren *Alles schön und gut, aber du bist immer noch Single,* könnte man nun entgegnen. Stimmt. Weil ich am Ende lieber als Single mit mir im Reinen bin, anstatt in einer unschönen Beziehung festzustecken. Ich habe kürzlich einer Bekannten erzählt, wie lange ich schon Single bin, und sie antwortete: »Was? Wie kann das sein? Ich weiß, das klingt platt, aber du bist doch so hübsch und klug und lieb!« Ich bin wohl mittlerweile eine dieser Frauen, bei denen man sich fragt: Warum zur Hölle kriegt sie keine*n Partner*in? Diese Frauen sind ein Phänomen, das Beziehungsexpert*innen der Emanzipation zuschreiben: »Zwei Drittel der Männer bevorzugen eine Frau, die seine – oft unsichere – Männlichkeit nicht infrage stellt«, sagt der Therapeut und Partnerschaftsexperte Wolfgang Krüger in einem Interview mit dem feministischen Online-Magazin *ICONIST*.[100] Darum hätten »mädchenhafte« Frauen einen Vorteil bei der Partnersuche. Kurz: Frauen, die *ihn* nicht in seiner Heldenrolle stören. Ich erinnere mich, dass die australische Schauspielerin Rebel Wilson – bevor sie ihre Partnerin kennenlernte – in einem Interview erzählte, dass sie bei Dating-Coachings gelernt habe, sich wieder so zu benehmen, wie sich Singlefrauen benehmen sollen, wenn sie in eine Beziehung wollen: Man müsse sich helfen lassen, man müsse sagen, dass einem kalt ist und sich dann das Jackett des potenziellen Partners geben lassen. Ein bisschen hilflos spielen und in die Rolle der zu Rettenden schlüpfen. Und da sind wir wieder: In Rollen gefangen, die nichts mit uns zu tun haben. »Männer müssen lernen, Frauen zu lieben, und Frauen müssen lernen, sich selbst zu lieben«, schreibt Emilia Roig in *Unlearn Patriarchy*.[101] Aber wo treffen sich diese modernen Menschen, die das bereits gelernt haben? Während ich dieses Buch schreibe, baut die Unternehmerin Bianca Praetorius eine App namens Cherrish auf, die moderne Paare zusammenbringt: Zum Beispiel die emanzipierte Frau und den Mann mit stabilem Ego, der ihre Erfolge feiert, statt sich bedroht zu fühlen. Ich habe mich direkt angemeldet.

PATCHWORK-WORK-WORK

Für die meisten Alleinerziehenden ist die Zeit ohne Partner*in nur ein kurzer Übergang: Über ein Drittel ist laut Familienministerium bereits im ersten Jahr nach der Trennung schon wieder weg vom Dating-Markt. Und nach fünf Jahren lebt jeder zweite alleinerziehende

Elternteil mit einer neuen Partnerin oder einem neuen Partner zusammen, nach dreizehn Jahren sind es 90 Prozent.[102] Die nächste Liebe ereilte mich überraschend. Wohl vor allem deshalb, weil es nicht *meine* nächste Liebe war. Mein Ex hatte eine neue Partnerin und teilte mir das mit, bevor sie unser Kind kennengelernt hatte – das fand ich sehr rücksichtsvoll. Trotzdem war ich aufgeregt, weil ich nicht wusste, wer da nun genau in das Leben meines Kindes treten würde. Man kennt die Geschichten von »der Ex« und »der Neuen«, die einander in Konkurrenz angiften. Die eine fürchtet, ihr Kind an die »coole, neue Mom« zu verlieren, die andere fürchtet, ihren tollen neuen Partner doch wieder an die Ex zu verlieren – oder so ähnlich. Alles Humbug, der überhaupt nicht so laufen muss! Mir war wichtig, dass mein Kind in einer entspannten Familienatmosphäre aufwachsen darf. Darum ließ ich meinen Ex eine präventive Nachricht an seine neue Partnerin ausrichten: »Sag ihr, ich freue mich schon darauf, sie kennenzulernen, und dass ich keine Lust auf diesen klischeehaften Konkurrenzmist habe.« Bald darauf lernte ich M. wirklich kennen, wir begegneten uns mit meinem Ex und unserem Kind auf einer Demo. Ich fand sie direkt großartig, aber über die Jahre hat sich daraus noch viel mehr entwickelt: Liebe und Dankbarkeit. Ja, ich liebe die Bonusmutter meines Kindes, und ich bin ihr dankbar, weil sie ihm zum Beispiel tolle Geburtstagsgeschenke macht, ihm Adventskalender besorgt und Bücher vorliest, mit ihm spielt und ihm die Haare kämmt. Wenn mir mein Ex Fotos von Ausflügen oder aus dem Urlaub mit M. und unserem Kind schickt, dann fühlte ich mich nur anfangs zu 2 Prozent eifersüchtig und zu 98 Prozent erleichtert, weil mein Kind auf diesen Fotos lacht. Mittlerweile ist auch das letzte Bisschen Eifersucht verflogen. Im Gegenteil: Ich hoffe, dass M. und mein Ex lange glücklich bleiben, sodass ich sie – ganz egoistisch gedacht – als Bonusmama behalten darf. Ich kann mir nämlich keine bessere vorstellen. Ich weiß, dass ich mit M. riesiges Glück hatte, denn es kann auch anders laufen: Es gibt Patchworkfamilien, die nicht gut funktionieren. Dann kann man sich, im Sinne des Kindes, nur möglichst voneinander fernhalten. Weil es kein Recht auf Einflussnahme über die romantischen Beziehungen der*des Ex gibt. **Jede*r darf lieben, wen sie*er möchte – solange das Kind dadurch nicht ernsthaft in Gefahr gerät.** Und wenn der*die Ex (wieder) heiratet, haben Stiefeltern sogar das Recht, für das Kind alltägliche Entscheidungen zu treffen: etwa, was es zu essen bekommt, wie lange es fernsehen und wen es treffen darf. Sie dürfen das Kind sogar zur Zahnärztin oder zum Hausarzt begleiten und kleinere Entscheidungen (keine Operationen!) treffen. Als Stiefelternteil hat man also großen Einfluss auf ein Kind. Wichtig ist hier, dass Eltern und Stiefeltern einander im Alltag nicht untergraben.

Patchwork heißt neu zusammenwachsen Aber nun schauen wir uns mal in den eigenen vier Wänden um: Viele Alleinerziehende berichten mir, dass die enge und oft über Jahre eingespielte Zweierbeziehung zumindest ein wenig gestört wird, wenn da plötzlich eine dritte Person integriert werden muss. »Es war merkwürdig für mich, nach sieben Jahren nicht mehr komplett allein verantwortlich zu sein. Vor allem im Guten, aber andererseits brauchte es dann auch mehr Abstimmungen und Kompromisse«, schreibt mir Katinka. Wenn einer etwa viel mehr Sauberkeit braucht als die anderen, am Wochenende gerne Ausflüge macht, morgens seine Ruhe will – da ist Reibung vorprogrammiert. Eine Mutter, Scarlett, schrieb mir, dass ihre Tochter ihren neuen Partner sogar grundsätzlich und heftig abgelehnt hat:

> »Sie hat gedroht, zum Papa zu ziehen, und gesagt, dass sie meinen neuen Partner hasse, ihn mit Nichtbeachtung und Genervtheit bestraft. Ich wusste aber, dass ihr Verhalten nichts

mit ihm zu tun hatte, sondern damit, dass eine dritte Person hinzukommt. Mein neuer Partner hat ihr Verhalten stoisch ausgesessen, ihr nichts übel genommen und sich bei mir ausgekotzt. Das war auch für mich sehr anstrengend. Aber es ging vorbei, sie hat nur Zeit gebraucht.«

Eine besonders wichtige Frage ist hier für viele: »Wie streitet die*der Partner*in mit meinen Kindern? Fliegen gleich die Fetzen, oder macht sie*er liebevoll ihren*seinen Standpunkt klar?« Ich frage meine Community auf Instagram: Was macht einen liebevollen Bonuselternteil aus? Die Antworten sind ähnlich: »Er lässt meine Tochter sein, wie sie ist, strahlt viel Ruhe aus« – »Er wechselt die Windeln, begleitet in den Schlaf, bringt mein Kind zum Kindergarten und macht auch sonst alles mit ihm wie mit seinem eigenen Kind« – »Sie ist sehr geduldig und lässt sich auf die Bedürfnisse der Kinder ein, ohne große Erwartungen« – »Mein Partner interessiert sich für meine Kinder, spielt mit ihnen, sucht die Gespräche zu ihnen, hat ihre Termine auf dem Schirm«. Zurückhaltung, Unterstützung und echtes Interesse am Kind scheinen gut anzukommen. Aber die Arbeit an einer Patchworkfamilie besteht nicht nur aus Liebe und Eierkuchen. Zum Beispiel hat meine Freundin Jasmin die geballte Patchwork-Erfahrung gemacht: Sie und ihr Partner hatten jeweils schon ein Kind, als sie zusammenkamen. Und Jasmin sagt: So eine Patchworkfamilie ist eine völlig neue Welt, in die man hineinwachsen muss. Sie erzählt:

Ich war über drei Jahre Single, als ich meinen Partner getroffen habe. Wir kannten uns schon von früher, waren vor fast zwei Jahrzehnten mal kurz zusammen und verloren uns dann aus den Augen. Aber als wir uns im Shoppingcenter zufällig wiederbegegneten, waren sofort alle alten Lichter wieder an. Nur waren wir nicht mehr dieselben: Ich war mittlerweile alleinerziehende Mutter und pflegte mein mehrfach behindertes Kind, er hatte sich gerade von seiner Frau getrennt und litt sehr darunter, seine Tochter nicht immer sehen zu können. Wir mussten uns also ganz neu aufeinander einlassen. Und gerade anfangs fühlte keiner sich vom anderen wirklich gesehen: Er beneidete mich um mein Leben mit meiner Tochter, ich beneidete ihn um seine Freiheiten – er hatte Zeit für Bandproben, konnte Freunde treffen und abends noch schnell zum Supermarkt gehen. Ich dachte: Er kann gar nicht nachvollziehen, wie das ist, ständig erschöpft zu sein. Das wiederum verletzte ihn, weil er die Möglichkeit, abends noch rausgehen zu können, sofort hergegeben hätte, wenn er dafür seine Tochter öfter sehen könnte und nicht um jede Sekunde mehr mit ihr kämpfen müsste. Wir mussten diese verschiedenen Perspektiven immer wieder irgendwie zusammenbringen und Verständnis füreinander aufbringen. Was bringt es unserer Beziehung auch, wenn wir uns ständig miteinander vergleichen? Stattdessen entschieden wir, einander zu unterstützen: Ich fing ihn auf, wenn er seine Tochter vermisste, und versuchte, mit ihm zusammen Lösungen zu finden. Er spielte und kuschelte mit meiner Tochter, um mich zu entlasten.

Als ich seine Tochter kennenlernte, war ich überrascht: Sie nannte mich sofort bei meinem Spitznamen »Smini« und stellte mir viele Fragen, während mein Kind noch nie ein Wort zu mir gesprochen hat. Ich bemuttere seine Tochter ganz anders als meine Tochter – das war also neu für mich und auch mit einer Trauer darüber verbunden, was ich mit meiner Tochter eben nicht erlebe. Andererseits können Kinderworte auch treffen, etwa wenn sie verlangt, mit ihrem Vater allein zu sein, und mich wegschickt. Ich musste also auch lernen, die Erwachsene zu sein und ihre Worte nicht als Angriff gegen mich zu verstehen. Sonst würde sie mir regelmäßig das Herz brechen, und ich weiß, das ist überhaupt nicht, was sie will. Die Tochter meines Partners und ich, wir haben uns sehr lieb. Und sie richtig zu verstehen, sorgt auch dafür, dass sie sich jederzeit sicher und gut aufgehoben fühlt. Und wenn *ich* mich nicht so fühle, dann spreche ich darüber mit meinem Partner. Bisher haben wir noch jedes Problem gelöst! Das Leben als Patchworkfamilie ist nicht nur herausfordernd, sondern schweißt auch zusätzlich eng zusammen, wenn alle an einem Strang ziehen. Und: Für schwierige Situationen habe ich mittlerweile ein Mantra: This too, shall pass. Zu deutsch: Auch das geht vorbei.

Und wenn es mit der Patchworkfamilie doch nicht passen will? Dann macht man eben wieder Schluss. Denn auch hier gilt: Lieber glücklich Single als unglücklich in einer Partner*innenschaft. Ich hatte nach der Trennung eine Beziehung, und es hat nicht funktioniert: R. war mein Nachbar und eigentlich seit vielen Jahren mit ein und derselben Frau zusammen – bis er plötzlich Single war und wir im Hausflur ins Gespräch kamen. Ich fand ihn schon immer attraktiv und wirklich nett, vielleicht ging es ihm ähnlich, denn wir landeten schnell miteinander im Bett und wurden kurz darauf ein Paar. Mein Kind war damals zweieinhalb Jahre alt, weshalb ich R. nach ein paar Monaten als Freund in unseren Haushalt einführte. Mein Kind spielte und tobte mit ihm, aber es kriselte auch bald: R. war ein fürsorglicher Partner, der im Haushalt mit anpackte, sich zuverlässig meldete und Ausflüge plante. Aber er wollte auch bald mein Kind miterziehen. Wenn mein Kind weinte, bestand R. darauf, dass ich es weinen ließ und nicht tröstete – das nannte er Erziehung. »Hast du jemals auch nur einen Erziehungsratgeber gelesen?«, fragte ich ihn. Hatte er nicht und, noch viel schlimmer, wollte er auch nicht. So verbrachte ich die Abende immer öfter mit ihm auf der Couch, um ihm meinen

Erziehungsstil zu erklären und mit ihm darüber zu diskutieren, was eigentlich *seine* Rolle in dieser Familie ist. Wir einigten uns darauf, dass er eine Art Freund für mein Kind sein würde, denn eine Vaterrolle brauchte mein Kind nicht – und durch unsere verschiedenen Erziehungsstile war das meiner Meinung nach auch gar nicht möglich. Nun war das Problem aber nicht behoben, denn mein Partner zeigte sich beinahe bei jedem Treffen irgendwann beleidigt, sobald mein Kind etwas anderes wollte als er. »Du kannst einfach Nein sagen und dass du das nicht möchtest«, erklärte ich ihm. Aber die Stimmung kippte. An einem Tag wollte ich kurz duschen gehen, als mein Kind gegen die Kante eines Schrankes rannte und weinte. Ich rief »Gehst du bitte?«, aus der Dusche. Aber keine Reaktion. Ich rief wieder. Nichts. Also stellte ich die Dusche ab und rannte zu meinem weinenden Kind. Mein Partner kam genervt aus der Küche. Da war es für mich vorbei. Wer gegen mein Kind arbeitet, arbeitet auch gegen mich, und das kann ich nicht gebrauchen.

DIE SCHÖNHEIT IM ALLEINSEIN

Alleinsein ist nicht unbedingt schlecht, im Gegenteil! Es steckt auch eine Chance darin. Die Jahre, in denen ich nun schon mit meinem Kind allein bin, haben mich geprägt wie keine andere Zeit. Ich bin nicht für jeden Moment dankbar und werde Armut und Depressionen ganz sicher nicht romantisieren. Aber gleichzeitig will ich heute auch keine andere sein. »Diese reine und glühende Zeit des Alleinseins, ist die Zeit, in der Frauen sich selbst formen«, schreibt die New Yorker »Girls«-Schauspielerin Lena Dunham 2018 nach einer Trennung in der *Vogue*.[103] Es geht um das Recht auf und die Freiheit im Alleinsein. »Die patriarchale Gesellschaft hat uns dieses Privileg genommen, durch die Drohung mit ewiger Einsamkeit als Strafe für die Sünde, sich selbst zu lieben.« Boom. Ein Satz wie eine Abrissbirne, mit dem Lena Dunham die Einsamkeit vom Alleinsein trennt. Damit wir klar erkennen können: Da ist ein Unterschied. Alleinsein ist zunächst ein objektiver Zustand, in dem einfach niemand anderes da ist – ohne dass sich dazu unbedingt ein Gefühl in uns regen muss. Wir gehen etwa mehrmals am Tag allein zur Toilette, ohne Trauer oder Nervenzusammenbruch oder Angst. Und dann ist da noch die Einsamkeit, ein emotionaler Zustand, den immer mehr Menschen kennen. Es ist ein unfreiwilliges Abgeschnittensein von sich selbst oder der eigenen Umwelt, wo wir eigentlich Nähe und Verbindung brauchen – Einsamkeit ist also ein unangenehmes, drängendes Gefühl. Warum ist es so wichtig, dass wir das Alleinsein von der Einsamkeit zu unterscheiden lernen? Im Patriarchat wird insbesondere Single-Frauen eingeredet, dass sie sich nicht selbst um ihre Bedürfnisse kümmern können, weil sie dann egoistisch, arrogant, eingebildet sind oder weil sie tatsächlich nicht die nötigen Mittel haben. Für die eigenen Bedürfnisse soll ein*e Partner*in zuständig sein! Klar, dass Singles dann nicht glücklich werden können. Dass sie entsprechend ohne Partner*in einsam sind oder unvollständig. Das gilt insbesondere für Frauen: Wenn sie lange Single sind, etwa mehrere Jahre, dann scheint etwas mit ihnen nicht zu stimmen. Dann bleibt ihnen nichts weiter übrig, als beunruhigt, traurig und zunehmend verzweifelt zu sein. Dann müsste sie die Sorge packen, womöglich am Ende niemanden mehr abzubekommen! Und man rät ihnen, sich etwas mehr zu bemühen, noch freundlicher zu sein und nicht zu wählerisch, um doch noch unter die Haube zu kommen. Natürlich ist das lästiger Unsinn. Aber solche Geschichten erzählt man uns immer noch in Klatschblättern, Filmen und Romanen, in denen die Verbindung mit dem Love Interest zum Happy End führt. Mit jeder dieser Geschichten über Menschen, die noch vor dem dreißigsten Geburtstag heiraten, Kinder kriegen und ein Haus bauen, scheint diese irrationale Angst, als »alte Jungfer« zu enden oder »einsam zu sterben«, fortgeschrieben zu werden.

Keine Angst vor Einsamkeit Wenn ich solche Ängste bei Freund*innen oder Bekannten heraushöre, die seit zwei Jahren Single sind, tätschele ich ihnen die Hand und erzähle ihnen, dass es bei mir schon 3000 Jahre sind. Dann lachen wir drüber, und ich rechne ihnen vor, warum ich nicht davon ausgehe, dass ich oder sie »einsam sterben« werden: Ich habe, wenn alles glatt geht, noch fünfzig Jahre zu leben. Der gesunde Menschenverstand sagt mir, dass ich in dieser Zeit so vielen Menschen über den Weg laufen werde, dass es zunehmend wahrscheinlicher wird, irgendwann doch noch eine Beziehung einzugehen, als entgegen meinen Wünschen für immer Single zu bleiben. Das Gleiche würde ich behaupten, wenn ich dreißig Jahre älter wäre. Und wenn es doch anders kommt, dann kann ich trotzdem auf viele andere Aspekte in meinem Leben zurückblicken, die durchaus gelungen sind. Der Trick ist nämlich: Ich kann mich auch ohne romantische Beziehung vielschichtig verwirklichen. Und ich finde es wichtig, das zu verinnerlichen. Schon allein, weil eine romantische Beziehung nicht auf Angst vor Einsamkeit aufgebaut werden sollte, sondern auf Liebe, Interesse, Zuneigung, Sympathie oder meinetwegen einem gemeinsamen Hobby – aber nicht auf Angst. Wer Angst hat, tendiert dazu, sich schnell wieder in die nächstbeste Beziehung zu stürzen. Und das finde ich schade und auch gefährlich, denn dann werden eher Prioritäten gesetzt, die unschöne Beziehungsdynamiken befeuern. Dann steht die Beziehung zu der anderen Person plötzlich über den eigenen Bedürfnissen, Interessen und Grenzen. Und dann kommt die bittere Pointe: Eine Paarbeziehung schützt nicht unbedingt vor Einsamkeit. Aber Intimität, Nähe, Verbundenheit schon – und man kann sie sowohl von einer Paar-

als auch einer freundschaftlichen oder Verwandtschaftsbeziehung bekommen. Der Schriftsteller und Journalist Daniel Schreiber formuliert es in *Allein* so: »Es wird so viel über die große Erzählung der romantischen Liebe geschrieben, es werden so viele Filme über sie gedreht und so viele theoretische Erklärungsgebäude für sie errichtet, dass wir andere Erzählungen von Nähe und Intimität häufig außer Acht lassen oder ihnen nicht jene Bedeutung beimessen, die ihnen zusteht.«[104] In den Jahren, in denen ich nun schon Single bin, habe ich wunderbare Freund*innenschaften aufgebaut, in denen ich diese Nähe und Intimität immer wieder spüre. Zum Beispiel in einer festen Umarmung oder in einer Karte aus dem Urlaub oder einem Päckchen für mich zu Weihnachten. Kürzlich haben etwa meine Nachbarin, ihr Mann und ich festgestellt, dass wir nun endgültig miteinander im Wohlfühlbereich angekommen sind: Unsere Kinder spielten im Kinderzimmer, wir stellten Tee und Kekse auf den Wohnzimmertisch, legten die Beine hoch und daddelten alle drei nebeneinander auf der Couch auf unseren Handys. Hier und da zeigten wir uns gegenseitig Bilder oder Videos, lachten zusammen, um dann wieder, jede*r für sich, im Internet abzutauchen. Es war gemütlich! Genauso weiß ich, dass diese und andere liebe Menschen mich im Notfall jederzeit unterstützen würden, indem sie mir beispielsweise, wenn ich krank bin, mein Kind abnähmen und eine Suppe vorbeibrächten. Selbst mein Ex hat für mich bei mir zu Hause mal einen Geburtstagstisch hergerichtet oder zusammen mit unserem Kind Blumen für mich gepflückt – genauso mache ich es für ihn. Also ja, ich bin allein – schon lange. Aber ich bin nicht einsam. Und das ist mir wichtig zu sagen, weil die Angst vor Einsamkeit den Blick aufs Alleinsein stört, auf diese »reine und glühende Zeit«, wie Dunham schreibt.

Ein Vertrauensverhältnis zu mir selbst Nein, ich möchte das Alleinsein mit Kind nicht romantisieren: Natürlich ist diese Situation etwas anderes als ohne Kind. Ohne Kind könnte ich die Zeit des Alleinseins freier nach eigenem Belieben gestalten, abends zum Yoga gehen oder spontan Freund*innen in einer Bar treffen. Alleinerziehende hingegen müssen sich oft nach einem vollen Zeitplan richten, der zum großen Teil von den Bedürfnissen des Kindes, des Arbeitgebers und den vielen Verpflichtungen im Haushalt bestimmt wird. Aber: Bereits ein Kind oder sogar mehrere zu haben, ist auch vorteilhaft, weil meine »biologische Uhr« zumindest nicht mehr ganz so laut tickt. Ich habe meinen Kinderwunsch verwirklicht – auch wenn ich mir durchaus noch ein weiteres Kind vorstellen kann, manchmal sogar wünsche. Trotzdem sind da diese innere Ruhe und Zufriedenheit, weil ich bereits ein wundervolles Kind habe, und daraus muss sich doch etwas machen lassen, oder? Zum Beispiel eine gewisse Unangreifbarkeit für die Sorge, dass »jetzt die letzte Chance für die Fortpflanzung ist« und wir uns deswegen dringend in eine romantische Beziehung stürzen müssen. Darüber kann ich nur gähnen, denn mir kann grundsätzlich egal sein, ob ich heute in einer romantischen Beziehung lande oder erst in zehn Jahren. Ich habe keine Eile, weil ich auch ohne diese eine besondere Person grundsätzlich zufrieden bin. Und diese Zufriedenheit kommt nicht von allein, ich stelle sie systematisch her: Zum Beispiel nehme ich mir jedes Jahr zwischen Weihnachten und Neujahr ein, zwei Stunden Zeit, um mir eine möglichst genaue Vorstellung vom nächsten Jahr zu machen. Ich frage mich dann: Was habe ich im vergangenen Jahr erreicht und erlebt? Was sind meine Ziele fürs nächste Jahr? Was genau brauche ich, um diese Ziele zu erreichen, und wann genau könnte ich sie umsetzen? In welchem Monat oder zu welchem genauen Termin?

Dass es keine Notwendigkeit für eine Paarbeziehung gibt, habe ich mir während meiner Zeit allein immer wieder selbst bewiesen: Ich habe in den vergangenen Jahren mit wenig Geld mehrere Urlaube allein erlebt, Regale an die Wand gebohrt, teils komplizierte Anträge an Behörden geschickt, meine Wohnung mehrmals allein gestrichen, eine Waschmaschine abgebaut, Betten aufgebaut, mich um die Steuererklärung gekümmert, Pflanzen eingetopft, mein Kind durch kranke Tage und Nächte begleitet und so weiter. Ich habe zwar nicht geflirtet wie eine Weltmeisterin und mir nicht in Clubs die Beine in den Bauch getanzt. Aber dafür habe ich mir in meiner Zeit des Alleinseins die Gewissheit aufgebaut, dass ich mein Leben rundherum managen kann – auch wenn das ehrlich gesagt nicht immer einfach war. **Ich habe mit mir selbst Höhen und Tiefen durchgestanden und dadurch ein tiefes Vertrauen zu mir und in meine Fähigkeiten entwickelt.** Man könnte es auch so ausdrücken: Ich lasse mir von keinem dahergelaufenen Typen mehr die Butter vom Brot nehmen. Ich kann heute ohne Partner*in alles erledigen, was in einem Leben so erledigt werden muss. Manches geht nur mit Freund*innen oder mit Geld, aber ich spreche schließlich nicht davon, zu einem Einsiedler zu mutieren, der nichts und niemanden mehr braucht und sich zum Alleinsein in eine selbst gebaute Holzhütte im Wald zurückzieht. Bei der Kunst des Alleinseins geht es vielmehr darum, sich nicht von einem Love Interest abhängig zu machen und stattdessen das eigene Leben selbstbewusst zu gestalten, nach den eigenen Bedürfnissen und Wünschen.

Self-partnered Die Harry-Potter-Schauspielerin und feministische Aktivistin Emma Watson hat dieser Haltung in einem Interview mit der britischen *Vogue* 2019 einen Begriff gegeben: self-partnered.[105] Das zeigt: Man braucht nicht unbedingt den Seelenverwandten, die*der einen komplettiert. Komplett zu sein ist auch nur ein Gefühl, das man sich meiner Erfahrung nach immer wieder erarbeiten muss. Zum Beispiel habe ich herausgefunden, dass meine Einsamkeit nicht immer darauf hindeutet, dass ich unbedingt wieder Freund*innen treffen muss. Das Gefühl der Einsamkeit entsteht auch dort, wo ich mir selbst nicht mehr zuhöre und meine Gefühle zu lange verdränge. So lief ich kürzlich durch die Straßen und fühlte mich einsam, ehe ich endlich bemerkte, dass ich mich vor unangenehmen Gefühlen bewahren wollte, indem ich sie verdrängte. Ich fühlte mich enttäuscht und traurig; der Grund ist hier nicht wichtig. Wichtig ist nur, dass ich die Gefühle endlich zuließ und aufhörte, mir selbst zu sagen: »Das ist unangemessen, lass das doch«, sondern stattdessen dachte »Es ist ganz normal, dass du gerade traurig bist. Sei traurig, sei enttäuscht. Lass es raus.« Es dauerte nur wenige Minuten, und das Gefühl der Einsamkeit verging, obwohl ich immer noch allein war. Darum fühle ich es, dieses self-partnered.

Und wenn ich Lust habe, dann führe ich mich auch selbst ins Kino aus, zuletzt sah ich allein *Endlich mal was Schönes,* ein Film, der Ende 2022 in die Kinos kam: Darin spielt Karoline Herfurth die Radiomoderatorin Karla, die mit Ende dreißig endlich Mutter werden will. Aber da sie keine*n Partner*in hat, beschließt sie kurzerhand, allein ein Kind zu bekommen – und das endet nicht in einer Katastrophe, sondern als schöner, möglicher Weg. Und tatsächlich ist das Thema gerade auch in Deutschland ein aufkeimendes, nachdem sich in Amerika bereits vor Jahren eine ganze Bewegung von Müttern gefunden hat: Sie bekommen ihre Kinder ohne Partner*in und nennen sich Single Mothers by Choice, in Sozialen Netzwerken nutzen sie das abkürzende Hashtag #SMbC. Ich frage mich: Könnte ich mein zweites Kind allein bekommen? Darüber denke ich schon länger nach, weshalb ich wohl auch in genau diesem einen Kinofilm gelandet bin, der Frauen am Ende ermutigt aus dem Saal entlässt. Ich will mehr erfahren und spreche mit der Berlinerin **Jennifer Sutholt**, die zusammen mit einem Co-Vater vor sechs Jahren eine Tochter geboren hat. Sutholt hat außerdem den Verein *Solomütter Deutschland* gegründet und will darüber den deutschen Begriff *Solomutter* statt Single Mother by Choice etablieren, damit Menschen bei ihren Recherchen im Internet auf lokale Informationen stoßen. Sie hat den Verein zusammen mit der Klinischen Sozialarbeiterin und zertifizierten Kinderwunschberaterin Katharina Horn gegründet, die selbst Solomutter per Samenbankspende geworden ist. Auf welchen Wegen kann man also Solomutter werden?

» DEN KINDER- VOM PARTNER*INNENWUNSCH TRENNEN

Erzähl mal: Wie bist du auf die Idee der Co-Elternschaft gekommen?

Ich war 34 Jahre alt, längst bereit für ein Kind, und ich hatte zwei Jahre zuvor den perfekten, liebevollen Freund gefunden. Unser Problem war, dass er auf gar keinen Fall Vater werden wollte. Also musste ich mich entscheiden: Unsere Beziehung oder mein Kinderwunsch? Ich trennte mich. Ich dachte, dann mach ich das mit dem Kind jetzt allein, schließlich lief mir auch die Zeit davon! Die Möglichkeiten lagen auf der Hand: Ich könnte jemanden in der Disco aufgabeln und ungeschützten Sex haben, aber das war mir zu riskant wegen möglicher Krankheiten. Sollte ich einen netten, soliden Kerl heiraten, in den ich aber nicht verliebt war? Oder doch zu einer Samenbank gehen? Aber dann erzählte mir eine Arbeitskollegin von einem Freund, der ein Kind bekommen wollte, als Co-Vater. Ganz ohne leidenschaftliche Liebe oder Zusammenwohnen. Bingo! Ich war sofort interessiert.

Du sagtest, du hast auch über die Samenbank nachgedacht. Warum hast du dich dann trotzdem für einen Co-Elternteil entschieden?

Bei einer Samenbank hätte ich die Zügel komplett selbst in der Hand gehabt. Aber dann dachte ich: Mega, mit einem Co-Vater hätte ich sogar direkt einen garantierten Babysitter dazu und unser Kind wäre finanziell abgesicherter. Das war also mein Weg. Aber es per Samenbank allein zu machen, hat auch Vorteile: Man trägt dann die Verantwortung allein und braucht keine Unterschriften für alle möglichen Dinge, die das Kind betreffen.

Wo findet man denn einen Co-Vater oder eine Co-Mutter?

Viele suchen auf der Webseite familyship.org. Außerdem gibt es Facebook-Gruppen, wobei sich da auch Menschen tummeln, die womöglich etwas ganz anderes im Sinn haben. Aber man will schließlich jemanden finden, der sich um das Kind kümmert, bis es erwachsen ist. Diese Person ist immer im Leben des Kindes und auch in meinem eigenen Leben. Sie sollte daher gut ausgesucht sein. Viele Frauen, die sich bei mir beraten lassen, sind schon Ende dreißig. Die haben wenig Zeit, sollten deswegen aber nicht unvorsichtig werden. Lieber sollten sich Co-Eltern zwölf statt nur sechs Monate kennenlernen, um sich sicher zu sein, es auch in schwierigeren Zeiten miteinander aushalten zu können.

Wie war denn das Kennenlernen zwischen dir und dem Co-Vater?

Ich fand unser Date entspannter als ein romantisches Date. In meinem eigentlichen Job als Flugbegleiterin muss man sich im Team innerhalb weniger Minuten kennenlernen und zusammenarbeiten – das konnte ich darum sowieso gut. Außerdem hatten wir vorher schon telefoniert, kannten uns also schon ein wenig. Bei unserem Kennenlernen haben wir dann ein paar Dinge festgezurrt, die uns jeweils wichtig waren. Für mich war zum Beispiel unverhandelbar, dass unser Baby im ersten Jahr bei mir wohnt – ich wollte es nämlich ein Jahr stillen. Außerdem sollte es meinen Nachnamen tragen. Und dann ging es noch ums Thema Impfen, ab wann das Kind in den Kindergarten kommen soll und darum, ob wir die gleichen Werte teilen.

Jetzt zum pikanten Teil: Wie wurde euer Kind dann gezeugt?

Uns beiden war klar: Wir würden keinen Sex haben, denn das überfrachtet unsere Beziehung! Ich habe dann im Internet recherchiert und mir die Bechermethode ausgesucht: Dabei wird das Sperma in einen Becher ejakuliert und dann mit einer Spritze aufgesogen, um es in die Vagina – ähnlich wie beim penetrativen Sex – wieder reinzuspritzen. Das kann man sehr gut allein in einem separaten Zimmer machen. Der Zeitpunkt war bei uns mithilfe von Ovulationstests genau getimt. Und beim ersten Durchgang war ich schon schwanger.

Und wie läuft die Zeugung mit der Samenbank ab?

Eltern, die ohne Co-Partner*in schwanger werden wollen, können Sperma bei der Samenbank kaufen. Das kriegt man in Paketen aus mehreren Halmen, etwa wie Strohhalme, und die Preise liegen pro Halm zwischen 600 und 1200 Euro. Man wird auf Fruchtbarkeit getestet, ein Ultraschall wird gemacht, Hormonbilder – die Kosten liegen zwischen 400 und 500 Euro. Bei der sogenannten Intrauterinen Insemination (IUI) ist die Befruchtung ähnlich wie die Bechermethode, aber das Sperma wird mit einem Katheter direkt in den Uterus geleitet; das kostet weitere 400 Euro. Es gibt Mütter, die im Idealfall direkt schwanger werden und dafür um die 2000 Euro gezahlt haben. Im Durchschnitt sollte man aber mit mehreren Durchgängen und Ausgaben zwischen 12 000 und 15 000 Euro rechnen.

Nun ist eure Tochter schon sechs Jahre alt, wie regelt ihr die Betreuung?

Wir haben Mathilda immer mit einbezogen, sie entscheidet gerne selbst, wann sie bei wem sein möchte. Aber grundsätzlich planen wir von Monat zu Monat, sodass meine und seine Schichten abgedeckt sind. Zum ursprünglichen Plan: Mathilda sollte etwa 60:40 – mit überwiegendem Anteil bei mir – betreut werden, weil das in unsere Kalender am besten gepasst hat. Aber mittlerweile ist das Verhältnis sogar bei 80:20. Das hat sich aus verschiedenen Faktoren ergeben: Unter anderem auch, weil wir in verschiedenen Bezirken wohnen und die Kita in der Nähe meiner Wohnung liegt. Das gleichen wir jetzt über den Kindesunterhalt aus, der aber – anders als normal – für mich eine Art Betreuungsgeld darstellt und den ich in meine Altersvorsorge stecke. Zusätzlich teilen wir alle Ausgaben für Mathilda 50:50 – vom Tanzverein bis zur Kleidung. In Zukunft will ich aber gerne wieder etwas mehr Zeit für mich haben, weil ich als ausgebildete Mediatorin und psychologische Beraterin für Menschen mit Kinderwunsch arbeiten und mich noch mehr in meinen neu gegründeten Verein engagieren möchte.

Du hast 2021 Solomütter Deutschland e.V. mitgegründet. Was macht der Verein?

Bei Solomüttern findet die gleiche Diskriminierung statt wie bei allen anderen Alleinerziehenden auch. Obendrauf kommen noch ein paar ungerechte Feinheiten: Zum Beispiel haben Solomütter keinen Anspruch auf Unterhaltsvorschuss. Da laufen auch schon Klagen, denn beim Unterhaltsvorschuss geht's um das Kind, und das sollte nicht benachteiligt werden, nur weil in der Geburtsurkunde etwa kein Vater steht. Wir fordern hier eine Art Kindergrundsicherung! Ein weiteres Anliegen ist uns die Bezahlung der Kinderwunschbehandlung: Warum werden hier nur dann 50 Prozent von den Krankenkassen übernommen, wenn die Frau verheiratet ist – bei Single-Müttern aber nicht? Immerhin sollen ab 2023 für alle Menschen mit Kinderwunsch 25 Prozent übernommen werden. Aber wir finden, es ist Zeit für echte Gleichberechtigung!«

Übrigens: Es scheint sich um die Solomutter herum ein neues romantisches Märchen zu etablieren: Karla alias Karoline Herfurth trifft in *Endlich mal was Schönes* auf Ole, der – Achtung Spoiler – am Ende mit ihr zusammenkommt, obwohl sie ihr Kind (erst mal) allein kriegen und großziehen will. Sie macht ihr Ding, und den Kerl kriegt sie trotzdem. Ähnlich lief es schon 2016 im Film *How to be Single*: Die Ärztin und Single Mother by Choice Meg (alias Leslie Mann) trifft bereits schwanger auf den liebenswürdigen Ken, der sagt, Hausmann zu werden und sich um das Kind zu kümmern, sei sein absoluter Traum. Dieses neue Märchen ist einerseits ein fortschrittliches, weil hier Männer ein Kind großziehen wollen, das nicht ihrem Sperma entspringt, sondern dem eines anderen Mannes. Auf der anderen Seite: Sollen wir jetzt schwanger darauf hoffen, doch noch von einem Mann gerettet zu werden? Ich würde gerne mehr Filme von Alleinerziehenden sehen, die auch ohne Partner ihr Happy End finden können – wie in *Girls*: Die Serie endet damit, dass Hannah New York verlässt und in ein kleines Haus zieht, um dort alleinerziehend ihr Kind zu betreuen. Ihre Aussichten sind rosig, denn sie hat von ihrer neuen Chefin eine Stelle als Dozentin angeboten bekommen, als sie hochschwanger war. Andererseits: Manche Geschichten enden doch mit einem Love Interest, das zeigt 2022 die australische Schauspielerin Rebel Wilson: Sie hat im November mithilfe einer Leihmutter ihre erste Tochter bekommen, und etwa zehn Monate zuvor hat Wilson ihre Partnerin kennengelernt. Das heißt: Auch bei Wilson muss der Anfang der Schwangerschaft mit dem Kennenlernen ihrer Partnerin zusammengefallen sein. Wer sich eine Partner*innenschaft wünscht, kann also auch in Ruhe sein eigenes Ding machen, sogar Kinder kriegen – die Liebe kommt von allein.

ERSTE HILFE: LIEBE

PIMP YOUR DATING-PROFIL:

- Ob du dein Kind im Dating-Profil erwähnst oder nicht, ist deine Entscheidung; hier gibt es kein Richtig oder Falsch.
- Zeige dich authentisch statt »perfekt«.
- Schreibe offen, was du suchst und was du nicht suchst: One-Night-Stands ja oder nein? Polyamouröse Beziehungen? Monogamie? Freund*innenschaft plus?

MERKE: Du darfst nicht nur Ja, sondern auch Nein sagen.

PATCHWORK

- Nach der Hochzeit haben Bonus- oder Stiefeltern das Recht, alltägliche Entscheidungen für die Kinder zu treffen.
- Du und dein*e Ex könnt lieben, wen ihr wollt – es gibt keine gegenseitige Einflussnahme bei der Partner*innenwahl.
- Patchworkfamilien brauchen Zeit und Geduld, um zusammenzuwachsen.
- Was einen guten Bonuselternteil ausmacht: Verlässlichkeit, Unterstützung, Zurückhaltung und echtes Interesse am Kind.

DU HAST EINEN KINDERWUNSCH, ABER KEINE*N PARTNER*IN?

Immer mehr Mütter kriegen ihr Kind allein, etwa über eine Samenbank oder gemeinsam mit einem Co-Elternteil – vielleicht ist das auch etwas für dich? Google die Begriffe »Solomutter« oder »Single Mother by Choice«!

WAS ICH DIR NOCH SAGEN WILL: Die große Chance im Alleinsein liegt darin, sich auf sein eigenes Leben konzentrieren zu können – ohne Kompromisse. Also überlege dir, wovon du träumst, was deine ganz persönlichen Ziele sind, und dann verwirkliche sie. Für die allermeisten ist das Alleinsein ein temporärer Zustand. Wie willst du diese Zeit nutzen?

EPILOG

An einem Abend im Dezember 2022 ging ich in Berlin auf eine kleine berufliche Netzwerkfeier, bei der mir ein Mann ins Auge fiel. Sein Haar war kastanienbraun, und im Gespräch mit anderen hatte sein Lächeln diese schöne Mischung aus frech und freundlich – ich mochte ihn sofort. Als ich mir an der Bar ein Glas Wein holte, kam er rüber zu mir und bestellte sich einen grünen Cocktail, so kamen wir ins Gespräch. Er erzählte mir von seinem Start-up, ich erzählte ihm von meinen Projekten, und nach einer halben Stunde tippten wir uns beim Reden gegenseitig an die Arme. Ein gutes Zeichen, dachte ich. Aber irgendwann waren unsere Gläser leer, und wir beendeten unser Gespräch. Er ging zu seinen Kolleg*innen und ich zu meiner Bekannten. Sie hatte derweil herausgefunden, dass er Single war. Nicht, dass sie danach gefragt hätte, nein, eine seiner Kolleginnen wollte ihn wohl verkuppeln und erkundigt sich bei ihr, ob ich ebenfalls Single sei. Noch ein gutes Zeichen, dachte ich.

Meine Bekannte und ich unterhielten uns noch eine Weile, ich bestellte mir ein zweites Glas Wein und sie sich ein Taxi. Als sie weg war, stand ich allein da und hatte keine Lust mehr, mit noch jemandem ein neues Gespräch zu beginnen. Also zog ich mir meinen Mantel über und verabschiedete mich von allen, im Vorbeigehen auch von ihm. Er sagte »Tschüss, Anne!« und streckte seine Hand aus, tippte mich ein letztes Mal an. Ich lächelte zurück und ging mit weichen Knien zur Tür hinaus. Draußen blieb ich stehen und dachte: Wie oft passiert dir das? Wie oft macht dir jemand weiche Knie und ein Kribbeln im

Bauch? In den letzten Jahren ist das selten passiert. Aber: Ich hatte noch nie jemanden direkt nach einem Date gefragt. Wie macht man so was? Vermutlich muss ich einfach fragen, sagte ich mir. Und das mach ich jetzt auch! Ich drehte mich um und ging entschlossen zurück. An der Bar öffnete ich die Tür und steckte nur meinen Kopf hinein. Er sah mich sofort an, ich rief: »Ich hab noch eine Frage an dich.« Er kam raus, ich schloss die Tür, sagte zu ihm: »Hast du Lust, mal mit mir einen Kaffee trinken zu gehen, also privat?« Er stammelte Unverständliches vor sich hin, wir lachten. Dann setzte er neu an: »Es ist so … Ich date gerade jemanden.« Mist, dachte ich. »Ach so«, sagte ich und zuckte locker mit den Schultern. »Wir hatten uns so gut unterhalten und …« – »Das haben wir auch!«, sagte er und legte die Stirn in Falten. Ich winkte ab, er solle sich keine Sorgen machen, vielleicht würden wir uns beruflich wieder über den Weg laufen, alles kein Problem! Er betrachtete mich kurz, öffnete die Tür zur Bar und ging dann ins Warme. Ich machte auf dem Absatz kehrt, und anstatt geknickt nach Hause zu gehen, verzog sich mein Mund zu einem breiten Grinsen, um dann ein helles Lachen in die Nacht zu schicken.

DANK

Ein dickes Dankeschön und tausend Küsse an alle Menschen, die dieses Buch möglich gemacht haben: Allen voran meiner Mutter und meinem Kind, die mich beide zu einem großen Teil geprägt und zu dem Menschen gemacht haben, der Ende 2022 voller Freude und mit geschwollener Brust diese Zeilen schreiben darf. Ich danke außerdem meinem Ex dafür, dass es mit ihm manchmal leicht und manchmal schwer war und dass wir am Ende doch immer alle Phasen als Eltern gemeistert haben. Oh, und danke, dass ich hier auch über dich schreiben durfte!

Danke an meine Lektorin Charlotte Rock, die mich für dieses wunderbare Projekt angefragt hat und das ganze Team vom Kösel-Verlag, das mich in München so unglaublich süß und warmherzig empfangen hat – ich habe mich bei euch direkt zu Hause gefühlt! Danke an meine zweite Lektorin Katharina Theml vom Büro Z für schnelle Antworten, Geduld, kluge Anmerkungen und Wochenendarbeit. Danke an Magdalena Fournillier für die hinreißenden und kraftvollen Illustrationen und für deine Herzlichkeit.

Danke an Albert und Stefano, die mir im Coworking-Space jeden Tag mehrere Kaffees gebrüht, für mein Wohl gesorgt und sich angehört haben, wenn es im Schreibprozess schwierig oder supergut lief.

Danke an Ricarda D. Herbrand, die seit Jahren ihr unerschöpfliches Wissen über Gender Bias an Familiengerichten mit mir teilt. Danke an Sara Buschmann von Solomütter, die mich damals gefragt hat, ob ich eine Kolumne über das Leben als Alleinerziehende schreiben will, an die Stiftung Alltagsheld:innen und an alle, die mir seit Kurzem oder vielen Jahren bei Instagram folgen und mir Sichtbarkeit und Gehör verschaffen! Ohne euch wäre so vieles gar nicht passiert, darum DANKE!

Danke an Antonia Wesseling, die mir durch ihren eigenen Weg als Autorin den Mut und die Kraft gegeben hat, ein eigenes Buch zu schreiben. Und Danke an Alexandra Zykunov, die mich just nach meiner Kündigung als freie Journalistin für eine Titelstory über weibliche Wut beauftragt hat und mich bis heute beruflich begleitet. Wo wäre ich jetzt, wenn du nicht gewesen wärst?

Danke an Jasmin Dickerson für liebevolles Feedback, Sensitivity Reading und ständiges Anfeuern! Und an Luisa L'Audace für ihren feinfühligen Blick auf die Illustrationen. Danke an Ciani Hoeder, die mir regelmäßig dabei hilft, mich mental zu sortieren und telefonisch immer erreichbar ist, wenn ich mein Chaos doch wieder nicht durchblicke. Danke an Nicole T., du weißt. Danke an meine Therapeutin, die mich durch alle Zeiten der letzten Jahre hindurchbegleitet und meine Knoten zusammen mit mir gelöst hat. Danke an Bianca, Anja, Peter, Oma, Opa, Anna B., Anna L.-H., Marvin, meine liebe Haushaltshilfe Geanina, die ich eingestellt habe als die Deadline bedrohlich schnell auf mich zukam, Julia und Kirsten, Merle, Lisa, Bianca und Meike.

Danke an all die fabelhaften und engagierten Menschen, die ich für dieses Buch interviewen durfte und die ihre Expertise geteilt haben, darunter Karola Rosenberg, Michèle Loetzner, Patricia Cammarata, Susanne Mierau, Hilal Virit, Jennifer Sutholt, Sandra Runge, Birgit Happel, Reina Becker, Susanna, Leonie, Anne, Rebecca, den Verband alleinerziehender Mütter und Väter und so viele mehr!

Danke an dich, dass du dieses Buch liest, dadurch hoffentlich etwas mitnimmst und Teil einer Zukunft bist, in der alle Alleinerziehenden und ihre Kinder selbstverständlich ein gutes Leben haben werden.

LITERATUR

Apraku, Josephine (2022): *Kluft und Liebe: Warum soziale Ungleichheit uns in Beziehungen trennt und wie wir zueinanderfinden*. Hamburg: Eden Books

Blümner, Heike; Ewert, Laura (2019): *Schluss jetzt. Von der Freiheit sich zu trennen*. München: hanserblau

Bojcan, Alexander (2022): *Du darfst nicht alles glauben, was du denkst. Meine Depression*. Köln: Kiepenheuer & Witsch

Bücker, Teresa (2022): *Alle_Zeit. Eine Frage von Macht und Freiheit*. Berlin: Ullstein

Dannhauer, Kareen; Rasche, Sissi (2022): *Willkommen im Hebammensalon*. München: Kösel

David, Oliver (2022): *Keine Aufstiegsgeschichte. Warum Armut psychisch krank macht*. Hamburg: Eden Books

Finke, Christine (2019): *Finanzplaner Alleinerziehende. Geld und Recht: Das steht Ihnen zu*. Berlin: Stiftung Warentest

Gräfen, Svenja (2021): *Radikale Selbstfürsorge – Jetzt!* Hamburg: Eden Books

Happel, Birgit (2023): *Auf Kosten der Mütter. Warum finanzielle Selbstbestimmung für Frauen mit Familie so wichtig ist*. München: Kösel

Hoeder, Ciani-Sophia (2021): *Wut und Böse*. München: hanserblau

Imlau, Nora (2022): *Meine Grenze ist dein Halt*. Weinheim-Basel: Beltz

Joel, Antje (2020): *Prügel. Eine ganz gewöhnliche Geschichte häuslicher Gewalt*. Hamburg: Rowohlt

Juul, Jesper; Voelchert Mathias (2021): *Geborgen und stark. Wie Eltern in Trennung Orientierung und Halt geben*. München: Kösel

Juul, Jesper (2008): *Nein aus Liebe – Klare Eltern, starke Kinder*. München: Kösel

Kabitzsch, Pia (2022): *It's a date!*. Hamburg: Rowohlt

Kaiser, Mareice (2021): *Das Unwohlsein der modernen Mutter*. Hamburg: Rowohlt

Mierau, Susanne (2019): *Mutter. Sein. Von der Last eines Ideals und dem Glück des eigenen Wegs*. Weinheim-Basel: Beltz

Nandi, Jacinta (2022): *50 Ways to leave your Ehemann*. Hamburg: Nautilus Flugschrift

Nolde, Marianne (2020): *Eltern bleiben nach der Trennung*. München: Knaur

Pickert, Nils (2022): *Lebenskompliz*innen. Liebe auf Augenhöhe*. Weinheim-Basel: Beltz

Roig, Emilia (2023): *Das Ende der Ehe*. Berlin: Ullstein

Runge, Sandra; Wenzel, Karline (2022): *Glückwunsch zum Baby, Sie sind gefeuert!*. Hamburg: Eden Books

Schenk, Herrad (1998): *Wie viel Mutter braucht der Mensch?* Hamburg: Rowohlt

Stoverock, Meike (2021): *Female Choice. Vom Anfang und Ende der männlichen Zivilisation*. Stuttgart: Tropen

Umrik, Anastasia (2021): *Du bist in einer Krise. Herzlichen Glückwunsch*. Frankfurt am Main: Fischer

Uwagba, Otegha (2022): *Wir müssen über Geld sprechen – Frauen, Finanzen, Freiheit*. Hamburg: Atlantik

Vorsamer, Barbara (2022): *Mein schmerzhaft schönes Trotzdem. Leben mit der Depression*. München: dtv

Weimann-Sandig, Nina (2022): *Weil Kinder beide Eltern brauchen. Neue Perspektiven nutzen – faire Betreuungsmodelle finden*. München: Kösel

Widmer, Alexandra (2016): *Stark und alleinerziehend. Wie du der Erschöpfung entkommst und mutig neue Wege gehst.* München: Kösel

Zykunov, Alexandra (2022): *Wir sind doch alle längst gleichberechtigt. 25 Bullshitsätze und wie wir sie endlich zerlegen.* Berlin: Ullstein

ANMERKUNGEN

1 Kaiser, Mareice (2021): *Das Unwohlsein der modernen Mutter*. Hamburg: Rowohlt

2 https://www.instagram.com/mareicares/, abgerufen am 05.09.2022

3 Bojcan, Alexander (2022): *Du darfst nicht alles glauben, was du denkst. Meine Depression*. Köln: Kiepenheuer & Witsch

4 Blümner, Heike; Ewert, Laura (2019): *Schluss jetzt. Von der Freiheit sich zu trennen*. München: hanserblau

5 Juul, Jesper; Voelchert Mathias (2021): *Geborgen und stark. Wie Eltern in Trennung Orientierung und Halt geben*. München: Kösel

6 Finke, Christine: (2016): *Allein, alleiner, alleinerziehend. Wie die Gesellschaft uns verrät und unsere Kinder im Stich lässt*. Köln: Lübbe, S. 8

7 Blümner, Heike; Ewert, Laura (2019): *Schluss jetzt. Von der Freiheit sich zu trennen*. München: hanserblau

8 https://www.sueddeutsche.de/politik/jugendamt-inobhutnahme-symbiose-kommentar-1.4739917, abgerufen am 29.07.2022

9 https://hoehepunkt.journalistenschule-ifp.de/angst-vorm-amt/, abgerufen am 29.07.2022

10 https://www.ullstein-buchverlage.de/nc/buch/details/8-gespraeche-die-jedes-paar-fuehren-sollte-9783864932007.html#:~:text=Der%20Psychologe%20und%20Bestsellerautor%20John,stellen%2C%20die%20sie%20lebendig%20h%C3%A4lt., abgerufen am 07.10.2022

11 https://www.destatis.de/DE/Presse/Pressekonferenzen/2018/Alleinerziehende/pressebroschuere-alleinerziehende.pdf?__blob=publicationFile, abgerufen am 02.08.2022

12 https://www.bmfsfj.de/resource/blob/179392/195baf88f8c3ac7134347d2e19f1cdc0/neunter-familienbericht-bundestagsdrucksache-data.pdf, S. 96, abgerufen am 01.08.2022

13 https://www.bmfsfj.de/resource/blob/76252/0c016a5969e447087f8a6b6883a06d80/monitor-familienforschung-ausgabe-34-data.pdf, abgerufen am 02.08.2022

14 https://solomuetter.de/2022/08/02/kauft-pizza/, abgerufen am 02.08.2022
15 https://web.stanford.edu/~mrosenfe/Rosenfeld_gender_of_breakup.pdf, abgerufen am 01.08.2022
16 Bernard, Jessie (1982): *The Future of Marriage.* Connecticut: Yale University Press, S. 14
17 https://www.bmfsfj.de/resource/blob/179392/195baf88f8c3ac7134347d2e19f1cdc0/neunter-familienbericht-bundestagsdrucksache-data.pdf, S. 73, abgerufen am 04.08.2022
18 https://equalcareday.de/equal-care-eine-bestandsaufnahme/, abgerufen am 04.08.2022
19 Zykunov, Alexandra (2022): *Wir sind doch alle längst gleichberechtigt.* Berlin: Ullstein, S. 44
20 https://www.bertelsmann-stiftung.de/de/unsere-projekte/beschaeftigung-im-wandel/projektnachrichten/kurzexpertise-frauen-auf-dem-deutschen-arbeitsmarkt, abgerufen am 04.08.2022
21 https://www.researchgate.net/publication/225359804_Hausliche_Gewalt_gegen_Frauen_soziookonomische_Folgen_und_gesellschaftliche_Kosten, abgerufen am 03.08.2022
22 https://www.instagram.com/p/CguRgiaMgX2/?igshid=YzAyZWRlMzg%3D, abgerufen am 04.08.2022
23 https://sz-magazin.sueddeutsche.de/leben-und-gesellschaft/alleinerziehend-mutter-benachteiligung-88954?reduced=true, abgerufen am 04.08.2022
24 Stoverock, Meike (2021): *Female Choice. Vom Anfang und Ende der männlichen Zivilisation.* Stuttgart: Tropen, S. 220
25 https://www.bmfsfj.de/resource/blob/179392/195baf88f8c3ac-7134347d2e19f1cdc0/neunter-familienbericht-bundestagsdrucksache-data.pdf, abgerufen am 09.12.2022
26 Nolde, Marianne (2020): *Eltern bleiben nach der Trennung.* München: Knaur, S. 19
27 Juul, Jesper und Voelchert, Mathias (2021): *Geborgen und stark. Wie Eltern in Trennung Orientierung und Halt geben.* München: Kösel, S. 25
28 Juul, Jesper und Voelchert, Mathias (2021): *Geborgen und stark. Wie Eltern in Trennung Orientierung und Halt geben.* München: Kösel, S. 77
29 https://www.kindergefuehle.at/fileadmin/pdf/BERICHTTAZIPREVE160307.pdf (S. 98), abgerufen am 06.12.2022
30 https://taz.de/Debatte-alleinerziehende-Maenner/!5530883/, abgerufen am 03.08.2022

31 Schneider, Stephanie (2021): *Bedingungen für die kindeswohldienliche Praktizierung des Wechselmodells. Eine interdisziplinäre Betrachtung de lege lata und de lege ferenda*. Frankfurt am Main: Wolfgang Metzner Verlag, S. 32–34

32 Ebd., S. 29

33 https://www.uni-due.de/2021-05-17-studie-trennungskinder, abgerufen am 26.08.2022

34 https://www.ifd-allensbach.de/fileadmin/studien/Abach_Trennungseltern_Bericht.pdf, abgerufen am 04.08.2022

35 Aus einem Ende 2022 noch unveröffentlichten Factsheet des VAMV

36 https://www.vamv.de/fileadmin/user_upload/bund/dokumente/Beschluesse/Kindschaftsrecht/Beschluss2017_Wechselmodell.pdf, abgerufen am 02.10.2022

37 Schneider, Stephanie (2021): *Bedingungen für die kindeswohldienliche Praktizierung des Wechselmodells. Eine interdisziplinäre Betrachtung de lege lata und de lege ferenda*. Frankfurt am Main: Wolfgang Metzner Verlag, S. 77

38 https://www.finanztip.de/barunterhalt/

39 https://www.dji.de/veroeffentlichungen/pressemitteilungen/detailansicht/article/867-wenn-unterhaltspflichtige-elternteile-nicht-zahlen.html, abgerufen am 26.08.2022

40 https://www.vamv.de/politische-aktionen/protestaktion-hoeheres-kindergeld-auch-bei-unterhaltsvorschuss, abgerufen am 26.08.2022

41 https://www.bmfsfj.de/resource/blob/186694/14f09ddddab459a2e2cefaab6b45c630/gemeinsam-getrennt-erziehen-wissenschaftlicher-beirat-data.pdf, abgerufen am 30.08.2022

42 https://music.amazon.de/podcasts/b0e3d662-1f57-4896-8d10-d5a2c0f22f1e/episodes/67633eff-f4d8-4250-bf89-795d999baa08/justitias-t%C3%B6chter-der-podcast-zu-feministischer-rechtspolitik-parit%C3%A4tische-kinderbetreuung-dank-wechselmodell, abgerufen am 02.10.2022

43 https://dserver.bundestag.de/btp/10/10184.pdf, abgerufen am 02.10.2022

44 https://taz.de/Maennervertreter-ueber-die-Wahl/!5449780/, abgerufen am 02.10.2022

45 Zykunov, Alexandra (2022): *Wir sind doch alle längst gleichberechtigt*. Berlin: Ullstein, S. 21

46 https://www.vamv.de/fileadmin/user_upload/bund/dokumente/Pressemitteilungen/PM_2017/PM_Gemeinsame-Erklaerung-Wechselmodell_20102017.pdf, abgerufen am 02.10.2022

47 https://www.sueddeutsche.de/projekte/artikel/politik/fussball-me-too-boateng-gewalt-nationalmannschaft-e968022/, abgerufen am 28.10.2022

48 https://www.sueddeutsche.de/leben/familiengericht-trennung-wechselmodell-1.5558317, abgerufen am 30.08.2022

49 https://rm.coe.int/1680462535

50 https://autonome-frauenhaeuser-zif.de/wp-content/uploads/2021/11/ZIF-Broschuere-Istanbul-Konvention-2021.pdf

51 Hagemeyer, Pablo (2021): *Die perfiden Spiele des Narzissten*. Berlin: Eden-Books, S. 90

52 Wallerstein, Judith; Kelly, Joan (2008): *Surviving the breakup*. New York: Basic Books

53 Dr. Tazi-Preve, Irene Mariam (2007): *Vom Kontaktabbruch der Vater-Kind-Beziehung. Kontaktabbruch nach Scheidung/Trennung*. Österreichisches Institut für Familienforschung, S. 103–129

54 Finke, Christine (2019): *Finanzplaner Alleinerziehende. Geld und Recht: Das steht Ihnen zu*. Berlin: Stiftung Warentest, S. 8

55 Prof. Dr. Größl, Ingrid; Dr. Happel, Birgit; Dr. Peters, Sally (2021): *Guter Umgang mit Geld. Finanzielle Kompetenz für alleinerziehende Frauen in prekären Lebenslagen*. Hamburg: iff institut für finanzdienstleistungen e.V.

56 Finke, Christine (2019): *Finanzplaner Alleinerziehende. Geld und Recht: Das steht Ihnen zu*. Berlin: Stiftung Warentest, S. 33

57 https://www.bertelsmann-stiftung.de/de/themen/aktuelle-meldungen/2021/juli/armutsrisiko-von-alleinerziehenden-verharrt-auf-hohem-niveau#:~:text=Das%20Risiko%2C%20in%20Armut%20zu,drei%20Kindern%2031%20Prozent%20sind., abgerufen am 05.11.2022

58 https://www.t-online.de/finanzen/geld-vorsorge/sparen-finanzieren/id_90829118/deutschland-bei-diesem-einkommen-liegt-die-armutsgrenze-.html, abgerufen am 05.11.2022

59 https://www.bertelsmann-stiftung.de/fileadmin/files/Projekte/Familie_und_Bildung/Factsheet_WB_Alleinerziehende_in_Deutschland_2021.pdf, abgerufen am 07.11.2022

60 Finke, Christine (2019): *Finanzplaner Alleinerziehende. Geld und Recht: Das steht Ihnen zu*. Berlin: Stiftung Warentest, S. 61

61 https://www.bertelsmann-stiftung.de/fileadmin/files/BSt/Publikationen/GrauePublikationen/291_2020_BST_Facsheet_Kinderarmut_SGB-II_Daten__ID967.pdf, abgerufen am 05.11.2022

62 Finke, Christine (2019): *Finanzplaner Alleinerziehende. Geld und Recht: Das steht Ihnen zu*. Berlin: Stiftung Warentest, S. 61

63 https://www.stern.de/politik/deutschland/ehegattensplitting--der-staat-zockt-alleinerziehende-ab-7339692.html, abgerufen am 05.11.2022

64 https://www.emotion.de/leben-arbeit/reina-becker-ihr-kampf-um-steuergerechtigkeit, abgerufen am 05.11.2022

65 https://www.bertelsmann-stiftung.de/fileadmin/files/Projekte/Familie_und_Bildung/Factsheet_WB_Alleinerziehende_in_Deutschland_2021.pdf, abgerufen am 05.11.2022

66 https://www.oecd.org/newsroom/workers-in-oecd-countries-pay-one-quarter-of-wages-in-taxes.htm abgerufen am 05.11.2022

67 https://www.aerztezeitung.de/Panorama/Kindererziehung-als-Saeugetierzucht-399205.html, abgerufen am 05.11.2022

68 https://www.spiegel.de/wirtschaft/steigende-preise-und-armut-ich-esse-das-was-die-kinder-uebrig-lassen-a-6dea127c-b8a9-49e0-9bc2-b3554c7b0ccc, abgerufen am 05.11.2022

69 https://www.hartziv.org/nebenkosten/nebenkostennachzahlung-bei-hartz-iv/#voraussetzungen-fr-die-bernahme-der-nebenkostennachzahlung-vom-jobcenter

70 https://www.zeit.de/2022/37/drittes-entlastungspaket-ampel-koalition-energiekosten-inflation, abgerufen am 02.11.2022

71 https://www.bertelsmann-stiftung.de/fileadmin/files/Projekte/Familie_und_Bildung/Factsheet_WB_Alleinerziehende_in_Deutschland_2021.pdf, abgerufen am 05.11.2022

72 https://www.bertelsmann-stiftung.de/de/themen/aktuelle-meldungen/2022/oktober/2023-fehlen-in-deutschland-rund-384000-kitaplaetze#:~:text=Bundesweit%20stehen%20im%20kommenden%20Jahr,ihre%20Kinder%20noch%20nicht%20decken., abgerufen am 05.11.2022

73 https://kitakriseberlin.org/take-action/kitaplatzklage-co/#:~:text=Die%20Kitagutscheinstellen%20k%C3%B6nnen%20im%20Zweifelsfall,vom%20Alter%20des%20Kindes)%20erstattet., abgerufen am 05.11.2022

74 Finke, Christine (2019): *Finanzplaner Alleinerziehende. Geld und Recht: Das steht Ihnen zu.* Berlin: Stiftung Warentest, S. 45

75 Bücker, Teresa (2022): *Alle_Zeit. Eine Frage von Macht und Freiheit.* Berlin: Ullstein, S. 27

76 https://www.vamv-rlp.de/media/file/Web_VAMV_RLPBroschuere_Alleinerziehende_Management.pdf, abgerufen am 07.11.2022

77 https://www.destatis.de/DE/Themen/Gesellschaft-Umwelt/Einkommen-Konsum-Lebensbedingungen/Zeitverwendung/Publikationen/Downloads-Zeitverwendung/tagungsband-wie-die-zeit-vergeht-5639103169004.pdf?__blob=publicationFile, abgerufen am 07.11.2022

78 https://www.gallup.com/workplace/349484/state-of-the-global-workplace-2022-report.aspx#ite-393248, abgerufen am 07.11.2022

79 https://www.vgsd.de/johanna-roeh-tischlermeisterin-und-werdende-mutter-startet-petition-schwanger-und-selbststaendig-es-braucht-endlich-eine-reform-des-mutterschutzes/, abgerufen am 07.11.2022

80 https://www.erfolgsfaktor-familie.de/fileadmin/ef/data/mediathek/Familienfreundliche-Massnahmen-im-Handwerk_2008_1_.pdf, abgerufen am 07.11.2022

81 https://www.medicalnewstoday.com/articles/toxic-positivity#summary, abgerufen am 07.11.2022

82 Vorsamer, Barbara (2022): *Mein schmerzhaft schönes Trotzdem. Leben mit der Depression*. München: dtv

83 https://www.suedkurier.de/ueberregional/panorama/Auf-der-Suche-nach-dem-Glueck-Koennen-Ratgeber-Buecher-da-weiterhelfen;art409965,10002499, abgerufen am 07.11.2022

84 https://www.rki.de/DE/Content/Gesundheitsmonitoring/Gesundheitsberichterstattung/GBEDownloadsJ/Focus/JoHM_04_2017_Gesundheit_Alleinerziehender.pdf?__blob=publicationFile#:~:text=Bei%20alleinerziehenden%20M%C3%BCttern%20finden%20sich,Nicht%2DInanspruchnahme%20der%20Zahnvorsorge%20zu., abgerufen am 07.11.2022

85 https://www.rki.de/DE/Content/Kommissionen/Bundesgesundheitsblatt/Downloads/2019_10_Lampert.pdf?__blob=publicationFile, abgerufen am 07.11.2022

86 David, Olivier (2022): *Keine Aufstiegsgeschichte. Warum Armut psychisch krank macht*. Hamburg: Eden Books, S. 65

87 Ebd.

88 https://www.rki.de/DE/Content/Kommissionen/Bundesgesundheitsblatt/Downloads/2019_10_Lampert.pdf?__blob=publicationFile, abgerufen am 07.11.2022

89 Vorsamer, Barbara (2022): *Mein schmerzhaft schönes Trotzdem. Leben mit der Depression*. München: dtv, S. 35

90 Ebd., S. 78

91 https://www.swr.de/swr2/wissen/psychotherapie-online-was-bringt-die-hilfe-per-app-swr2-wissen-2022-06-01-100.html,, abgerufen am 07.11.2022

92 Vorsamer, Barbara (2022): *Mein schmerzhaft schönes Trotzdem. Leben mit der Depression.* München: dtv, S. 25

93 https://www.bmfsfj.de/resource/blob/184344/81c9080a508de4b4e9c-d1213398ecdea/20210721-monitor-familienforschung-data.pdf, abgerufen am 07.11.2022

94 Vorsamer, Barbara (2022): *Mein schmerzhaft schönes Trotzdem. Leben mit der Depression.* München: dtv, S. 84

95 Widmer, Alexandra (2016): *Stark und alleinerziehend. Wie du der Erschöpfung entkommst und mutig neue Wege gehst.* München: Kösel, S. 28

96 Kabitzsch, Pia (2022): *It's a date!.* Hamburg. Rowohlt, S. 18 f.

97 https://www.littleyears.de/artikel/es-ist-doch-kein-wettbewerb-darum-wer-alleinerziehender-ist-als-der-andere/, abgerufen am 07.12.2022

98 https://www.youtube.com/watch?v=ZcuXltbV5V0, abgerufen am 07.12.2022

99 Kabitzsch, Pia (2022): *It's a date!.* Hamburg: Rowohlt, S. 25

100 https://www.welt.de/iconist/partnerschaft/plus233981546/Dauer-Single-Bleiben-starke-Frauen-laenger-ohne-Mann.html, abgerufen am 07.12.2022

101 Roig, Emilia et al. (2022): *Unlearn Patriarchy.* Berlin: Ullstein, S. 69

102 https://www.bmfsfj.de/resource/blob/184344/81c9080a508de4b4e9c-d1213398ecdea/20210721-monitor-familienforschung-data.pdf (S. 14), abgerufen am 07.12.2022

103 https://www.vogue.com/article/lena-dunham-break-up-vogue-june-2018, abgerufen am 07.11.2022

104 Schreiber, Daniel (2021): *Allein.* München. Hanser Berlin

105 https://www.vogue.co.uk/news/article/emma-watson-on-fame-activism-little-women?utm_medium=Social&utm_source=Twitter#Echobox=1572887755, abgerufen am 07.12.2022